中華書局

點石成金
打造香港金融中心的里程碑

Alchemy :
Milestones of Hong Kong Financial Development

鄭宏泰　陸觀豪
——著——

序

將「荒蕪石頭」
轉為寸土尺金的金融力量

2013 年，國家提出「一帶一路」倡議，作為推動區域合作、共同發展的極重要發展目標，香港特區政府積極回應，認為「一帶一路」倡議是繼上世紀八十年代「改革開放」政策給香港帶來的另一重大發展機會，不可多得，並表示要充當國家與「一帶一路」地區交往的「超級聯繫人」。無論是中央政府或是特區政府，大家所共同看重的，是香港的國際金融中心地位，背後則與香港具有人、物、資金和訊息自由進出流通、法律體制公正健全、政府及各類機構運作高效透明，能夠連結內外中西等優點有關。

　　如果説上世紀八十年代的「改革開放」，讓香港在為內地經濟發展作出貢獻的同時，也推動本身的產業轉型升級；當前香港社會若能乘着「一帶一路」的東風，借船出海，在為國家走出去國策作出貢獻之時，推動本身產業結構、市場佈局及投資層面多元化，肯定有助香港尋找新的發展引擎，為香港經濟及社會發展注入新動力，從而推動香港經濟走上另一發展台階。

　　毫無疑問，對於「一帶一路」倡議亦好，對中華經濟持續發展亦好，金融業能否健康成長，集合點滴資金用於生產和建設之上，從而促進工商業發展至為關鍵；而金融能否健康成長，則取決於體制是

否完善、公正、透明等等；香港金融業過去發展一枝獨秀，全靠體制健全的優勢，可謂中外皆知。然而，香港金融體制之所以能夠取得今天備受國際社會高度稱譽的成就，實非一蹴而就，更非如神話般突變出來，而是經歷種種困難與危機的考驗，在千錘百煉後才得以逐步建立。

1841 年香港開埠時，曾被謔稱為「荒蕪石頭」(barren rock)，滿山皆石、寸草不生，但最終卻能從小漁村發展成國際金融大都會，令「荒蕪石頭」變成寸土尺金，關鍵之處，實與金融體制的有效建立和發展有關，令香港可以點石成金，書寫傳奇。

香港如何從貿易轉口港發展成國際都會、香港金融地位的建立、特質與制度運作等等，學術界的研究其實為數不少，惟各種探討卻未能突出香港如何在危機困難中突圍的問題 —— 尤其未能點出政府在有為（干預市場）與無為（不干預市場）之間政策拿捏的關鍵，更不用說鮮有研究指出當前大中華金融的機遇和挑戰。本書一方面從一個全新視角出發，說明香港自開埠以還，如何化劣勢為強勢，雖然缺乏天然資源，卻能藉背靠中華大地，採取面向世界的定位，包容各方利益，發展出連結華洋中外的獨特地位，成為中國走向世界的中轉站、

商貿樞紐，甚至是貨幣結算中心等。後者對已躍居世界第二大經濟體、人民幣正逐步國際化的中國至為重要，香港能在這方面擔任極吃重的角色，為中國經濟踏上新的台階作出重大貢獻。

當然，要準確扼要地闡述香港背靠中華大地，施展渾身解數連結世界，就算碰到危機困難亦能克服，從而創造輝煌的事跡，並不容易，更不用說要深入淺出地點出香港如何在中外歷史變遷與社經政治風起雲湧的一個多世紀內突圍而出了。儘管如此，透過對不同金融檔案、報告和數據的蒐集與爬梳，我們可以整理出香港金融體制逐步建立過程的起落跌宕，從而可以看到政府在處理重大金融危機時對干預或不干預問題的思考，令香港金融得以逢凶化吉，不斷取得突破，成為亞洲地區的金融龍頭。

此書由構思、草擬書稿，以至成功出版，實乃各方好友在不同層面的鼓勵、支持和大力協助所致，在此謹致以衷心謝忱。首先要多謝「華人家族企業研究」團隊一眾成員 —— 包括黃紹倫教授、孫文彬博士、周文港博士、王國璋博士和閻靖靖博士等，他們在不同層面給予我們大力的支持和寶貴意見，令本書的分析更為全面，也更為尖銳清晰。我們深盼這個研究項目能夠持續做下去，為大中華家族企業與

金融的進一步探索帶來更多研究成果。

此外，我們也要向梁元生教授、余國良博士、楊民僎先生、李潔萍小姐等，致以衷心謝忱。有賴他們的不吝指正與協助，令我們克服種種困難，順利完成是項研究。他們的支持、協助和鼓勵，我們銘記於心。

我們亦要向前研究助理張詠思小姐，以及現任助理梁凱淇小姐和張晶小姐等表示衷心謝意。有賴她們協助蒐集資料，令本書的內容更充實，分析更完整。當然，我們也要向香港中文大學「全球中國研究」計劃致謝，沒有這個研究計劃的支持，就沒有可能展開此項研究。

另外，還要向香港金融管理局圖書館、香港歷史檔案館、香港中文大學圖書館、香港大學特別資料藏館及公司註冊處等機構表示感謝，若沒有他們提供的各種寶貴資料，這項研究的成果實在不可能如此豐富充實。

最後，我們更要向香港中文大學副校長暨香港亞太研究所所長張妙清教授致以萬分感謝，若沒有她的幫忙扶持，本研究實在難以取得豐碩成果。

雖然得到各方好友和機構的大力幫助，礙於沒法完全掌握內外政

經和金融環境的急速轉變，研究和分析可能存在一些糠粃遺錯。在此
我們希望讀者有以教我，指正批評，讓我們往後的研究可以做得更紮
實、更豐富。如對本書有任何意見，請致函：新界沙田香港中文大學
香港亞太研究所，或電郵：vzheng@cuhk.edu.hk，直接與我們聯絡。

鄭宏泰　陸觀豪

目錄

ii　　序：將「荒蕪石頭」轉為寸土尺金的金融力量

第一章

綜論：
天時地利人和 造就香港金融傳奇

003　　引言
004　　開闢自由貿易商港　拓展東西金融樞紐
009　　建構金融基礎設施　路途崎嶇彎曲反覆
013　　回歸祖國把握契機　開創大中華新局面
017　　整合金融統計數據　分析追蹤資金來去
021　　本書新穎結構　討論重點簡介
025　　結語

第二章

1868：
鑄錢局壯志未酬 紙幣獨領風騷

027　　引言
028　　開埠初期經貿未舉　金融秩序有待建設
033　　毅然設廠鑄幣　確立港元地位
038　　建廠鑄幣徒勞無功　貨幣流通依舊混雜
045　　進入紙幣時代　踏上現代金融之路
049　　結語

第 3 章

1891：
自律失效成股災 立法規管招角力

053　引言
055　開埠急需建設　企業開股集資
059　業界缺乏監督　交易流弊叢生
065　災後連番訴訟　輿論呼籲監管
068　經紀設置交易所　政府立法規管買賣
074　證券業撥亂反正　市場也同步發展
079　結語

第 4 章

1935：
中國棄白銀本位 港元改英鎊掛鉤

083　引言
085　天時地利人和　香港後來居上
088　時勢造英雄　港元青出於藍
095　設立外滙基金　港元改掛英鎊
099　淪陷期取締港元　重光後再領風騷
102　中國重建經濟貨幣　港元角色舉足輕重
112　結語

第 5 章

1964：
銀行風潮迭起 修例亡羊補牢

117　引言
118　華洋金融共冶一爐　銀號銀行各擅勝場
125　戰後重建金融制度　銀行業發展迅速
131　監管制度缺失　風潮曠日持久
148　財務存款公司冒起　金融機構三級制度
153　委任金融管理專員　貨幣銀行順利過渡
155　結語

第 **6** 章

1973：
泡沫爆破釀股災 屋漏兼逢連夜雨

159 引言

160 戰後經濟復原　股市重建重生

165 六七十年代轉捩點　股市壟斷被打破

171 股災爆發石油危機　經濟低迷內外交煎

183 經歷蛻變企業併購　分久再合四會復統

189 結語

第 **7** 章

1987：
交易所倉卒停市 政府撥亂反正

193 引言

194 股票市場生態轉變　制度缺陷無所遁形

200 拓展期貨一波三折　金融期貨應運而生

203 交易所倉卒停市　顧此失彼觸發股災

209 痛定思痛禮賢下士　大刀闊斧變革體制

216 檢控瀆職繩之於法　秋後算賬爭議不絕

220 結語

第 **8** 章

1998：
游資聲東擊西 政府背城借一

223 引言

225 亞洲金融起風暴　游資試探港元虛實

240 聯繫滙率名不副實　政府百密一疏誤事

244 游資投機滙虛股實　政府硬撼背城借一

252 干預得失爭拗不絕　股市期市分久必合

259 結語

第
9
章

2008：
金融海嘯餘波 政府顧此失彼

263 引言

265 美元後院失火　禍延環球經濟

269 迷債非債禍港　政府方寸大亂

279 美元量化寬鬆　港元首當其衝

286 結語

附件一：銀行港元存款利率協議

第
10
章

結論：
天下分久必合 重整大中華平台

293 引言

294 連結華洋中外貿易　發展區域國際金融

296 認清港元三角關係　檢討貨幣未來路向

301 建立人民幣離岸樞紐　推動大中華金融聯通

313 總結

314 後記

附錄

328 香港金融發展歷程大事記

340 參考資料

第 1 章

綜論

天時地利人和 造就香港金融傳奇

引言

　　香港在 1841 年開埠，源於中英鴉片戰爭，清廷敗北，簽訂城下之盟，割地賠款。斯時大不列顛氣勢日盛，稱雄歐洲，帝國疆土遍及全球，環球商業貿易投資收益，每年數以千萬鎊計，而鴉片貿易向非重點。所以，英國不惜勞師遠征，大動干戈，豈止捍衛自由貿易如斯簡單，冠冕堂皇旗幟背後，實際另有所圖。當年英外相巴麥尊（Lord Palmerston，其後出任首相）口中之香港，只是「荒蕪石頭」（barren rock）而已，無足輕重。

　　回顧歷史，香港開埠是偶然，但英國滿肚密圈，顯然有備而來。早於明代嘉靖年間，葡萄牙人已從海路來華通商，至 1557 年獲恩准居停澳門，納貢繳餉，建立據點，其後更鵲巢鳩佔，將澳門納入海外版圖。其他歐美洋商如東印度公司，直至清代乾隆年間（1757 年）始獲准進駐廣州，更須遵從「行商制度」，限與十三家指定華商交易。其後，英方曾派遣特使馬戛爾尼勳爵（Lord MaCartney）訪華親善，於 1792 年拜謁清帝，促使撤除貿易屏障不果，無功而還。半世紀後，英方借題發揮，兵臨城下，船堅炮利，勝算在握。是回合短兵相接，戰利所得，不單是開放五口通商（即廣

州、寧波、廈門、上海、福州），更接管香港，建立據點，
與葡萄牙看齊，夙願得償。

*   *   *

開闢自由貿易商港　拓展東西金融樞紐

香港資源缺乏，人口流動，漁農經濟，自給自足，與其他英國屬
土完全不同。當年英軍已攻佔舟山群島，最終首肯交換香港，只因香
港有地緣之利，方便照應廣州通商埠。不過，英國並不滿足於商旅補
給點，銳意發展香港經濟，取代廣州作為國際貿易交收結算點，以擺
脫清廷官僚制肘，也可徹底解決外滙流失問題，這不單方便洋商，更
方便華商，互惠互利，造就香港日後之國際地位 —— 尤其金融方面，
實乃始料不及。

十九世紀，華洋貿易矛盾日深，導致兵戎相見，是有遠因近由。
遠因是西方對中國茶葉、絲綢、瓷器等商品，較中國對西洋物品需求
殷切，貿易先天不平衡，中國佔盡優勢。近由是華洋貨幣體制分途發
展，而且貿易制度習慣不同，但洋商在華需按中國本子辦事，處於下
風。在貨幣體制上，中國自明代以還，銀錠全面取代銅錢成為流通貨
幣，演變成外滙與貨幣混成一體之制度。反之，歐洲已擺脫實物貨

幣，建立信用貨幣制度，以黃金白銀作儲備，以銀行為核心，以票據為工具。在貿易習慣上，華商交易，向來貨銀兩訖，因此白銀是連貫華洋兩種制度之橋樑。西方對華長期入超，外滙流失嚴重。英商東印度公司，專營輸出印度鴉片，正好可利用以回籠外滙。

中印鴉片貿易，歷史悠久，可追溯到蒙兀兒帝國時期，原屬專賣。英國在 1765 年征討東印度（即今日孟加拉國），控制鴉片的主要產區，恢復專賣出口。不過，東印度公司並不直接與華交易，而在加爾各答拍賣，讓中介行商競投，再轉賣入華。鴉片在歐洲、印度等地是口服成藥，但在中國是等同菸草，多燃燒吸食。及至十九世紀二十年代，其他產區見獵心喜，也向華傾銷，供求倍增，攤薄英商利益。清廷眼見白銀嚴重流失，影響經濟金融；而且鴉片泛濫，荼毒國民身心，遂斷然下達禁煙令，不但查封鴉片，且公開銷煙，以儆效尤。此等舉措，衝擊英方外滙收支，損害其國家利益，故英國不惜發動侵略，兵戎相見，以維護自己一方權益，恢復市場舊日秩序。

此外，中國的貨幣金融制度及設施落後於歐美，不能切合洋商實際需求，而西洋銀行又未能在華開業支援。十八世紀中葉，清廷局部開放外貿，在廣州設立夷館，東印度公司憑藉皇家特許狀，得以在中國兼營銀行業務，引入各式滙票替代銀元，利便洋商貿易交收結算；而且兼營銀行業務、包括存款、貸款、滙兌等、直接及間接融通餘資，利便周轉，填補真空。其他洋商也相繼效尤，兼營押滙，擔當商

業信用狀行使人、保證人、貿易買賣代理人等銀行中介角色，並簽發
貨運提單等，利己利人。

英國、印度和中國之三角滙兌及押滙是東西方貿易命脈，成交甚
鉅，利潤可觀。東印度公司，憑藉皇家特許狀專營，地位特殊，其簽
發在英國以英鎊支付之滙票，及在印度以盧比支付之滙票，皆具有流
動資金之功能。該公司訂定之滙票息率，亦成為市場指標。故此，東
印度公司能控制及穩定整個三角資金市場，儼如在華洋商之「中央
銀行」。東印度公司在 1833 年失落專營權後，廣州三大洋商，即怡
和洋行（Jardine, Matheson and Company）、寶順洋行（Dent and
Company ）和旗昌洋行（Russell and Company），群雄逐鹿，瓜分
其銀行業務。斯時，倫敦銀行家，包括東藩滙理銀行（Oriental Bank）
之卡爾基（William Cargill），也力主拓展「東方銀行業務」（Eastern
Banking），以專業銀行取代貿易行商，經營三角滙兌及押滙，納其入
正軌。

香港適時開埠，正好引入專業銀行，拆解華洋行商之間錯綜複雜
的矛盾關係，一勞永逸。在國際收支層面，由銀行處理外滙結算，可
免除實物貨幣交收，華洋外滙矛盾迎刃而解。在市場交易層面，華洋
金融貨幣制度有別，銀行可作橋樑，連接兩方，華商洋商各得其所。
不過，大前提是華洋互惠互利，所以在施行英國法制之餘，盡量予華
商方便，包括：出入境自由，貨物進出自由，資金調撥自由，資訊流

通自由，而且不否定華人習俗傳統。更高明之着，莫如確認華南通用中外貨幣皆繼續流通，並以墨西哥銀圓（鷹洋）為成色標準，訂定兌換英鎊滙價。傳統錢莊與票號可繼續經營，服務華商。其次是引入西洋銀行，服務洋商，首家來港開業者，就是東藩滙理銀行。華洋兩方之金融貨幣系統獨立，有賴政府授權發行之銀行鈔票代替銀錠連貫。華商可存入銀圓換取紙幣，方便攜帶交收，鈔票上書：「茲承諾來人在本行所憑票即付（若干）圓或等值之本土貨幣：存銀收訖」，等同西洋流通銀票，也是「香港元」之由來。

洋商來華購貨，滙款至香港之銀行，兌換銀圓或鈔票，與華商就地交易結算。因此，洋商依照熟悉之普通法交易，華商則依照習慣以白銀（或銀票）交收，貨銀兩訖，各得其所。此外，英國、印度和中國之三角滙兌及押滙，始終由英商銀行掌握，而其儲備是存放倫敦，英鎊外滙回籠問題，迎刃而解。

除廣州洋商紛紛遷港外，大江南北的華商也相繼來港設號，俗稱南北行（內地省際貿易）、金山莊（與北美及澳洲貿易）、安南莊（與星馬暹越貿易）等商號林立，經營進出口及轉口，冀享交收便捷之利。故此，香港不單成為華洋商貿中心，也是內地南北貿易中轉站，同時亦是華南商貿樞紐。可見，英國老謀深算，順水推舟，一箭雙鵰。

迨後近百載，中港兩地貨幣同體，即使清末民初，環球銀價反覆，香港仍堅持與中國共進退，貨幣維持銀本位。所衍生之港元，非

單取代鷹洋等外國銀圓流通，而且是公認之外滙版中國貨幣，有如今天在歐洲流通之美元，自成一家。政府躊躇滿志，曾設立鑄錢局發行香港銀圓，圖取代中外銀圓，但出師不利，入不敷支而倒閉。塞翁失馬，焉知非福，反造就港元鈔票流通日廣。直至 1935 年，中國放棄銀本位貨幣制度，香港當機立斷，也改革貨幣體制，跟隨英國其他屬土，採用貨幣發行局（即聯繫滙率）制度，轉掛鈎英鎊，並設立外滙基金支持滙價。事後證明，此乃明智之舉，為香港金融業務發展奠定基礎。

不旋踵，日本在 1937 年侵華。八年抗戰，中國慘勝，經濟元氣大傷，貨幣金融崩潰。接着政權易幟，國家實施社會主義公有制，管制外滙。其後，韓戰爆發，中國派遣志願軍抗美援朝，遭聯合國實施貿易禁運制裁，香港幾乎是碩果僅存之外滙窗口。人民幣通過港元兌換美元，而僑滙也是通過港元兌換人民幣，顯示中資 13 家銀行在港舉足輕重。故此，春秋兩季的商品交易會，自始已在廣州舉行，而非上海，取其鄰近香港之利。此外，在二十世紀六十年代銀行風潮時，政府大刀闊斧改革監管制度，針對本地華資銀行陋習，也盡量減輕對中資 13 行之影響。例如：在港元存款利率協定上，中資銀行自成一組；在流動資金規定準則上，也容許其向內地總行借調周轉等。

時移世易，外圍客觀環境變遷，港元滙率制度，也經歷多次挑戰和考驗，但從未忽視中國之利益。在 1967 年，港元並未跟隨英鎊同

步貶值 14.3%，而只下調 5.7%，便是考慮中國之外滙利益。1972年，英鎊浮動，港元即改掛美元，以維持固定滙率，其後卒跟隨美元浮動，但政府盡力穩定兌美元滙率，可見政策一貫。其後，在 1983年，中英會談香港政治前途期間，民心忐忑，港元大瀉，殃及中國外滙利益，最終需恢復掛鈎美元，返回固定滙率制度，始穩定局面。

建構金融基礎設施　路途崎嶇彎曲反覆

商埠經濟發展要素，除貨幣金融體制外，還有企業股票市場。香港在開埠約二十年後的 1865 年，跟隨英國制訂《公司條例》，確立企業或團體法人，股東債務責任止於繳納股本，而且股份可自由轉讓，透過授權代理人在市場買賣。頒佈《公司條例》是香港開埠後最重要的里程碑，為工商業發展奠定基礎。最早依法成立之公司包括香港上海銀行有限公司（即「滙豐銀行」），在是年 3 月 3 日開業。原來是無限債務責任之獨資或合夥商號，也紛紛改組為「有限公司」，例如香港黃埔船塢（即「和記黃埔集團」前身）。

公司數目增多，股份買賣轉讓頻繁，經紀行業應運而生。翻查文獻記載，早在 1866 年，已有專職證券經紀，並籌組「香港經紀會」，可惜無疾而終。當年，經紀多數聚集在香港會所及香港大酒店大堂等地點，報價交易，場地不固定，設備資訊簡陋，既無報價牌，又無成

交板，與今日交易所有天淵之別。此外，經紀資格欠規限，卻集出市、洽客、交收、轉名等工作於一身，又無明文貨銀交訖制度，自然流弊叢生。

雖然經紀間早已達成共識，訂立佣金等行規，約束交易，不過並無法定效力，端賴各人自律，買賣糾紛不絕。至1888年市場熾熱，股價變動頻繁，大幅上落，個別經紀不時以各種藉口單方面取消交易，引發連串訴訟，暴露經紀欠操守、企業欠誠信、罔顧利益衝突等問題。問題核心是個別大股東濫權，假借自由市場作內部交易，憑藉投機漁利，更有經紀同流合污，操控交易及股價，輸打贏要，欺壓小投資者，嚴重損害社會大眾利益。輿論洞察股市危機四伏、業界不當行為變本加厲，呼籲政府撥亂反正，規管股市之聲此起彼落。

不過，經紀羽翼已豐，並有香港總商會撐腰，政府投鼠忌器，不敢輕舉妄動。及至1890年，立法局非官守議員、怡和洋行大班凱瑟克（James J. Keswick），私人提呈條例草案，規管證券買賣，觸動既有利益集團神經，引發很大迴響。經紀業界遂成立香港股票經紀協會，糾集力量抗衡。正反兩派壁壘分明。經過一番角力後，《股票合約條例》卒在1891年頒佈實施，規定任何買賣合約、協議或憑證，必須登記雙方姓名、股數及交收安排等資料，方受法律保障，開規範業界之先河，為環球市場作典範。成立經紀會，旨在建立股票掛牌買賣制度，劃一交易時間、場所、手續，統一報價、交收、清算。立法規

管買賣交易，旨在建立市場秩序紀律，維持開放公平公正，保障投資者利益。1925 年省港大罷工，股市暫停交易多月，政府借機整頓股票市場積習，加強交易所職能，間接收緊經紀資格及規管行為。

戰後百廢待舉，1947 年香港證券交易所及香港證券經紀協會合併，組成香港證券交易所有限公司，是明智之舉。香港經濟復原，由工業製品出口帶動，只二十年光景，便躋身亞洲新興「四小龍」。百業資金需求龐大，市場集資與銀行融資，相輔相成。踏入六十年代，股票市場活躍，集資買賣頻繁，吸引本土閒資入市。即使先後發生銀行風潮與罷工騷亂，也無阻升勢，動盪過後，重拾動力，再闖高峰。此外，1967 年英鎊貶值，港元未跟隨同步，印證香港經濟充滿生機，吸引外資越洋入市。不過香港證券交易所作風保守，制度設施跟不上市場發展、社會需求，華資商人乘勢另起爐灶。

遠東交易所在 1969 年開業，打破股票市場由香港交易所一會獨佔的壟斷地位；金銀證券交易所（1971 年）及九龍證券交易所（1972 年）相繼成立，掀動全城股票熱。香港置地公司鯨吞香港牛奶冰廠，更令股民情緒亢奮。政府連忙在 1973 年初頒佈法例，管制成立新交易所。股市當月創下歷史新高 1,775 點後，泡沫爆破，指數拾級而下。銀行收縮股票信貸，控制風險，而早前英鎊浮動貶值（1972 年），外資趁機割禾離場。資金不繼，加上環球爆發石油危機，股市一蹶不振，直至 1974 年底，指數跌至 150 點方喘定。政府亡羊補

牢，頒佈多條法例，委任專員，監管市場，維持法紀，保障投資者，推動四會合併。經過多年協商，香港聯合交易所在 1986 年啟業，統一市場，取代四會。

股災汰弱留強，監管整頓法紀。股票市場走出谷底之時，正值內地走向改革開放之際，香港再次在中國發展關鍵時刻發揮優勢，利己利人。二十世紀七十年代也見證投資（批發）銀行發展，除英資寶源及獲多利外，亦有華資新鴻基，群雄爭霸。可惜，新鴻基在舵手馮景禧辭世後（1985 年），淡出投資銀行業務。「一雞死一雞鳴」，1988年百富勤成立接棒。不過，前後只十年光景，便在亞洲金融風暴中倒閉，本地投資銀行自此一蹶不振。

香港聯合交易所用啟業一年半便闖下大禍，蓋因忽視指數期貨開設後，現貨市場的生態實質起變化。投資者可以在現貨期貨之間套戥，變相拋空，在跌市取利。現貨與期貨市場是互動的，若現貨市場停頓，期貨市場便失去指標，交易結算無門，積壓成災。紐約股票市場在 1987 年 10 月 16 日（星期五）收市大瀉，環球市場人心虛怯。香港在 19 日（星期一）甫開市便借勢急瀉，收市指數下跌 422 點（11%）。由於兩地時差，紐約跟隨香港開市後，跌勢更勁，收市指數大瀉 22%，史稱「黑色星期一」。聯合交易所急謀對策，20 日清晨經「徵詢」政府後，宣佈停市四天，待市場冷靜，並清理積壓。是回決定倉卒也輕率，令期貨市場陷於萬劫不復，因為期貨保證公司勢必資不

抵債而倒閉。事態嚴峻，政府牽頭挽救，接管期貨保證公司。股票市場在 26 日重開，收市指數下瀉 1,120 點 (33.3%)。

　　事後，政府矢口否認同意聯合交易所停市，並成立證券業檢討委員會，大刀闊斧改革，重組證券期貨監管架構，改組兩家交易所。政府也追究原交易所理事及經理涉嫌違法，在審批新股上市時串謀收受利益，有乖誠信。該案 1991 年開審之際，聯合交易所理事會趁主席外遊請假，在例會臨時決議，追認理事應可獲優先配售新上市公司股份，引發軒然大波，導致交易所須再改組理事會。經歷幾許風波後，股市加快國際化步伐，華資經紀經營追趕不上時代，客戶流失，地位自始走下坡。

回歸祖國把握契機　開創大中華新局面

　　香港九七回歸之際，泰銖遭受狙擊而貶值，事出突然，引發亞洲金融風暴，港元亦未能倖免狙擊，同業隔夜拆息飆升至 280 厘，引起市場動盪，也幸保不失。其實游資是回合乃小試牛刀，試探虛實，好戲還在後頭。事件遠因可追溯至 1983 年港元恢復掛鈎美元時，設想不周，掛一漏萬。依當時構思，發鈔銀行與同業買賣港元現鈔，須按官價以美元結算，若市價偏離官價，理論上銀行可利用發鈔機制套戥外滙，矯正偏差。

不過，理論歸理論，實際操作是另一回事。在環球採用浮動滙率體制下，港元恢復固定滙率，貨幣局聯繫滙率操作遠較想像複雜。市價美元市場滙率可緊貼官價市場，關鍵是套戥而非干預。不過官價市場只有外滙基金及發鈔銀行買賣，所以發鈔銀行可以兩邊遊走，藉現鈔發行機制套戥取利，但效益始終有局限。其他銀行限於市價市場買賣，實際不能繞過發鈔銀行套戥，因此滙率套戥機制變成紙上談兵，港元官價仍舊倚靠政府干預來維持，與傳統固定滙率制度無異，往往事半功倍。

中英兩國在 1984 年簽署聯合聲明，香港前途塵埃落定，政府着手金融過渡，安排外滙基金陸續接管發鈔銀行代行之金融管理功能之際，也未有趁機一併矯正聯繫滙率制度缺陷。政府在 1987 年與滙豐達成「會計安排」，實質控制銀行流動資金，再設立流動資金調節機制配合，擔當最終貸放者角色。香港金融地位特殊，但政治上不宜設立中央銀行，故在 1993 年委任「金融管理專員」，隸屬財政司司長，執行中央銀行職務，安排面面俱圓，發鈔銀行也功成身退。

當年匆匆恢復掛鈎救亡，是借美元支持港元幣值，挽回人心，百密一疏，未有正視滙率一旦偏強之問題。1984 年底中英簽署聯合聲明後，時移世易，在 1992 年港元偏強，銀行徵收現鈔存款手續費，以彌補回籠發鈔銀行時，所引致之外滙損失，存戶不滿，變成政治事件。拆解方法本來甚簡單，只要外滙基金通過滙豐（同業清算銀行），

承諾官價兌換清算結餘，即等同各銀行在外滙基金直接開設清算戶口，利用結餘套戥官價市價外滙買賣便可，但政府寧願容許以市價（即等同港元）買賣現鈔，治標不治本，令人費解。其後政府照理仍有充分時間矯正，為何卻屢誤戎機？及至 1996 年外滙基金接管清算系統，各銀行開設戶口後，又未有撥亂反正，恢復掛鈎英鎊時之結算安排，種下禍根，日後招引游資偷襲。

1997 至 1998 年間，游資看準港元滙率制度的漏洞，明修棧道，暗渡陳倉，巧妙運用現貨期貨市場雙邊套戥，一再股滙兩面投機。政府未有正視問題癥結，好整以暇，後來入市干預阻截，是現貨對期貨，現金對按貨金，為時已晚，牌面慘勝終局，其實是賠了夫人又折兵。政府若及早矯正滙率制度缺陷，擴大官價滙率兌換承諾（即後來的七項措施），四兩撥千斤，便可不花分毫擊退游資。為何捨易取難？且留待歷史解說。

那次游資股滙投機風潮，促成股票市場徹底改革，交易所由會員制改為股東制，分拆股權與會藉，並且掛牌上市。股票交易所與期貨交易所合併，精簡架構，提高效益。政府亦頒佈新《證券及期貨條例》，加強監管，保障投資者。但卻考慮不周，准許銀行參與，容許「一業兩管」，種下日後「迷債非債」風波之禍根。

美國後庭失火，零售次級按揭信貸拖欠曠日持久，導致雷曼兄弟資不抵債，在 2008 年倒閉，釀成環球金融風暴，差點令環球外滙

資金市場癱瘓。事後，歐美聯手減息，注資穩定市場。香港本應可隔岸觀火，可惜事與願違。在貨幣方面，港元掛鈎美元，需同步減息，導致資產通脹，陷港元於兩難。香港經濟與內地日趨緊密，掛鈎美元已弊多利少，但人民幣仍未可自由兌換，未能修正偏差。在銀行監管方面，源頭信貸經多重包裝，變身金融工具，更化整為零，滲透零售市場，是回合令散戶幾乎血本無歸，反映當局對銀行銷售投資監管疏虞，暴露「一業兩管」制度百病叢生。

人民幣在 1994 年掛鈎美元後，與港元形成貨幣「鐵三角」，香港原可避過亞洲金融風暴一劫。可惜滙率機制百密一疏，給游資有機可乘，差點陰溝裏翻船。政府驚魂甫定，亡羊補牢，又顧此失彼，忽視聯繫滙率制度有盲點，不能抑制港元升值。政府在 2005 年中實施強弱雙邊兌換承諾，反作繭自縛。次級信貸風波後，美國再三「量化寬鬆」，美元泛濫，香港處處被動，束手無策。即使利率低跌近零，也無阻游資湧入，投機港元與人民幣併軌。在超低息環境下，加上監管疏虞，零售投資泛濫，自然百病叢生，因為銀行代理零售金融投資，收入是佣金，前線員工多勞多得，自然落力推介，置存款服務於腦後。政府加強監管善後，例如：行所須分隔「銀行服務」與「投資服務」等，但治標不治本，又矯枉過正，反令普羅大眾卻步。

整合金融統計數據　分析追蹤資金來去

　　本書的分析牽涉不少經濟、商業、貿易及銀行統計數據，其中的銀行統計數據，在討論前必須就其蒐集與計算方法，作出交代，以助了解。簡單而言，銀行統計是依據每月呈報資產負債表編製，主要用途是執行法規，監管營運，保障存戶及維持金融穩定，所以資料需要經過整理及補充，始能轉化作分析用途。本書的分析以「認可機構資產負債總表」為基礎，而資產和負債與交易對手是相對，例如：銀行與外滙基金的往來，可以從後者賬目找到，補充資料，充實分析。

　　在資產負債總表方面。依據會計準則對銷本地同業存（負債）欠（資產）。

認可機構資產負債總表

負債	資產
外地同業存款 客戶存款 未贖回不記名存款證發行 未贖回不記名其他債券發行 股本、儲備及其他負債	庫存現金 客戶貸款 外地同業欠款 不記名存款證投資 不記名其他債券投資 證券投資 房地產投資 其他資產

在港元 M3 拆解分析方面。在整理資產負債總表，得出下列等式：

（1） 客戶港元存款 ＝ 總資產

－（總負債－客戶港元存款）

接着，在等式（1）左右兩邊加入民眾手持現金，等式左邊是港元 M3，等式右邊是其來源成分

（2） 港元 M3 ＝ 總資產

－（總負債－客戶港元存款）

＋民眾手持現金

再接着則分拆總資產及負債，加入補充資料，重整等式（2）如下：

（3） 港元 M3 ＝ 本地借貸（港元）

（＝政府借貸＋民間借貸）

＋資金淨進出（外幣）

（＝銀行業務＋貨幣金融）

＋其他資產（淨計）

（＝其他資產－其他負債）

「政府借貸」是政府債券投資、官鑄輔幣及官印紙幣發行等；「民間借貸」是客戶港元貸款、外地同業港元欠款（減除存款淨計）、不記名港元存款證及債券投資（減除所發行仍未贖回者淨計）、港元證券投資等；「資金淨進出」之「銀行業務」部分，是外地同業外幣欠款（減除存款淨計）、庫存外幣現金、客戶外幣貸款（減除存款淨計）、

不記名外幣存款證及債券投資（減除所發行仍未贖回者淨計）、外幣證券投資等；「貨幣金融」部分，是外匯基金票據投資，清算結餘、鈔票發行儲備等。

官鑄輔幣及官印紙幣發行是政府庫務欠債，所以屬於本地借貸。銀行投資非本地同業存款證及債券，性質與客戶借貸無異。銀行體系與外匯基金交易，必須使用清算賬戶以美元官價結算，所以牽涉外匯及資金流出流入。

等式（3）引伸而出，港元 M3 變動，可分拆為本地借貸變動、資金淨進出變動、其他資產（減除負債後）淨變動等三個因素。資金淨進出之「貨幣金融」部分變動，可以反映游資熱錢來去。

在儲備推算方面。根據監管法規要求，銀行須具備指定流動資產，不少於一個月內到期客戶存款之 25%[1]。流動資產（主要是存放外地同業）與傳統儲備（存放中央銀行）有別，資金並非完全遭凍結，而是可以輾轉借調回港放貸，所以港元貸存比率總是接近 100%。借調方式很簡單，外資分行存放流動資金（一個月內到期）在總行，而總行將該筆資金調回分行，存放一個月以上。分行存總行者屬法定流動資金，而總行存分行者屬非流動負債，分行在計算法例要求時不必扣減，故此法定流動比率，並不反映銀行體系儲備實況，需要從銀行

1　《銀行業條例》附表三

統計推算。算式如下：

(4) 儲備 ＝ 庫存現金

　　　　＋外地同業欠款（淨計）

　　　　（＝同業欠款－存款＋外地貸款照應）

　　　　＋存款證投資（淨計）

　　　　（＝投資－發行）

　　　　＋政府債券投資

　　　　＋清算戶口結餘

香港是離岸貸款記賬中心，絕大部分海外貸放有外地同業存款照應，因此計算儲備時，需在同業存款中扣除相關照應。

在貸存款比率方面。計算貸款對存款比率時，也需要整理統計數字，以免偏差。算式如下：

(5) 存款 ＝ 客戶存款

　　　　＋存款證發行（淨計）

　　　　（＝發行－本地同業投資）

(6) 貸款 ＝ 客戶貸款（本地）

　　　　（＝貸款總計－海外貸款）

(7) 貸存比率 ＝ (6)／(5)

總貸款需扣除海外貸放，因為其資金來源並非客戶存款。存款不再局限於傳統銀行儲蓄及定期，應包括存款證發行，但需減除本地同

業投資持有者。

在清算結餘比率方面。銀行清算結餘存放於外滙基金[2]，用作同業票據交換交收結算，不設存款利息，實務上能應付所每日清算需求已足夠。所以清算結餘對活期存款（即支票及儲蓄）比率，應該維持穩定。算式如下：

（8）　清算結餘 ＝ 外基基金銀行清算結餘

（9）　活期存款 ＝ 支票存款

　　　　　　　　　＋儲蓄存款

（10）清算結餘比率 ＝（9）／（10）

所有資金進出與對外收支賬盈虧同步，皆涉及港元滙兌，經銀行體系交收，影響清算結餘。若清算結餘比率飆升，高出正常水平，顯示游資湧入守株待兔，但銀行自律，未有同步增加貸放，變相凍結資金。

本書新穎結構　討論重點簡介

本書捨棄傳統編年史，而採用里程碑方法，聚焦數個在香港金融歷史上具轉捩點意義的關鍵年份，旁及彼等之間相互關係。所選擇之

2　外滙基金在 1998 年接替滙豐銀行擔任同業清算銀行，而滙豐銀行早在 1988 年已需將清算結餘轉存外滙基金，所以 1988 年以後結餘數據是公開，可在外滙基金賬目找到。

里程碑，皆帶來新政策，甚至制訂新法規，開拓新領域，影響深遠。
各個里程碑依照時序排列，有全面分析，包括背景（遠因近由）、過
程（事實經過）、影響（關連事件）、善後（補救措施）、發展（日後
路向）、檢討（得失教訓）等。各項沿革前因後果一目了然，分析一
氣呵成，冀讀者能窺全豹，也能掌握焦點所在。

全書主要分析內容共分八章節，按里程碑時序排列如下：

一、1868 年：鑄錢局壯志未酬　　紙幣獨領風騷

二、1891 年：自律失效成股災　　立法監管招角力

三、1935 年：中國棄白銀本位　　港元改掛鈎英鎊

四、1964 年：銀行風潮迭起　　修例亡羊補牢

五、1973 年：泡沫爆破釀股災　　屋漏兼逢連夜雨

六、1987 年：交易所倉卒停市　　政府撥亂反正

七、1998 年：游資聲東擊西　　政府背城借一

八、2008 年：金融海嘯餘波　　政府顧此失彼

本書各章節皆是獨立編寫，不過連貫第一、三、四、七、八等五
章，就是百多年銀行貨幣歷史。連貫二、五、六、七等四章，就是證
券資本市場歷史。

不可不知的是，香港金融產業，除銀行貨幣及證券資本市場外，
還有金銀貿易及保險。不過，相對於銀行、貨幣及證券資本市場的風
雨波浪，金銀及保險市場多年來均風平浪靜，既無意外危機，也無重

大變革。故不擬開闢獨立章節論述發展流水賬，只在各章節順帶扼要交代數筆而已。

　　扼要地說，本地黃金與白銀市場，向來以商品買賣為主，貨幣投資交易絕無僅有。業界在 1910 年成立貿易場，劃一報價，制定交易交收守則，消除陋習流弊。早期交易範圍廣泛，集金銀找換於一場，沿襲中國傳統，足金以兩（即 1.20337 金衡盎司〔troy ounce〕）交易，成色是 99% 純度，用港元報價結算，並有獨特交易制度，現貨期貨兩相宜。[3]

　　戰後香港跟隨英國本土實施外滙管制，黃金進出口亦受限制。不旋踵，內地政局動盪，資金滙聚香江，黃金套現買賣蓬勃數年。本地市場曇花一現後，回復沉靜，直至 1971 年，環球「黃金滙兌本位」固定滙率制度解體，也解除黃金之官方貨幣功能，復歸商品，官價每盎司 35 美元亦成歷史。香港順應形勢，在 1974 年解除黃金管制，正好填補倫敦與紐約兩地時差，擔當環球無休市場之亞洲交易時段，促成「本地倫敦金」交易之發展。所謂「本地倫敦金」，是倫敦之離岸現貨市場，以盎司交易，以美元報價結算，但可通過信貸而延期交收。因此，本地金市實際上是國際金市之輔助市場，填補歐美交易時差之真空，難與倫敦及紐約兩大國際市場相提並論。

3　香港金銀貿易場是現貨市場，但買賣雙方可延期一天交收，由貿易場作中介，釐定加息（買方付息）、平息（雙方無欠）或減息（賣方付息），而且雙方可每日再延期。國際市場足金用盎司計價，成色是 999 純度。

　　保險業在香港源遠流長，但與金銀業同樣是發展平穩。開埠伊始，英商已率先將在廣洲之航運保險公司遷港，也陸續在港開辦新保險公司，配合商埠經濟發展策略。所以，香港市場向來是航運財物意外保險蓬勃，而人壽保險平淡。近年人壽保險暢旺，皆因注入理財原素，以另類投資作招徠，迎合客戶需求，但滲透率仍強差人意。華人社會傳統觀念，是養兒防老，積穀防饑，宗祠照應，鄰舍互助，人壽醫療等生命保險未成氣候。

　　此外，監管機關與外商合作，引入按揭保險，藉此減低銀行借貸風險，卻造成官辦承包，變質為置業按揭需求管理工具，乃始料不及。按揭保險對象本來是銀行，投保對沖信貸風險，以符合風險系數折半（0.5）條件，在相關資本充足監管規定可享有減半優惠。當然銀行將保費成本轉嫁客戶，要求個別信用較弱客戶直接投保對沖。不過香港卻用作政策工具，按揭成數超越政策上限者，須自行依例投保方取得貸款，等同徵收「按揭稅」，而官辦保險公司更利用保費折扣，經常「調整稅率」，排斥競爭，實際「壟斷市場」。

　　至於業界着力推動之圍內專屬保險（captive insurance），即招攬海外企業在港設立直屬保險公司，承保圍內業務風險，以繳納保費方式撥備，令總部得享稅務利益，仍未見真章。箇中原因是，礙於本地稅務條例規定，未能優待專屬保險公司，媲美避稅天堂，修訂法例又恐牽一髮而動全身，政府舉棋不定。另外，近年政府所推動之自願醫

療保險計劃，實際變相推行用者自付，冀減輕公營醫療系統之負擔，所以官民爭議不絕，一波三折，推出無期。不過，成立獨立監管機關，改革制度業已完成，與國際水平看齊，冀望保險業踏入新里程，百尺岸頭。

＊　　　＊　　　＊

結語

　　展望香港金融前景，當中國經濟如日方中，發展動力強大無匹，人民幣國際化正如火如荼之時，香港可謂天時地利人和皆全，先天後天條件優越，尤其憑藉與環球金融主流文化接軌之利，將是離岸人民幣環球基地不二之選，各地域地區離岸中心之樞紐。往後之抉擇關鍵，將是有中國特色之國際金融中心，抑或有國際特色之中國金融中心。過去接近一個半世紀以來，香港成就超越澳門，皆因英國政治智慧遠高於葡萄牙，看透洋商在華利益衍生於華商利益，故處處予華商方便，互利互惠。同樣道理，若取前者，顯示香港之國際視野繼續發光發熱，替國家衍生無窮利益；若取後者，則顯示香港將倚重國家分惠，與上海等國內都會無異。如何取捨，將考驗各方之政治智商。

1868

第 2 章

鑄錢局壯志未酬

紙幣獨領風騷

引言

　　香港遲澳門三百多年開埠，卻後來居上，發展遠遠拋離鄰埠，箇中關鍵是定位較高，視野較廣。回顧鴉片戰爭後，英國乘勝進駐香港，不僅建立對華商貿據點，利便商旅居停補給，與葡萄牙澳門看齊，更將香港發展為自由港，成為華洋貿易交收結算樞紐，取代廣州之角色。華洋貿易源遠流長，向來以華為主洋為客，交易交收需在華結算。自元朝以還，中國貨幣採用銀本位，但歐洲貨幣則用金本位，外滙矛盾日益嚴峻，最終兵戎相見。西方金融發展領先，貿易結算早已脫離實物貨幣，改用滙票與鈔票等信用貨幣，可是華洋貿易依舊使用白銀，洋商交易成本日增，而且外滙流失日大。英國深謀遠慮，藉此進駐香港，建立據點並拓展自由貿易，反客為主，利己利人。

　　時至今日，香港與紐約及倫敦鼎足而立，乃世界三大國際金融中心之一，地位極為吃重。然而，若回顧歷史，香港天然資源匱乏，而且偏處中華大地南方一隅，能夠由小漁港發展成國際金融中心，過程殊不簡單，路途亦不平坦，甚至可說是千錘百煉、歷盡艱辛劫難，才得以如火鳳凰般浴火重生，過程曲折。可見成就與風光背後，其實是無數困苦風

浪；什麼股市巨災、地產崩盤、銀行倒閉、貨幣狙擊等等，則是人盡皆知之重要考驗，顯示香港今天成就，既得來不易，更可能是歷史異數。

香港由小漁村發展成為國際金融中心，舉世無雙，具有太多獨特性，而太少條件可以「複製」。不過，發展過程中所面對的各種困難險阻，所採取的應對策略，尤其是所着眼的重要面向，所思考的重要原則，以至其在失敗或風浪中所汲取的教訓、所學習的知識、所總結的經驗等，則無疑對正發展中之地方或經濟體具有極高參考價值。本章將扼要闡述香港開埠早期貨幣體制、經濟環境與金融秩序，探討其演進歷史。

＊　　　　　＊　　　　　＊

開埠初期經貿未舉　金融秩序有待建設

金融乃經濟之母，貨幣乃金融之本；英國藉工商貿崛起，故深明此道。香港開埠伊始，沿用華南流通貨幣，利便華商往來交易，配合自由港定位，華洋各得其所，足見其政經智慧之高。其次，政府跟隨英國本土頒佈新條例，令合夥商號可改組為立案法團，藉擴大股本以壯大實力，吸引廣州的洋商遷港，以取代廣州之華洋商貿樞紐地位。

其三，銀圓流通，衍生以圓為單位之本地貨幣（香港元），自成體系，與英鎊等看齊，影響深遠。

香港鑄錢局開業，應是這時期之焦點，亦是金融發展歷程上之里程碑及分水嶺，確立港元之獨立貨幣地位。鑄錢局營運前後兩年即倒閉，是先天不足，錯估市場及社會形勢，及後天失調，經營不善，卻間接加速香港貨幣體制現代化，從實體貨幣邁進信用紙幣時代，與歐洲發達金融市場接軌，為香港在下個世紀創造金融傳奇鋪路。此外，香港紙幣制度獨特，鈔票並非由政府發行，而由核准商業銀行發行，須具備充足儲備，貨幣地位受法律保障，令其在中國政經動盪年代，獨領風騷，通行華南等地。

掀開香港近代歷史，英軍 1841 年 1 月 26 日在港島北部的水坑口登陸，插上大英帝國旗幟，同時英女皇駐華全權代表（Plenipotentiary，後來改稱「駐華公使」）暨英國海軍艦隊總司令義律（Charles Elliot）下令張貼佔領公告，宣佈將香港闢為自由貿易港等連串舉動，無疑乃香港歷史的轉捩點。在此宗主轉變以前，香港一如中華大地沿海無數漁港村落一樣，沒有什麼驚天動地與別不同之處，既有「普天之下，莫非王土」，受大清皇帝管轄的一面，亦有山高皇帝遠，「帝力於我何有哉」的另一面，村民以務農打漁為生，日出而作、日入而息，經濟活動亦如其他漁農並舉的村莊一樣，一直保持穩定，並不活躍（蕭國健，1982），至於村民的交易媒介，乃通行於天朝之貨幣，包括大清

銀錠、紋銀、西洋銀元及官鑄銅錢等。

義律公告佔領香港，鼓勵自由貿易之後，吸引大小洋商，如蟻附羶般湧至（鄭宏泰、黃紹倫，2006）。國際貿易乃因而興旺，但殖民地政府並沒立即發行本身貨幣，或是大張旗鼓地建立現代金融制度，而是令人意外地保持現狀，採取自由金融政策，兼收並蓄，大清通貨仍舊流通，外國錢幣也可因應市場需求自由流通，不受限制，未加規管。當然有人或者會認為是義律宣佈佔領香港之時，中英條約仍未正式簽訂及真正生效，或是經濟底子尚弱，未有發展條件之故。不過，這些說法皆非事實。

在 1841 年 8 月，軍旅出身之砵甸乍（Henry Pottinger）從義律手中接任英女皇駐華全權代表暨英國海軍艦隊總司令之職後，並非優先着手建設經濟及法制，而是整頓軍備，然後揮軍北上，向大清朝廷施壓，逼令其盡早簽認和約，完成法律手段，讓英國堂而皇之地進佔香港。及至大局已定，兩國只欠正式簽約手續，砵甸乍才在 1842 年3 月及 4 月先後頒佈貨幣公告，指令印度盧比（Rupee）、西班牙八雷爾銀圓（即查理銀圓，俗稱「本洋」）、墨西哥八雷爾銀圓（即墨西哥銀圓，又稱「鷹洋」），及流通之大清銀圓和銅錢均為通用貨幣（林秉輝，1983）。政府賬目收支則使用英鎊。同年 8 月 29 日，英國與大清朝廷簽訂《南京條約》，香港也正式進入英國殖民管治時期。

在確立華洋自由貿易港地位之後，香港發展空間較為明朗，前景

也較有保障，而商業貿易初期增長不俗，貨幣需求亦隨之增加。砵甸乍沒有雄才偉略，也無意籌建香港藍圖，因而亦沒有推出什麼重大貨幣或金融政策，而是維持「黃老無為、自由市場」。到 1844 年任期末，砵甸乍始將英鎊正式列為法定貨幣[1]，官訂兌換率是 1 英鎊兌 5 枚鷹洋或本洋，或 11.25 盧比，或 6,000 枚大清銅錢（林秉輝，1983）。彈丸大小的香港，竟多種流通貨幣並行，蔚為奇觀。翌年（1845 年），第二任港督戴維斯（John F. Davis）上台時，英鎊在民間並未流通，所以並未切實執行英鎊之法定貨幣地位。

殖民政府將英鎊定為法定貨幣的舉措，其實乃政治姿態多於實際需求，因為英鎊是外滙而且屬於金本位（Gold Standard），香港社會以華人為主，並不流通，但礙於是政府財政記賬單位，故多用於繳稅繳費。反之，本洋及鷹洋屬於銀本位（Silver Standard），幣值穩定，兌換便利，甚受歡迎，乃當時主要流通貨幣，背後原因當然與貿易夥伴乃中國（包括海外華人）有關，因為大清皇朝通用貨幣是銀錠、銀圓和銅錢（鄭宏泰、陸觀豪，2013）。

大英帝國銳意建設香港成為促進華洋貿易的國際商埠，但強勢只維持兩年多。開埠之初治安不靖、制度仍未確立、基礎設施嚴重不足等問題，都令中外商人猶疑，貿易因而遜於預期。此外，香港天然資

1　法定貨幣是政府收支記賬貨幣，市民繳費納稅時必須使用。通用貨幣是民間收支記賬貨幣，交易受法律保障

源匱乏，本土經濟產業乏善足陳。舉例說，在 1844 年底戴維斯接任港督時，抵港船隻有 538 艘，總載重為 189,275 噸。三年後，抵港船隻上升至 694 艘，總載重亦上升至 229,465 噸（Morse, 1910-1918）。以總載重噸位計算，三年的累積升幅高達 21.2%，但開埠初期，香港由漁村轉型為轉口港，貿易統計本來基數甚低，故表現其實並不算太突出。

嗣後多年，貿易轉口更停滯不前，而社會問題（尤其是中外移民陸續湧入，品流複雜）也未見改善跡象。面對困局，具有影響力之英商乃不斷施壓，要求殖民政府拿出促進貿易和振興經濟政策，或是給予彼等優惠待遇。可是港督戴維斯公事公辦不賣賬，認為英商有恃無恐，苛索逼人過甚，二來經貿疲弱並非單憑政府政策便能輕易扭轉，故沒有積極回應英商要求。這樣「冷處理」手法，難免刺激洋商，加深其不滿，令官商之間關係惡劣，勢成水火。英商憤然向倫敦告狀，最後戴維斯黯然掛冠離港（Crisswell, 1981; Chan, 1991）。

繼戴維斯到任之港督，包括文咸（Samuel Bonham）、寶靈（John Bowring）和羅便臣（Hercules Robinson）等，也曾推行不少措施，以求挽救疲弱經貿，但都事與願違、成效不彰，更導致開支增加，政府財政緊絀，需要增加各種商業徵費彌補，影響洋商巨賈既得利益，因而雙方發生不同程度的爭拗或衝突（鄭宏泰、黃紹倫，2006）。長話短說，香港開埠初期，官商之間的矛盾和爭拗，是既鮮明直接又尖銳

嚴峻；至於不斷滋生矛盾之溫床，是經貿表現差強人意，令洋商覺得在香港經營日趨困難，無利可圖，難免將怨懟和不滿算到殖民地政府頭上（Chan, 1991）。

正如日本學者濱下武志（1997）所說，香港開埠早期，大約每隔二十年經濟與社會發展就出現一個循環。香港開埠後，經過近二十年載浮載沉，在十九世紀六十年代，貿易和經濟終於出現較為強而有力的復甦；另一方面，第二次鴉片戰爭和太平天國之亂相繼爆發，既衝擊中華大地政治、經濟與社會民生，也衝擊香港。此時，香港的經濟規模、社會結構和政治生態出現蛻變，其中貿易日趨頻繁，各行各業生意日見興旺，貨幣需求日增，促使政府思考應否未雨綢繆，在本地設廠鑄幣，應付龐大的貨幣流通壓力。

毅然設廠鑄幣　確立港元地位

香港開埠後，採取經貿開放政策，華南通行貨幣均可自由流通，表面上令人眼花繚亂，其實市場以鷹洋及本洋為準，政府也接受其用作繳費納稅，代替英鎊，方便市民大眾，是有實無名之「半法定貨幣」。隨着香港對華貿易日益蓬勃，貨幣多元局面反變成發展障礙。白銀市價波動，左右西洋錢幣供求，不時出現短缺。銀圓與鈔票本應平算，兌換率也因而不時升水貼水，起落頗大。貨幣供求欠穩定，影

響貿易民生。交易成本繁瑣，增加經營風險等等因素，均大大窒礙經濟發展，影響力有如水銀瀉地，深入社會各階層（周亮全，1997）。

更大問題是白銀貨幣是以兩與錢（重量）為單位，而各省官鑄銀錠成色有偏差。華商習慣在經手銀錠標記成色，省卻日後再次驗證，所以也在外來銀圓標記，甚至切割當作碎銀。因此既出現殘破「爛銀」，也招至贗品偽幣充斥，魚目混珠。政府當然了解問題癥結，需要大刀闊斧整頓貨幣制度，包括發行本地錢幣取代外來錢幣。

政府構思以官鑄香港銀圓統一貨幣單位及幣值，取代西洋銀圓、爛銀及碎銀，既可穩定本土通貨供應，鞏固自由港地位，也可繳交內地關稅徵費，流通華南，一箭雙雕。港督寶靈在 1855 年正式倡議本地設廠，建議大膽，但投資也大，估算成本約 672,000 港元（等同政府歲入 80%），並不划算，倫敦反應冷淡是意料之內。況且香港是彈丸之地，除非香港銀圓流通及地位能與鷹洋及本洋等看齊，甚至取代它們，否則欠缺經濟效益，得不償失。但若香港銀圓通行華南，等於以香港貨幣支持地區貿易，又恐怕力不從心，而且偽幣防不勝防。倫敦既然不熱衷本土錢幣計劃，遑論設廠鑄幣。

港督羅便臣接任後，以退為進，先整頓財政金融，再實現貨幣本地化。首先提請倫敦核准，自 1862 年起政府賬目及財政預算案改用「香港元」編算，確立為本地貨幣，地位與英鎊看齊。其次，委託英國皇家鑄幣局（Royal Mint）鑄造香港輔幣，小試牛刀。該批錢

幣在 1863 年鑄造，印有「香港」字樣，翌年抵埗並投放金融體系流通，市民反應甚佳。羅便臣乃順水推舟舊事重提，修函倫敦力陳設廠優點：「香港官鑄銀圓，具法定地位，不單是在本地，也可以在中國通商口岸流通，迅間成為標準貨幣及商貿交易媒介。」(CO.129.96, 20 March 1863) 終說服英廷放行計劃，在鞏固本地貨幣制度上，邁進一步。建廠預算原是 400,000 港元，即使結算超支 50,000 元，也遠低於最初估算。其實，香港也曾接洽印度鑄幣局合作，替代建廠，但未能成事。

　　此等金融措施，帶出兩條有趣的問題，值得反思：一、為何在香港開埠之後，採取開放通貨政策，而非以英鎊為主力流通貨幣？二、為何其後順水推舟，將鈔票面值單位「圓」轉化為本地貨幣單位「香港元」，另起爐灶？

　　香港被英國佔領管治以後，實質上從未與母體中國內地脫離，兩地關係不單從未被切斷，反而隨着經貿及社會不斷發展，日趨強化與深化，令香港連結內外、溝通中西的角色與地位更加突出。就以經貿關係為例，香港定位為自由港，貿易及經濟活動主力是對華貿易；套用現代術語，即是內地乃香港最大貿易夥伴。當年並無國際結算貨幣，跨國商貿以黃金或白銀交易，貨銀兩訖。若從政治方位出發，香港採用英鎊，延伸歐洲之金本位貨幣制度，方便洋商，是順理成章。不過，如此安排不能充分發揮自由港之功能，因為神州大地流通貨幣

就是白銀，即是貨幣與外滙同體，故難以想像華商移船就磡，南來香港兌換英鎊黃金交易。有鑑於此，殖民政府從現實出發，公告開放華南通貨在港流通，維持現狀，方便華商，與在廣州交易無異。此等外來通貨，日後衍生本地貨幣「香港元」，仍沿用白銀作儲備。香港貨幣制度，與內地看齊接近一個世紀後，直至 1935 年方因為內地金融形勢巨變而廢止。

若要取代廣州成為華洋商貿樞紐，擺脫清廷之官僚掣肘，香港必須做到華商洋商兩便利。因此，開埠後英方即引進西洋銀行分行，提供押滙、兌換等金融服務，方便洋商。又核准其發行鈔票，替代銀圓，並須儲備等值白銀支持，即是西洋銀票，方便華商穿梭兩地。此外，外幣與銀圓是在香港經西洋銀行兌換，而其儲備是存放總行，令西洋諸國之外滙流失問題迎刃而解，一石二鳥。香港銀行鈔票面值以銀圓為單位，例如：五元即是五枚鷹洋或本洋，從而衍生新記賬單位「香港元」。隨着香港銀行鈔票流通日廣，「香港元」也演變成實質貨幣。故此，若發行本土錢幣，可確認香港元的獨立市場地位，切合華洋商貿中心之謀略；而籌劃設廠鑄幣，則可配合香港元晉身華南地區貨幣之鴻圖大計。

其實早在 1862 年，殖民政府內部已策劃設廠鑄幣，並制訂具體計劃，但保持低調。翌年取得倫敦支持和核准後，隨即開展籌備工

作，包括：草擬法案、撥款批地[2]、興建廠房、訂購器材及招聘人員等。倫敦核准鑄造五種面值，計有五仙、壹毫、貳毫、半元（即五毫）及壹元等，即是香港採取標準十進制，有別於英鎊的先令便士制（林秉輝，1983）。至於相關的《鑄錢局條例》，則在 1864 年 2 月 26 日立法通過，並隨即刊憲公告全面落實（*The Hong Kong Government Gazette*, 27 February 1864: 82）。

　　當年經濟底子未厚，政府毅然設廠鑄幣，冀統一貨幣，穩定供應，也帶動金融體系升級，原是寄望甚高，可惜事與願違。鑄錢局幾經轉折，卻生不逢時，於 1866 年 5 月 7 日正式開業投產時，碰上倫敦老牌押滙票據貼現銀行資不抵債而倒閉，影響英國外貿與屬土經濟。香港不少企業也受牽連，甚至結業倒閉，本土經濟轉勢下滑，所以貨幣的需求遜於預期（鄭宏泰、黃紹倫，2006）。

　　經濟疲弱，貨幣周轉放緩，減低銀圓需求，造成惡性循環，也殃及剛啟業之鑄錢局。若經濟復甦可期，貨幣周轉加速，暢通商貿經脈，為經濟注入新動力，增加銀圓需求，可以相輔相成，扭轉形勢。可惜鑄錢局造營運成本重，每年營運預算達 7 萬港元，即使開拓其他訂單，也入不敷支，財政短期難以改善。經濟復甦無期，鑄錢局虧損日大，政府擔心難以支撐，最終被逼關門大吉。

2　該鑄幣廠原設於銅鑼灣京士頓街與加寧街交界，設備則由英國進口，主要工作人員亦多由英國招聘過來。現址是多層住宅大廈。

建廠鑄幣徒勞無功　貨幣流通依舊混雜

　　麥當奴（Richard MacDonnell）接替羅便臣為香港第六任港督，躊躇滿志，冀任內有一番作為。鑄錢局即將揭幕和投產，掀開香港金融貿易發展新篇章，並可促進香港經濟發展。前人種樹，後人乘涼，滿以為可以坐享其成。然而事與願違，令其面目無光，因為鑄錢局很快便成為政府財政重擔，影響管治績效，變成燙手山芋，不得不壯士斷臂、止蝕離場，令鑄錢局僅曇花一現。

　　公營鑄錢局坐擁專利，原是封了虧本之門。鑄錢局以面值「賣出」官鑄錢幣，賺取鑄造差價，因為原材料必定低於面值，只要有足夠產量攤派其他固定成本，便可穩賺。香港鑄錢局訂單可分為兩類，一為政府鑄造新幣，滿足市場需求；二為個別客戶翻鑄爛版及碎銀，變為新版流通錢幣，賺取熔煉費。翻閱籌設鑄錢局檔案資料，政府原來預算是每天鑄幣 27,000 枚，才能收支平衡。但廠房投產後，銀幣訂單每天最高只是 15,000 枚，即是達到預算約一半而已，令營運長年入不敷支，而且品質欠穩定。導致此局面的成因，既是銀幣先天有不足之處，亦是生產設備有欠完備之處，同時更是管理營運存在諸多不善之處。至於殖民地官員在策劃這一重大投資時，高估本地官鑄錢幣認受性，低估華人社會慣性積習，及忽略市場對早流通錢幣的依賴，始是問題關鍵所在。

　　鑄錢局生不逢時，內外交困，投產後首三個月已累積虧損 127,000 元，引起輿論關注。外在因素，是倫敦老牌押滙銀行奧根 (Overend and Gurney) 倒閉，需英倫銀行收拾殘局，殃及整條英國、印度、中國貿易資金鏈，拖累經濟，香港也不能倖免。簡單來說，銀行是外貿中間人，是出入口商代理，處理貨運提單及貨款，分為付款交單及承兌交單兩種方式，並提供融資，所以稱為押滙。出口商收款發票，是以滙票 (Bill of Exchange) 形式簽發，可以轉讓流通。發票承兌後，可再向押滙銀行（例如奧根）套現，而押滙銀行也在市場發債集資周轉。若有商號拖欠債務，便可能牽一髮而動全身，拖累整條資金鏈。以 1866 年底計，政府庫房仍積存新輔幣面值 100,000 元，有待投放，相等首批產值約五分之一之多，需求疲弱可見一斑。

　　內在因素，是舊銀回收、鎔煉、翻鑄新版香港銀圓需求低而且不穩定，大失預算。新幣成色與鷹洋看齊，但鷹洋已深入民心，需求甚殷，內外市場長期高水，簇新新者更可高達 10%。鑄錢局只能回收殘缺銀圓或爛板翻鑄，原因是商民不願多付 2.1% 熔煉費，舊幣換新幣。鎔煉費自 1867 年 1 月減為 1%，以增加翻鑄舊幣吸引力，但市場反應仍欠佳。鑄錢局也曾嘗試向外拓展開源，包括替日本鑄造銀幣，為清廷鑄造銀圓等，皆無功而還。

　　有人以為，若清廷正式認可香港新幣，鑄錢局或有利可圖。其實香港是商貿港，應適從華南流通貨幣，而非在中國地區發行英國貨

幣。香港銀圓只是鷹洋等西洋錢幣本地版，並非創新貨幣，若英政府
不再支持，便應結束鑄錢局。

長痛不如短痛，麥當奴權衡利弊，在 1868 年決定關閉鑄錢局。
請准倫敦後，先徵詢各大銀行意見，試探市情，再召開行政局會議，
討論有否轉圜餘地。有利銀行一針見血，指出問題癥結是銀圓兌換價
正處於低位，外資銀行不願意投放資金於銀圓，免遭外滙損失。即使
法蘭西銀行支持其繼續營運，也表明需同業聯手補貼，方可成事。庫
務司（Colonial Treasurer）認定鑄幣局全盤失敗，應及早結業，也是
政府高層主流立場（CO.129.135, 7 August 1868）。滙豐銀行卻另有
圖謀，建議承包該廠 5 年，條件是有權控制輔幣數量、獲取發鈔專利
權和成為政府官方往來銀行，即是等同有實無名的中央銀行。不過，
當時滙豐銀行剛成立數年，陣腳未穩，或許只是試探虛實，但世事如
棋，在下個世紀中葉，宏圖偉願終於實現。

鑄錢局結業後，樹倒猢猻散。廠房連地皮（佔地面積 103,000
平方呎）一併出售予怡和洋行買辦黃華熙牽頭之糖局（China Sugar
Refinery），得款 6.5 萬元，而融資者是滙豐銀行。物業在 1878 年
輾轉歸入渣甸洋行旗下，經營中華火車糖局（China Sugar Refinery
Company Limited）。機器與設備則經怡和洋行轉售日本大阪一定造
幣廠，得款 6 萬元，經紀佣金是 5%。東藩滙理銀行日本支行，是大
阪一定代理人，負責僱用、管理外籍僱員，及採購原材料。值得留意

者，是怡和洋行從中得益最多。原鑄錢局員工部分遭遣散，部分轉往其他政府機關。至於壹圓以下輔幣，則繼續委託英國皇家鑄幣局負責鑄造。也即是說，政府主動設廠鑄幣，壯大香港元鴻圖大計，投資半百萬元，有如曇花一現，無疾而終。世事往往出人意表，關廠既無損香港華洋商貿中心地位，也不影響香港元深入民間，在華南廣泛流通，取代鷹洋與本洋等銀圓。箇中關鍵在於滙豐銀行崛起，乃殖民政府官員始料不及。

殖民政府在 1865 年跟隨倫敦頒佈《公司條例》（*Companies Ordinance*），容許合股公司註冊成為立案法團，股東個人責任限於投資本金。原駐廣州洋商紛紛南遷改組註冊，以香港為基地。洋商依例合資創辦香港上海滙理銀行有限公司（The Hongkong and Shanghai Banking Company Limited），分別在香港及上海（英租界）兩地設置總行，繼而在內地通商口岸設立分行（如天津、福州等），及在對口亞洲商埠設立國外分行（如新加坡、西貢等），經營貿易押滙融資，打破英資皇家特許銀行專營[3]。翌年，該行獲政府立法升格為條例法團，並改稱香港上海滙豐銀行（The Hongkong and Shanghai and Banking Corporation）[4]，地位與英資皇家特許銀行看齊。

3　印度倫頓中國三處滙理銀行（即有利銀行）、印度新金山中國滙理銀行（即渣打銀行）等。

4　依英文直譯應是「立案香港上海滙理銀行」，「滙豐」是 1888 年始使用的中文行名。

滙豐銀行在香港及外地分行皆獲授權發鈔，流通領域甚廣。鑄錢局關閉後，壹圓銀幣供應青黃不接，滙豐銀行把握時機，請准港督在1872年發行壹圓紙幣填補空隙，引起各方爭拗。競爭對手發動社會輿論，並上書倫敦請願得直，事件方告平息，既顯示大眾市民信心，亦間接推動鈔票替代銀洋流通。

關閉鑄錢局，對整頓香港貨幣金融原是個不大不小的挫折，但貨幣供應並未受到影響，而且周邊經濟受惠於清廷全面落實「洋務運動」，帶動香港商貿迅速復甦（鄭宏泰、黃紹倫，2006）。經商貿發展峰回路轉，又反過來加強政府對自由市場信念，認為政府干預吃力不討好，所以不要「自討苦吃」。故此，自香港開埠至清帝遜位，改朝換代，前後七十多年間，政府態度謹慎，對於貨幣金融政策，總是小心翼翼，處處被動。結果在這段期間之內，香港始終沒有明確設立銀圓和貨幣標準（林秉輝，1983；周亮全，1997）。

貨幣流通與需求大幅增加，令市面錢幣供求緊絀。商人觸角敏銳，遂引入美日等地的貿易銀元應急，填補大清銀圓、銅錢與鷹洋、本洋的不足。此外，還有政府委託倫敦鑄造之香港元輔幣，令香港這彈丸之地，多幣並存通用的現象變本加厲。開埠初期貨幣混雜流通、交替使用的現象，直至十九世紀末仍沒有改變（林秉輝，1983；周亮全，1997）。不過，英鎊流通狹窄，局限於洋商之間及與政府交易，而銀圓則在華人社會廣泛流通，故政府亦接受銀圓用作繳費納稅，並

且在 1895 年修例，廢除英鎊有名無實的法定貨幣地位，此舉無疑變相確認香港元具有官方地位。

流通貨幣混雜，間接或直接增加交易成本，但無損香港經濟貿易活力，而且清末政局動盪，神州資金更南來避難。十九世紀下半葉，清廷管治每況愈下，內政敗壞，經濟凋敝，民不聊生；外務不濟，一再割地賠款，喪權辱國，而連番變革自強又無法力挽狂瀾，最終在革命黨人炮火中被推倒顛覆（郭廷以，1979）。辛亥（1911 年）武昌起義，中華大地改朝換代，殖民政府順勢大刀闊斧改革貨幣制度，最終替貨幣混雜局面劃上句號。

清帝遜位，帝制終結，中國走向共和，建立中華民國，可是立國之初政局動盪，群雄割據。以袁世凱為首之北洋舊臣，在京接收滿清朝廷，而以孫文為首之革命黨人，則盤踞廣州建立革命政府，挾民心與北方討價還價。中國南北對峙，不過實力懸殊，南方需積極擴充實力抗衡，以鞏固政權。可是財政緊絀，廣州政府除舉債外，更大量發行貨幣，以應付開支，惟此舉有如飲鴆止渴，令國計與民生大受影響（Chung, 1998）。其實盤踞各省之軍閥，也不遑多讓，幾乎毫無節制地發行貨幣，表面理由冠冕堂皇，一方面是充裕軍費，另一方面是應付開支建設，但內裏卻是中飽私囊，利用金融貨幣手段斂財。所謂劣幣驅逐良幣，在改朝換代前後，不少資金流入香港，避險保值，引致中外銀圓泛濫，而香港元鈔票變得奇貨可居，對銀圓升值，殃及本地

民生及貿易。[5]

　　鑑於形勢嚴重，維持貨幣穩定是燃眉之急。政府曾回收大量官鑄銀圓，以減低市場流動性，但也帶來沉重財政負擔；而且杯水車薪，無濟於事。當時港督梅含理（Henry May）乃採取果斷行動，於1913年頒佈《禁止外國紙幣流通條例》*Foreign Note Prohibition of Circulation Ordinance* 及《外國銀幣鎳幣條例》*Foreign Silver and Nickel Coin Ordinance* 兩條重要金融條例，禁止外國貨幣流通，令市面統一使用港元紙幣及輔幣，非本地貨幣則禁止自由流通，香港從此劃一貨幣體制（周亮全，1997；馮邦彥，2002）。

　　中國政局變天之後，內地金融體制嚴重失序，貨幣供應幾乎失控，殃及香港金融市場，影響經濟民生，政府在關鍵時刻毅然取消奉行七十多年之政策，廢除外地貨幣通用地位，結束多種貨幣混雜流通之局面。其實政府決定等於干預市場，與自由港定位背道而馳，也影響民生。不過，這次行動是在自由市場失效下被逼出手，因為廣東貨幣泛濫失序，香港若依然門戶洞開，風險將難以估量。正因如此，政府釜底抽薪，禁止外國貨幣流通。政策頒佈後，招致市民大眾抵制反抗，例如：罷搭及杯葛電車公司（皆因政府禁用內地銅錢，令市民無

5　其實此情況有如現時港元與美元掛鈎一樣，2008年環球金融海嘯之後，美國聯邦儲備局放寬銀根救市，支撐經濟，美元泛濫，大量湧港，令股票市場波濤洶湧，樓市亦只升不跌，民生經濟大受影響。可以想像，在健全貨幣管理局制度下，美國貨幣政策尚且給香港經濟民生帶來如此巨大影響，在個多世紀以前，貨幣體制欠完善，加上廣東和香港近在咫尺，其衝擊之巨大，不難想像。

法使用手上錢幣繳納車資），但基本上是得到政商及社會各界支持。政府順應時勢而行，貨幣本地化及劃一政策水到渠成。

進入紙幣時代 踏上現代金融之路

政府於 1913 年全面禁止外國銀幣及鎳幣流通，社會即時反應強烈，但只是曇花一現。其實紙幣（鈔票）已逐漸通行，取代笨重之金屬貨幣，成為交易結算的主要媒介，所以對民生經濟實際衝擊不大（周亮全，1997）。毫無疑問，紙幣具有多重優勢，計有攜帶便利和印刷成本低廉等，不過紙幣是信用發行，與銀圓及鎳幣等不同，本身沒有實質市場價值。若要發揮儲值功能，必須建立在強大金融信任體制之基礎上。即是說，香港貨幣，由實物通貨為主體，轉變為信用通貨為主體，並且令香港元逐漸發展成獨立通貨，關鍵是紙幣由政府核准銀行所發行，不單具有充分白銀作儲備，而且發行受到管制。

前文分析，英國銳意發展香港為自由商貿港，而華洋貨幣滙兌是重要一環，所以開埠不久，即引入紙幣發行制度，而且一直是由私營銀行而非政府發行。資料顯示，香港開埠不久，第二任港督戴維斯上台後，即授權東藩滙理銀行（The Oriental Bank Corporation）發行紙幣以配合。當年香港通用華南貨幣，以本地銀行滙票（promissory note）結算貿易滙票，可方便洋商與華商交易。由於紙幣面值相對較

大（最低是五元），遠高於日常生活及生意交易金額，流通不廣，早年局限於商貿結算，平民百姓、中小企業間甚少採用，所以紙幣早年並不流行（林秉輝，1983；周亮全，1997）[6]。不過，西洋銀行來港設行及發行鈔票，奠定香港在中國現代金融發展史上之角色及地位。

隨着商貿日漸發展，政府先後再授予六家銀行紙幣發行權，其中三家對香港金融發展舉足輕重，計有印度倫頓中國三處滙理銀行（即有利銀行，The Chartered Mercantile Bank of India, London and China，於 1859 年獲授權）、印度新金山中國滙理銀行（即渣打銀行，The Chartered Bank of India, Australia and China，於 1862 年獲授權）及香港上海滙理銀行（即滙豐銀行，於 1865 年獲授權）。

其餘三家發鈔銀行是呵加剌滙理銀行（The Agra and United Service Bank，於 1863 年獲授權），印度東方商業銀行（Commercial Bank Corporation of India and the East，於 1866 年獲授權），以及中華滙理銀行（National Bank of China Limited，於 1891 年獲授權）。前兩家與東藩滙理同樣是英資銀行，以印度為基地。後者是華洋合資本地銀行，牽頭是廣州殷商潘士成。不過此四家銀行，發鈔量不大，例如中國滙理銀行發行面值僅 450,000 港元，後來因種種原故倒閉結業也影響有限。

6　早年香港流通貨幣與今天不同，以銀圓和銅錢等金屬貨幣為主，反而紙幣面額大，使用並不普遍。

　　銀行鈔票屬於流通票據（Bill of Exchange），依法須清楚書明：「茲承諾在此行所見票即付來人（若干）銀圓或等值之本地貨幣。原銀收訖。」（Promise to pay the Bearer on demand at its office here (certain) dollars or the equivalent of the currency of the Colony. Value received）。故此，鈔票實際上是西式銀票，即客戶存放銀圓之憑證[7]，但是不記名，故可以流通以替代銀圓支付交易、具有貨幣功能（King, 1987-1991）。

　　鑑於私營銀行良莠不齊，也有傳聞是滙豐及渣打等英資銀行游說施壓，政府在 1895 年整頓發鈔權，頒佈《銀行紙幣發行條例》，未得內政大臣經港督核准者，禁止發行鈔票，等如限制發鈔權於滙豐銀行、渣打銀行及有利銀行這三家已認許之銀行，其他銀行再無緣問津[8]。在天時地利人和互相配合下，滙豐銀行鈔票發行量遠超其他兩家，不單變成香港元的象徵，而且在華南流通更廣。據悉，在二十世紀初，香港元已成為九廣及京漢鐵路沿線地區商人樂用貨幣；例如滙豐銀行所發行的紙幣，估計多達七成在內地流通（周亮全，1997）。且留待第四章詳盡分析。

　　在二十世紀之交，神州大地政治經濟動盪，人民對政府威信存疑，而香港元獨特發行制度，反而具備幣值穩定、市場信心強和貨幣

7　依據大英法制，銀行紙幣屬不記名承兌滙票（promissory notes），可隨意流通。
8　有利銀行因為改組，曾在 1893-1911 年間暫停發鈔資格。

流通性廣等有利因素，在華南深受歡迎，鞏固兩地經貿及貨幣關係。

清帝遜位，神州巨變，南北對峙和軍閥割據，令內地貨幣制度失效，

不但濫發嚴重，政策更顯得紊亂，而香港銀行鈔票正好填補信心空

檔。在十九世紀末，政府推出連串金融法例，包括區分銀行鈔票發行

為「授權」及「逾期」兩個部分等，標誌着香港邁進現代金融制度，

奠定香港日後成為國際金融中心之基礎。政府在 1913 年立法禁止非

本地貨幣流通，是統一香港貨幣的轉捩點，也是歷史里程碑。

表 2.1：1852—1920 年香港銀行紙幣鈔票發行與銀價

年份	銀行紙幣鈔票發行（百萬港元）				銀價（盎司／英鎊）	
	滙豐銀行	渣打銀行	有利銀行	東藩銀行	最高	最低
1852	-	-	-	0.06	0.257	0.250
1859	-	-	0.30	0.61	0.261	0.257
1863	-	0.44	0.79	0.85	0.257	0.252
1865	0.80	0.53	0.53	0.65	0.257	0.252
1870	1.45	0.18	0.59	0.26	0.253	0.251
1875	1.47	0.54	0.65	0.49	0.240	0.231
1880	1.72	0.58	0.46	0.53	0.220	0.215
1883	2.46	1.06	1.11	0.86	0.214	0.206
1885	2.60	1.16	0.26	結業	0.208	0.195
1890	3.43	1.12	1.01	-	0.228	0.182
1892	4.39	1.94	0.11	-	0.182	0.158
1895	4.82	1.73	暫停	-	0.130	0.113
1900	7.00	2.93	暫停	-	0.126	0.113
1905	15.46	3.42	暫停	-	0.126	0.106
1910	13.09	5.30	暫停	-	0.109	0.097
1912	19.78	5.33	0.50	-	0.114	0.092
1913	18.42	5.43	0.71	-	0.122	0.108
1915	21.79	6.98	1.07	-	0.116	0.093
1920	26.40	10.06	1.00	-	0.373	0.162

資料來源：*Hong Kong Blue Book*, 1844-1940（1852 年以前記錄不全）。

＊　　　　＊　　　　＊

結語

　　回顧歷史，即使英國人深謀遠慮，香港開埠始終是歷史偶然。從小漁村變身國際金融中心之故事，無疑充滿傳奇，然而發展歷程卻非偶然。開埠早年，政府因地制宜，採取現實貨幣政策措施，鋪下日後金融產業發展道路，並奠定環球金融樞紐紮實基礎。

　　百多年來，香港每每因時制宜，能把握機遇化為商機，全賴自由開放的經貿政策，吸引華商移船就磡，其中以華南貨幣通用至為關鍵。之後因勢利導，乘勢建立本地貨幣與金融制度，由無到有、由亂而治，建立獨立自主的金融貨幣體系，可說是香港傳奇故事最突出之篇章。誠如西方著名學者波蘭尼（Karl Polanyi）所言：「國際金融，是人類歷史上所創造之最複雜制度之一」（Polanyi, 1985：69），政府能夠在管治威權未立、社會秩序紊亂、治安不靖狀態中，務實地逐步建立起世界水平的金融秩序和貨幣制度，引來不少艷羨目光。不過，香港最重要成功因素，恰恰並非政府主動出擊或

牽頭領導，反而是無為而治之自由市場信念，使各方能因應客觀形勢，採取合適的行動，自力更生。鑄錢局無功而還，但給政府上了寶貴一課，明白到香港經濟開放，客觀形勢往往比人強，順水推舟始終是上策，勉力而為終究師老無功。嗣後，殖民政府實際上奉「積極不干預」為財經政策圭臬，即是自由而不放任，事非不得已，政府不會也不應干預市場運行，雖然直至二十世紀中葉，方宣諸於口，見諸於文[9]。

　　上世紀初，英國殖民地遍及全球，號稱「日不落國」。為何香港成就能超越其他眾多屬土，即使印度次大陸全盛期，也難望其項背？究其決定性因素，顯然與香港獨特背景有關。香港背靠中國內地，本是華人社會，歷史文化經濟源遠流長，先天具備華洋薈萃條件，有實力取代廣州成為華洋貿易樞紐。換言之，香港開埠在於建立「離岸」商貿中心，便利華洋貨物、資金與資訊交易，冀能徹底解決雙方長年矛盾。香港核心經濟乃對華貿易，所以自始已與華南共通貨幣，准許華洋銀圓在港流通以方便華商。其後更衍生出香港元此獨立貨幣，與銀圓平起平坐。政府也自 1862 年起採用

9　有關官方檔案，最早是財政司郭伯偉（John Cowperthwaite）於 1966 年 3 月 24 日立法局會議上發言。其繼任人夏鼎基（Philip Haddon-Cave）於 1979 年 10 月 19 日公開演說，講題「香港經濟現正轉型」，方首次使用「積極不干預」一詞。

香港元「作為公共財政的記賬單位」，取代英鎊之法定貨幣地位（周亮全，1997：326）。

　　貨幣金融運作，就如血液之於人身，無處不在，亦不可或缺，對促進經濟發展起着極為關鍵作用。故此，中國改革開放的「總設計師」鄧小平，亦曾說出「金融很重要，是現代經濟的核心。金融好了，一着棋活，全盤皆活」之至理名言（鄧小平，1993：366）。所以金融是經濟之母，貨幣就是金融之靈魂，後面章節將評析香港貨幣沿革，闡釋滙率制度演進，窺探其與經濟成長及金融產業國際化之密切關係。

1891

自律失效成股災

立法規管招角力

引言

　　香港開埠後，華商洋商滙集，全賴政治因地制宜。其一，公告確認沿用華南通用貨幣，方便華商交收。其次，緊隨英國本土頒佈《公司條例》[1]，引入有限責任合股公司，解除洋商後顧之憂。在自由開放的商貿政策配合下，造就香港今日之國際金融中心地位，尤其股票市場，與紐約及倫敦齊名，人稱「紐倫港」(Nylonkong)，備受讚譽 (Elliott, 2008)。

　　香港金融產業憑藉自身優勢，在二十世紀七十年代脫穎而出，壓倒東京及新加坡，成為亞洲太平洋地區的國際商貿樞紐，絕非偶然。布雷頓森林協議（Bretton Woods Agreement）失效，美元滙兌本位浮動滙率制度，取代黃金滙兌本位固定滙率制度。香港市場開放，無論在法制、實務、習慣等皆與倫敦及紐約看齊，正好填補環球無休市場的亞洲時區空檔。

　　所謂時勢造英雄，倫敦和紐約崛起成為國際金融中心，既有英美綜合國力優勢，也有歷史淵源、地緣政治及財經政

1　即「1865 年第一號條例」(Ordinance No. 1 of 1865)，全名是《貿易公司及相關組織之成立、規管與清盤條例》(*An Ordinance for the Incorporation, Regulation, and Winding-up of Trading Companies and Other Associations*)，簡稱《公司條例》(*Companies Ordinance*)。

策等多種利好因素。反觀香港，既無天然資源的優越，也無政治力量為後盾，金融市場能在亞洲鶴立雞群，與倫敦和紐約比肩，全賴天時、地利、人和。若無「盎格魯－撒克遜」（Anglo-Saxon）商貿文化洗禮，又若非地處華南，剛巧填補環球無休交易亞洲時區空檔，又若非英鎊及美元先後是環球貨幣制度核心，香港未必有足夠條件捕捉千載機緣，在環球金融市場晉佔第三位。

股票市場是金融制度極重要一環，香港逐步建立世界級體制，發揮高效資金集散功能，非一蹴而就，而是歷盡無數風雨，經過無數考驗，始能修成正果。成就背後，是因時地制宜，擇善固執，有如赤手空拳闖出天下傳奇。

掀開香港股票市場發展歷史，可以看到無數自由市場的發展斧痕，難怪一代經濟學宗師佛利民（Milton Friedman）曾高度評價香港，指其乃世界上「自由市場最後堡壘」（Friedman, 1980:3）。制度運作或社會發展，鮮有無風無浪，一帆風順更是絕無僅有。自由市場機制優越，能自我糾正偏差，但也有失效及失衡時刻，須借助外力糾正。香港股票市場曾經走過之歷程，既見證自由市場逐步建立秩序的一面，也折射出市場失效時招來政府干預的另一面，並引伸出到底自由市場應是全賴自律，抑或容許政府干預撥亂反正的

原則性問題。本章講述 1891 年香港破天荒立法規管股票買賣合約之來龍去脈，分析香港股票市場早期發展及首次股災，所引發市場自律與政府監管之爭，拆解正反兩方激辯之論證。

＊　　　＊　　　＊

開埠急需建設　企業開股集資

中英雙方在 1842 年正式簽訂《南京條約》，結束首次鴉片戰爭，香港正式進入大英帝國管治時期。百業待舉，基礎設施待興，惟英國政府並未投入資金，而是推動對華商貿樞紐的「概念」。其實英國人選擇進駐香港，是看中其地理位置，極具潛力取代廣州，成為華洋通商口岸。此賣點確實牽動無數中外商人，相信香港商機處處，具有強大吸引力，乃發財致富、遍地黃金的天堂（Barrie and Tricker, 1991；鄭宏泰、黃紹倫，2006）。

香港開埠之際，確實如外相巴麥尊（Lord Palmerston）所言，只是荒蕪小島而已。實現通商口岸之鴻圖大計，需要官商攜手。開拓新疆域，向來是本少利大，而風險高。香港開埠不久，英國商人觸角

敏銳，來港開辦新公司，公開發行股份集資，用作開發新商機[2]。究竟哪家企業開風氣之先，已無從稽考，從 1845 年創刊之《中國郵報》（*The China Mail*）所刊載廣告粗略推斷，早在 1852 年以前（即開埠後首 10 年以內），已有航運及保險等公司「開股籌資」。

開埠初期，香港經濟反覆起落，商業活動疲弱欠動力，而公司制度對投資者欠缺保障，也令人裹足不前，籌集資金反應欠佳，所以無論基礎建設，抑或是股票市場發展，皆乏善足陳，顯示營商環境差強人意。

直至 1865 年，政府跟隨英國本土，頒佈《公司條例》後，股票市場與商業活動始脫胎換骨。簡言之，以往公司是個人或合夥以商號名義經營，其組織與運作簡單，東主與商號是兩位一體，即俗稱「無限債務責任公司」。若果營運順風順水，業務蒸蒸日上，當然皆大歡喜。但是，若遇市況逆轉，生意欠佳，入不敷支，甚至資不抵債，股東必須承擔所有債務，可能被判令破產，甚至鋃鐺入獄。故此企業家對集資拓展多存有戒心，因為業務愈大，個人風險愈高（Talbot，2008；林森池，2007）。人都不願犯險去投資陌生業務或公司，窒礙股份轉讓流通，因此開埠初期的集資活動多數反應欠佳。

根據新條例註冊者乃立案法團，其法人地位與自然人同等，是工

2　查英國商人發行股票集資，開拓新商機、發展經濟，其實師從荷蘭。荷蘭地小人寡，卻因創立股票市場，令其經濟脫胎換骨，綜合實力提高，傲視群雄，領導列強（Braudel, 1981-1984; 鄭宏泰、陸觀豪，2013）。

商業發展重大突破。股東償債責任只限於股本，所以公司名稱必須註明是「有限公司」（Limited Company），以資識別。換言之，當公司不幸結業或清盤時，股東即使血本無歸，損失也限於實際投資，個人財產獲得保障，無後顧之憂，對公開集資，推動商貿，發揮積極作用。

條例規定，除非經營有溢利，否則公司不得派發股息，而且以該年度盈利為限，以維持穩健及持久發展，也避免股東取巧，藉派息而套現，令公司資不抵債。此外公司是法團身份，權責與自然人無異，但實際操控者仍然是個人（即董事），故必須接受嚴格的監管規範。新條例對公司成立、運作、權責以至清盤手續等，均有詳細規定及要求；對股東資料、註冊手續、業務範圍、公司地址、年度滙報、財務滙報、股份分配及股權增減等，均有作具體說明和闡釋；即使公司資產負債表擬備和呈報格式，也訂定清晰指引（*Hong Kong Government Gazette*, 1865: 132-137）。

條例確立公司股份自由買賣轉讓機制，具前瞻性。股份可以透過授權人（或代理人）在自由市場轉讓，交易更受到法律保障（*Hong Kong Government Gazette*, 1865: 107），進而催生股票市場。從宏觀角度看，《公司條例》既是香港商業發展里程碑，也為股票市場形成提供法律基礎，乃日後商業發展模楷。

自公司法頒佈後，有限公司數目日多，大家熟悉之滙豐銀行，亦是最早依例註冊成立者。該行原名香港上海滙理銀行有限公司，是洋

商在 1865 年創辦，以打破英資皇家特許銀行的壟斷。翌年殖民政府特別頒佈法案，升格為條例法團（incorporation by statue），易名香港上海滙理銀行。1888 年再正名香港上海滙豐銀行。其他立案新辦企業，計有於仁船塢、粵港澳輪船、香港大酒店、華商保險和香港中華煤氣等。

此外，原屬無限債務公司者，也相繼改組為有限公司；例如，成立於 1863 年 7 月之香港黃埔船塢公司，便跟隨大勢，顯示企業多認同，改組為立案註冊的有限公司，在經營上較勝一籌，不過也有商人不願改變，依然固我。獨資或合夥商號，在經營上或較為靈活，但債務責任無限，若經營不善而倒閉，債台高築，東家則沒法獨善其身，甚至走上破產之路。當年顛地洋行、旗昌洋行和瓊記洋行等老店先後宣佈破產，是業界耳熟能詳的例子（Barrie and Tricker, 1991）。

有限公司數目日多，即是資本投入與流轉也同步增加，對本地經濟活動及建設注入強大動力。事實上，在新公司法實施數年後，香港經濟顯著復甦，增長節節上揚。股份買賣日趨頻繁，經紀行業乃應運而生，居間協調交易買賣，集出市、洽客、交收、清算、轉名等工作於一身。業界曾於 1872 年成立香港經紀會，藉此團結業界，並約束買賣行為。然而商會不久便宣佈解散，原因不詳（鄭宏泰、黃紹倫，2006）。即是說，欠缺規章制度約束經紀操守行為，政府又無從監管，行業端賴自律，故流弊叢生。

業界缺乏監督　交易流弊叢生

　　當年市場規模細，交易圈子小，即使起落變化亦不會掀起太大波濤，或是出現太多暗湧；買賣中介三方即使有爭拗糾紛，也容易調解平息。十九世紀七十年代香港股市新興，買賣者多是洋商巨賈，而經紀自律、約束行為，以免得失客戶，交易絕少出亂子，亦不會失控。然而進入八十年代，人口飆升，經濟規模壯大，不少華人亦已嶄露頭角，染指股票及房地產投資，市場規模擴大，買賣交易也趨頻密，波動自然較大。投資氣候如此反覆，經紀一身兼數職而且有利益衝突，單憑自律約束，無異與虎謀皮，流弊叢生乃難以抑止。

　　產業投資缺乏規管，自然容易引起買賣糾紛或爭議，最佳例子，莫如十九世紀八十年代初，樓市泡沫與連串法律訴訟。香港是彈丸之地，而且山多地少，寸金尺土，隨着移民湧入，樓價和租金大幅攀升。眼見房地產有利可圖，華洋商人乃買賣炒作一番（魯言，1981）。斯時，政府正受公共衛生問題困擾，曾構思取締「唐樓」（即是中式間格樓宇），但只有圈內洋人始知情，華人等全被蒙在鼓裏。新政策或將嚴重影響物業市場，洋人乃趁機高價放售套現；華人對房地產向來情有獨鍾，皆爭相吸納。經紀居間安排交易，不僅上下其手，甚至投機倒把自肥。結果政府取締唐樓計劃，無疾而終，但物業市道也炒賣過度，泡沫爆破，不少華人傾家盪產。據聞嶄露頭角之華

人精英伍廷芳亦損手，倉卒離港北上，投入北洋大臣李鴻章門下。伍氏獲殖民政府破格委任為立法局議員，等同華人領袖，突然放棄名譽地位，不辭而別，頓惹起疑竇。根據學者近年分析及推斷，炒賣物業者應該是伍夫人何妙齡（鄭宏泰、黃紹倫，2014）。

樓市泡沫爆破，觸發訴訟，對簿公堂。法庭聆訊揭示賣方及經紀同流合污，操縱交易、違反市場規律比比皆是，手法層出不窮，為人詬病。所謂業界自律，只是紙上談兵，現實上有如鏡花水月，中看不中用，十分脆弱（鄭宏泰、黃紹倫，2006）。可是受害者大多是華人，加上領袖人物（伍廷芳）出走內地，絕不光彩，中西報章對市場流弊未有深究與廣泛討論，事件乃不了了之。「樓災」過後，香港經濟轉弱，及後始在外圍帶動下復甦，炒賣潮重現，而被炒得火熱者是股票，令市場焦點及詬病再次集中於經紀身上。

十九世紀八十年代中葉，內外經濟起動，轉口貿易一片好景，本土商業欣欣向榮，帶動股票交投暢旺，買賣獲利消息不脛而走，吸引投資者躍躍欲試。初時獲利者多屬名不經傳，而所得亦不多；但隨後小道消息點名社會賢達或商業精英，例如鴉片巨擘麼地（H.W. Mody），而且據聞獲利是天文數字，在社會上引起很大迴響。傳媒大肆渲染，又火上加油，令股票市場氣氛變得火熱。不少投資者似乎忘卻早前樓市泡沫爆破之創傷，又一窩蜂投入股票買賣。

今日科技先進，買賣公開方便，交易快捷妥當。但當年的股票買

賣，有如樓宇或其他產業一般，不但手續繁多，而且過程轉折，交易需時。簡言之，賣方放售，經紀代找買家；買方洽購，經紀則代找賣家；或是經紀自行物色買賣兩方，促成交易。洽妥價格後，雙方簽署買賣合約，安排交收結算，短者需要一個星期，長者可拖延經月，始貨銀兩訖。股票「市場」瞬間萬變，價格起落不定，若買賣洽商時間長，交收結算時限無規定，經紀居間奔走，大可上下其手，而且幾乎無跡可尋。所謂業界自律，在巨大利益引誘下，流弊叢生。

還有個重大問題，是市場信息並不完全流通，高度集中於數家報章傳媒手中，資訊收放嚴重不對稱，令市場容易受操控，所以效率低，氣氛及價格容易波動。不可忽視者，是大股東或管理層很可能也參與炒賣，甚至合謀操控市場。彼等掌握企業表現和市場前景等機密，若濫用內幕消息，置公眾利益不顧，對局外投資者不公平，必定引起震盪。

扼要地說，股票市場既開放也封閉，環境錯綜複雜，別有用心者，乘機上下其手，是預料之事，倚靠業界自律，無異與虎謀皮，自然問題叢生。最棘手的難題，是公司局內人與經紀合謀操縱，利用傳媒炒作放風，舞高弄低，渾水摸魚，從中漁利。在 1888 至 1890 年間，股市熾熱，股價大幅波動，自由放任政策的流弊，暴露無遺。

以下兩則報道，是關於疑似操弄股市之新聞或評論：

……近日股票市場上，又見怪異而壯旺現象，乃與蒸氣航運公司有關。據聞有人壟斷該公司股票，操控股價，往往溢價升至 65% 至 75% 才有成交。公司營運只是初始階段，小額盈利亦未知能否抵銷資本的利息。（*Hong Kong Telegraph*, 24 January 1889）

……一家生產公司已連續 4 年虧蝕，即使去年業績轉虧為盈，尚且需要時間觀察股價起落……股價在不足一年間暴升 5 倍，令股民頗懼怕。（*Hong Kong Telegraph*, 13 February 1889）

毫無疑問，股市如斯波動，換轉在今天，社會輿論必然高度關注，監管當局亦必然插手跟進。當年香港標榜自由開放自律，可是經紀良莠不齊，奢談商德操守誠信。正因市場欠監管，操弄股價交易等行為變本加厲，甚至發放虛假信息，意圖影響市場，用心不良。其中最轟動者，要數彭湛採礦有限公司個案（Punjom & Sunghie Dua Samantan Mining Company Limited）。

該公司成立於 1885 年，並公開招股，每股作價 10 元，集資 60 萬元，用於馬來半島彭亨區（Pahang）鑽探採礦。在 1889 年 1 月，香港股市正熾熱，本地主要英文報章報道，接獲自稱剛前往馬來半島彭亨區考察的礦場專家來函，聲稱當地礦場蘊藏量豐富，並發現有大量金沙，認為彭湛採礦前景極好。投函見報後，股價迅即拾級而上，由 20 元左右，上升至 31 元。

其後在 2 月 25 日，公司召開特別股東大會，公佈旗下彭亨區礦

場蘊藏豐富，金與錫質量極高，並宣佈再增發新股集資，投入開採礦產。傳聞獲得確認，消息利好，刺激股價，受到追捧，飆升至 80 元。其後股價回落，但仍可站穩在 75 元左右。踏入 3 月份後，股價卻大幅下滑，到 3 月底，已跌至每股 47 元。

其後，又有自稱在彭亨區考察回來的專家投函英文報章，故技重施，聲稱當地礦產蘊藏豐富而且含金量高，乃千真萬確，又預測該股票的價格，在年底可跨越百元大關（*The China Mail*, 25 March 1889）。在利好消息帶動下，股價曾一度有所上升，但再而衰、三而歇，後力不繼，然後持繼下滑。到 5 月份，股價更跌穿 30 元。

這家公司股價大上大落，與傳媒刊登「專家來函」息息相關，殊不尋常。有讀者曾投函相關報章，質疑是否有人刻意利用傳媒，發放虛假消息，藉此炒作，牟取私利，來函寫道：

> 早在彭湛採礦股票炒賣如火如荼之前，貴報曾發表行文謹慎而內容嚴肅文章，投函者似乎有意引導香港大眾投資者，相信彭湛採礦將有令人驚喜消息。該則訊息還帶給公眾錯覺，認為公司將會從礦場採金業務中獲利多達數百萬元……概括地說，有人巧妙地借用媒體力量，另有所圖，用花言巧語將股價推向高峰，從而滿足其個人掘金慾望（原文 sacra sitis auri）。（*Hong Kong Telegraph*, 18 May 1889）

當然，讀者的疑問並無獲得什麼回應，彭湛採礦股價則江河日

下。每當消息傳來，聞說鑽探已有進展，股價即應聲反彈，但只曇花一現，消息無以為繼，股價又打回原形，可是傳聞中之關鍵性金礦，一直未揭盅。自 1890 年起，股價便一蹶不振，長瀉不止。舉例說，在 1890 年 6 月底及 12 月底，股價分別為 8.25 元及 2 元；到 1891 年，6 月底及 12 月底的股價已分別跌至 3.5 元及 2 元。在 1892 年 6 月底時，更跌至每股 0.8 元的最低點。若分析股價變動，彭湛採礦從 1889 年 2 月底高峰期的接近 80 元大幅下降至 1892 年 6 月底的 0.8 元，跌幅足足有 99.0%，幅度之大，不可謂不驚人（鄭宏泰、黃紹倫，2006）。

政府表面上似乎未有正視事件的嚴重性，遑論採取什麼行動，但實際上是外弛內張，認為政府應避免直接介入，充當主導角色，干預市場運作與投資行為而已。況且政府關閉鑄錢局後，對積極干預「吃力不討好」，猶有餘悸。政府好整以暇，投機者無後顧之憂，放手大肆炒作，結果釀成大風暴。

是場股災風高浪急，指數可更具體說明。表 3.1 是以當時主要公司在年中及年底股價，參照杜瓊斯平均指數編算方法，粗略推算當時股價指數。從表列數據可清楚看到，股票市場波動幅度之大。在 1888 年中，指數已達至 133 點的水平，年底卻大跌至 98 點，跌幅達 26%。翌年中，指數重上 133 點，年底再下一城，達 144 點，即較上年上升了 46%，波幅相當巨大。之後 1890 年，指數維持在 125

點左右，但 1891 年則再下滑，並在年底下降至 98 點水平。踏入
1892 年，指數更持續尋底，並在年中時下滑至 70 點低位[3]，之後才逐
步走出低谷，在年底回升至 78 點水平。

表 3.1：1888－1892 年股價指數走勢

年月	6/88	12/88	6/89	12/89	6/90	12/90	6/91	12/91	6/92	12/92
指數	133	98	133	144	123	125	97	98	70	78

註：當年並無股價指數，上述指數是以《香港股史：1841-1997》一書中所選取之代
表性股份收市價試算，公式則採用杜瓊斯平均指數方法，不用基日基數。

災後連番訴訟　輿論呼籲監管

　　股市暴升急跌，問題交易叢生，引發連番訴訟，官司不斷。從法
庭聆訊過程，可推敲股市幾近失控。呈堂證供既暴露出經紀欠缺自
律，漠視利益衝突等陋習，也揭示股票交易制度存在多重問題。傳媒
報道對股票市場危機四伏，憂心忡忡，對業界缺德失義變本加厲，諸
多鞭韃，輿論呼籲立例規管之聲，此起彼落。

　　當時曾有兩宗交易訴訟轟動一時：砵士控盧斯唐治案件及何添控
戴奎諾案件，引起社會高度關注，也最具代表性。前者揭發股東及管理

3　與 1889 年底的高位相比，跌幅達五成多，但該兩個日期應該不是期內指數
　的最高點和最低點，所以真正的跌幅應該更大。

層合謀，牽涉內幕交易，上下其手；後者則暴露股票經紀唯利是圖，缺乏誠信，罔顧客戶利益。兩宗案件曝光後，社會輿論嘩然，招來各方批評，強烈要求政府介入，杜絕經紀劣行及鏟除業界陋習，監管股票買賣呼聲高唱入雲。

砵士控盧斯唐治（G.F. Potts v S. Rustonjee）案情，原訟人砵士是香港麻纜廠公司的高級職員，藉掌握公司機密資訊之利，偷步炒賣麻纜廠股票。公司股價持續大幅急升，而經紀盧斯唐治卻未有遵從指示買入，遭砵士追討損失。呈堂證供揭示案中有案，麻纜廠高層和股東合謀，利用內幕消息炒賣股份圖利，已習以為常，甚至組成團伙，操控交易，抬高壓低股價，為一己之利而罔顧公眾利益，而且變本加厲，情況日益嚴重（鄭宏泰、黃紹倫，2006）。

何添控戴奎諾（Ho Tim v d'Aquino）案情，原訟人何添乃富商何啟胞弟（即伍廷芳小舅），委託經紀戴奎諾買入彭湛採礦股票，並已確認交易。不料股價隨後急升，經紀竟反口，慨不承認交易，訛稱當時接盤買賣，只是開玩笑性質，並非真正交易，將誠信拋諸腦後。何添追討不果，無計可施，乃狀告法庭。呈堂證供除揭示戴奎諾本人欠誠信外，還揭露業界貪腐陋習，唯利是圖，無從自律。經紀背離中介人角色，經常趁交收空檔，買空賣空賺價，有更甚者，幕後操縱交易，欺騙客戶，問題至為嚴重（鄭宏泰、黃紹倫，2006）。

毫無疑問，股市熾熱之時，傳媒曾被別有用心者利用，推波助

瀾，興風作浪。及至股災爆發，投資者蒙受巨大損失，經濟活動備受衝擊，業界各種缺德行為也曝光，傳媒筆桿子倒轉槍頭，大肆抨擊炒賣行為，冀撥亂反正。

其實早在 1889 年初，市場炒賣熾烈，若干交易行為已引起社會關注，傳媒曾質疑有人假借自由貿易之名投機倒把，建議政府修改法例，遏止不當市場活動。舉例說，《士蔑西報》（*Hong Kong Telegraph*）便曾經發表評論，措詞強硬，直斥投機活動方興未艾，破壞股票市場秩序，呼籲政府出手糾正。

> 現在已是時候要求政府干預，以避免同類醜聞發生！以不良手法推高股價牟取私利者，實在罪大惡極。散播虛假消息，是利己損人行為，與「偷竊錢包」罪行無異。假如殖民地政府將華人字花、番攤等賭博列為違法，那麼為何赤裸裸地豪賭股票行為則不加以規管呢？……以虛假消息炒買股票，其實也極不光彩、極度醜惡，更應該禁止。（*Hong Kong Telegraph*, 24 January 1889）

該報還鍥而不捨，針對業界利用市場及制度上漏洞，斂財缺德失義問題，再有辛辣評論：

> 可惜現時仍無法確定誰策動是次操控股價事件，不過相信很快便會水落石出。本報以為自稱經紀者，肯定活躍參與，否則遊

戲很難「玩」下去。運作模式其實十分簡單，主謀事先指示經紀盡量買入股票期貨，令市場出現「賣空」現象；經紀不單負責買賣股票，還散佈消息，甚至多方設法製造虛假交易及賬戶，令炒風更盛，火上加油。（*Hong Kong Telegraph*, 31 January 1889）

危機浮現，輿論要求強烈，規管股票買賣已是社會共識，政府再不敢掉以輕心，從善如流，一改消極態度。早前，政府看來是明哲保身，誠恐在「駝峰上放最後一株稻草」，背負觸發泡沫爆破罵名，自招煩惱。箇中關鍵是如何撥亂反正，又不致招來業界反彈，指責政府干預自由市場，將阻力減至最少。幾經轉折，始馬到功成，構建股票市場新秩序，恢復投資者信心，也完善香港金融制度，推動整體經濟發展。分析整體處理手法，既可看到政府老謀深算，又可十分清楚地說明因勢利導至關重要。此外，是回施政方略，同樣是意義重大，影響深遠。

經紀設置交易所　政府立法規管買賣

在 1890 年 7 月 21 日立法局年度休假前夕，非官守議員突然提呈私人條例草案，啟動立法程序。當年立法局（即立法會），由港督擔任主席，議員共 11 人，全屬委任，分為官守（主要官員）和非官

守（非官員）兩種類別，前者佔大多數，足以控制大局。雖然欠缺獨立性，畢竟擁有立法權力（Tsang, 1995）。其實早在十九世紀八十年代，當有華人非官守代表進入立法局始，港府已指示，任何條例草案或決議案，除非獲得非官守議員支持，不得提呈立法局審議表決，以顯示政府不會不顧輿論，以眾凌寡（Miners, 1991）。

非官守議員提呈條例草案，原則上是代表民間意向，所以稱為私人草案，而大前提是不涉及政策或公帑開支，並須獲得主席（即港督）批准。是條草案，即《就按 1865 年至 1886 年公司條例註冊之公司及其他合股公司股票買賣之關連法例之修正草案》（A Bill to Amend the Law in Respect of the Sale of Shares in Companies Registered under the Companies Ordinance 1865 to 1886 and in Other Joint Stock Companies），簡稱《股票買賣合約條例草案》（Sale of Shares Contract Bill），內容簡單直接：任何買賣合約、協議或憑證必須登記雙方姓名、股數及交收安排等資科，始具法律效力。任何人蓄意提交虛假資訊，即屬違法，一經定罪可懲處罰款及監禁（CO.129.246,1890; CO.129.250, 1891）。

條例草案提議人及和議人，分別是怡和洋行大班凱瑟克議員（James J. Keswick）及商賈遮打議員（C. Paul Chater）。凱瑟克動議陳詞，解釋草案是參考英國本土《帝國法案》之中維多利亞朝代第 30

號第 29 章（簡稱《李文法案》）作為藍本 [4]，旨在規範買賣雙方，限制未完成交收前再轉手買賣，藉此抑制市場上的炒賣賭博問題（*Hong Kong Telegraph*, 21 July 1890）。草案首讀後，押後審議 [5]。

是次立法規管蘊釀已久，但一直只聞樓梯響，所以草案突然刊憲首讀，令經紀不知所措，而且進入立法程序後，是不可能隨便撤回，可見官員政治老練，手段高明。若由政府提案，需先經行政局商議，再向立法局通報，議案會被提早曝光；反對勢力可從容應變，草案甚至無法如期刊憲及首讀。反之，若由非官守議員提案，便可以繞過官僚制肘，保密至最後一刻，順利啟動立法程序，避免反對力量干擾。

有兩點是值得留意的，首先，草案提出的時間適值立法局非官守望議員換班，但議員新貴宣誓就任的日期安排巧妙，似為配合草案首讀。凱瑟克在立法局休假前宣誓就任，即席提案，但韋赫德（Thomas H. Whitehead，渣打銀行大班、香港總商會主席）則被安排在立法局休假後宣誓就任，而總商會立場鮮明，反對立法。其次，立法局年度休假在即，代理港督兼主席陳詞總結，點名批評經紀行業因財失義，奉勸回頭是岸：「議員諸君，本席殷切祈盼本港經紀行業正視歪風陋習，重歸正途，不過業界自律，撥亂反正，總勝於規管……本席

4　英國《李文法案》是規管銀行股票買賣，限制在未完成交收前，不得再轉手買賣。

5　立法須通過三讀程序，首讀是啟動，二讀是審議，三讀是確認；隨即呈交港督以英國君主代表身份簽署作實，擇日生效。

曾與業內人士商討其改革建議⋯⋯確信最遲年底，彼等應可積極跟進。若事與願違，政府絕不會袖手旁觀，冀好自為之。」（Hong Kong Legislative Council, 1890: 52）弦外之音是《股票買賣合約條例草案》已是底線，敬酒罰酒，悉隨尊便，業界卻不領情，周旋到底。

　　一如所料，草案首讀後，正反陣營壁壘分明。彼此立場迥異，互不相讓。支持者認為草案針對時弊，抑制投機倒把，撥亂反正。反對者批評草案越軌，違背大英法律原則。若放任政府立法干預市場，更損害從業員利益，破壞香港自由貿易傳統（The China Mail, 17 September 1890）。

　　解密文件顯示，凱瑟克提案首讀後，代理港督菲林明（Frances Fleming）修函向殖民地部大臣諾士佛（Lord Knutsford）交代請示，而諾士佛了解形勢後，覆示：「非官守議員必須同意」。當時非官守議員合共五人，除提案人凱瑟克及和議人遮打外，還有端納洋行東主賴里（Phineas Ryrie）、華人「代表」何啟及韋赫德。據政府內部分析，凱瑟克及遮打不會退縮，而消息顯示賴里與何啟兩人應該傾向支持[6]，但見諸辯論，其實兩人舉棋不定。至於新貴議員韋赫德，身兼香港總商會主席，而商會內不少會員是股票經紀或與經紀關係密切，估計其極有可能反對（CO 129.246, 1890）。

6　何啟胞弟何添曾狀告經紀戴奎諾毀約，詳見上文。

　　10 月份，立法局假後復會，政府似不急於恢復草案二讀，其實以退為進，讓業界冷靜。不過經紀死心不息，反對聲音此起彼落，負隅頑抗。翌年 3 月 2 日，活躍經紀牽頭成立香港股票經紀協會（The Sharebrokers' Association of Hong Kong），並推舉遮打出任主席，連消帶打，既是交易所，加強自律，也是商會，集結力量抗衡「凱瑟克提案」，與政府周旋。遮打身為草案和議人，又是經紀會主席，身份尷尬，唯有避席立法局內審議辯論，也沒出面帶領業界抗爭，以免兩面不討好，經紀巧計不得逞。

　　經紀協會創立之際，政府收到諾士佛覆示：「不再堅持全體議員一致同意」（CO. 129.262, 1891），即是大多數議員通過便可，消除立法障礙。草案排期在 1891 年 6 月 19 日恢復二讀，並在辯論及表決前先聆訊公眾意見。經紀協會不敢怠慢，重金禮聘御用大律師法蘭斯（John J. Francis）代表出席，力挽狂瀾。法蘭斯雄辯滔滔，力陳反對理據，批評草案違反自由締約原則，違反大英帝國法律精神，及違反香港自由貿易傳統云云。凱瑟克卻好整以暇，並未逐點反駁，而重申草案只會抑制不法炒賣活動，對正當交易則不會有任何衝擊，並重申他本人與立法局同事，皆清楚聽到業界意見。既然草案已充分討論，應如期審議。韋赫德陳詞，指香港總商會早前已議決反對草案，故建議押後二讀。何啟動議成立專責委員會，調查股票市場有否過度炒賣，獲韋赫德和議，但抵觸議事規程而被擱置。礙於議員爭拗程序，

僵持不下，辯論及表決需押後至下次例會。

　　兩星期後，即 7 月 3 日例會，立法局續議草案，凱瑟克提請二讀，但遮打請假外遊公幹，改由賴里和議。會上署理布政司古德文（William M. Goodman）澄清政府立場並解釋立法原意，尤其是草案中規定買賣雙方登記姓名和股數之原由，令議員釋懷。政府重申無意管制股市炒賣，買空賣空並不違法，但買賣合約若未符合草案規定，便不具法律效力，因此草案不會影響正常現貨買賣。在官員澄清後，局內分歧收窄，草案順利通過二讀。再過兩個星期後，即 7 月 17 日例會，立法局續議草案，進入「委員會」審議條文階段，順利表決多項修正，完成整個二讀程序（CO.129.262, 1891）。

　　一個星期後，即 7 月 24 日例會，草案進入三讀。原是例行表決，不料節外生枝。先有賴里以群情洶湧為理由，動議擱置三讀，並退回「委員會」階段覆議條文，獲得韋赫德和議，但遭其他議員否決，認為既已通過此階段，不應再浪費時間走回頭。後有韋赫德動議延期表決，再給予三個月時間諮詢公眾，也讓業界有充分時間表達意見。暫代港督、駐港英軍司令白加少將（Major-General G.D. Barker）也聲明，草案由首讀到二讀，已經歷時一年多。其內，股票經紀協會曾多番強調，定將提出修訂，卻從未呈上建議，反而立法局已給予機會，聽取其代表陳述。因此，草案已經過充分諮詢，沒理由押後立法。政府立場鮮明，反對延期，韋赫德動議，沒有議員和議，乃不了

了之（*Daily Press*, 25 July 1891; Hong Kong Legislative Council, 1891: 211-215）。

此外，賴里臨陣變卦，三讀須改由何啟和議。由於有反對意見，主席指示點票。結果，草案在九票支持（包括暫代港督兼主席白加少將），一票反對（韋赫德）之下，獲三讀通過，成為法律。條例刊憲頒佈，官方編號為《1891 年第 15 號》（*No. 15 of 1891*），並在同年 10 月 1 日起生效。此條例開規管業界之先河，為股票市場制度化豎立典範，乃香港金融市場發展里程碑。

證券業撥亂反正　市場也同步發展

條例頒佈後，餘波未了，既得利益集團鍥而不捨，謀求廢除凱瑟克法案。根據英皇制誥及皇室訓令（Letter Patent and Royal Instructions），即是當年「基本法」，港督頒佈法令後，須上呈倫敦批准始生效，憲法上英皇有權廢除，但現實上只會在抵觸英國法律時始行使權力。香港股票經紀協會聯同香港總商會，不惜人力物力，發起聯署運動，上書英皇請求廢除法案。「若女皇陛下確認法案，將毫無疑問地干預余等在香港殖民地之業務及經營，並且嚴重地傷害余等利益。」（CO.129.251, 1891）

英商自恃在英國朝野人脈廣，與殖民政府意見相佐僵持不下時，

每每轉戰倫敦游說，以政治壓力達到目的，是回故技重施，但不再得逞。殖民地部認為，條例經由香港立法機關按正當程序通過，乃合憲合法，不容挑戰。鑑於上書者憂慮重重，諾士佛採取折衷辦法，指示先讓條例試行一年，到 1892 年 9 月再作檢討，觀察是否真正可以在不損害正當股票買賣情況下，有效地遏止賭博性活動。諾士佛既不完全拒絕抗議人士訴求，也維護香港政府的管治權威，並且讓前者有下台階，事件亦告一段落（CO.129.256, 1892）。

翌年政府如期檢討成效，確認條例可遏止不當買賣行為，煞停市場內賭博炒賣風氣，效益立竿見影，也成為其他英國海外屬土的典範，應該繼續實施。事實證明，條例能針對市場歪風，促使行業自律，提高操守。其後（1915 年）內地英租界也借鏡立法，打擊股票市場賭博炒賣等活動（CO.129.411, 1914; CO.129.426, 1915）。換言之，條例簡明而有效，確實有助完善市場制度與秩序，提升公眾投資者信心。

頒佈《股票買賣合約條例》與成立香港股票經紀協會，有效遏止市場歪風，不當行為明顯收斂。撥亂反正，投資者信心恢復，股票市場也逐步活躍，驗證凱瑟克及支持立法者理據：規管股票交易買賣，並未窒礙投資，反令市場發展更健康（鄭宏泰、黃紹倫，2006）。

出乎意料者，是股市元氣漸見恢復之際，香港不幸在 1894 年爆發世紀大瘟疫，而且曠日持久，長達十多年。無數市民死於非命，人

心惶恐不安，民生備受衝擊，不少居民更索性回鄉避難。經濟轉弱，股市亦難以獨善其身，輾轉下滑，拖慢成長步伐。

二十世紀初，社會漸漸走出瘟疫陰霾，經濟恢復活力，刺激股市急速發展，交易轉趨熾熱，股票經紀洞察先機，自然受惠不淺，獲利豐厚。自由市場的基本規律，是有求自有供，高利潤自然吸引競爭者，即是新入行者眾。既得利益者，當然千方百計維護本身優勢。經紀協會擔心太多新經紀入行，變成「僧多粥少」，惡性競爭，損害會員利益，是意料之中。

在 1914 年 2 月 21 日慶祝創會 23 年前夕，香港股票經紀協會宣佈易名香港證券交易所（Hong Kong Stock Exchange）。新英文名稱，直譯是「香港股票交易所」，突出其地位和認受性，更隱含「唯我獨尊、捨我其誰」的霸氣。當然，提高入會入行門檻是理直氣壯，因為可以更有效約束經紀行為。平情而論，該會建立股票掛牌買賣制度，劃一交易時間和場所，以至統一報價交收清算等等，成效有目共睹，有助維持市場秩序和紀律，保障投資者利益。

儘管香港證券交易所有意獨攬乾坤，但市場從來不是以主觀意志為依歸。當入會入行的門檻日高，被拒諸門外者，便糾集力量另起爐灶，挑戰香港證券交易所權威。相距 30 年以後，香港第二家經紀會（即交易所），香港證券經紀協會（Hong Kong Sharebrokers' Association）於 1921 年 10 月 1 日成立，打破壟斷。創辦人是嘉勞

兄弟經紀行（Carroll Brothers. Share & General Brokers），會員大多是曾申請加入香港證券交易所不果者，尤以華人居多。

塱斷一旦被打破，便接二連三。胡禮孔恩比經紀行（Wright & Hornby, Share & General Brokers）不滿香港證券交易所限制其資格，自立門戶，在 1924 年 6 月創辦香港股票及物業經紀會社（Share & Real Estate Brokers' Society of Hong Kong），加入競爭，令彈丸之地共有三家股票交易所之多，引起輿論關注。

其實，還有香港滙兌經紀會所（Exchange Brokers' Association of Hong Kong）正籌備中並已試業，但規模較小，故較少人認識。創辦人是漢克貴金屬滙兌經紀行（Hancock A. & S. Bullion & Exchange Brokers），秘書長則是包維史密滙票兌換經紀行（Bowes-Smith Bill & Exchange Broker），會員有 16 位，大多是外滙經紀，除從事外滙交易外，也有代客買賣股票（*Directory and Chronicle for China, Japan, Korea & etc,* 1914-1941）。可見，在二十世紀二十年代，香港股票市場是「百花齊放、百家爭鳴」。

香港股市在激烈競爭中成長之時，內地仍處於軍閥割據年代，政治、經濟及社會波濤洶湧、變幻莫測。香港近在咫尺，與內地經濟關係密切，不時受到衝擊，並爆發 1925 至 1926 年「省港大罷工」。在動盪政局影響下，股票市場波浪滔天，不當交易或操控買賣，故態復萌。資料顯示，1925 年 5 月省港大罷工來勢洶洶，股市曾經暫停

交易多月，暴露不少弄虛造假等操控問題，令投資者無辜蒙受虧損（鄭宏泰、黃紹倫，2006）。

大罷工浪潮在 1925 年 8 月稍見緩和，政府隨即成立股票調查委員會，深入檢討市場制度、運作和停市安排等。報告不單找出業界不良行為，也確認早前修訂法例規管買賣交易效用。人心思定，政府巧借大罷工衝擊，趁機再整頓股市陋習，順應社會發展和時代變化，既加強交易所職能，也收緊經紀資格及監管尺度，完善股票市場制度。報告還提及，香港是彈丸之地，交易所數目過多，而且競爭過烈容易產生不良行為，建議交易所合併，對股市日後發展影響深遠（鄭宏泰、黃紹倫，2006）。

國民政府在 1926 年開始北伐，大罷工也因政治形勢轉變戛然而止，但股市卻未能立即恢復活力，因為外圍經濟疲弱，美國華爾街股市危機，一觸即發，令香港轉口貿易也大受影響。從掛牌買賣公眾公司數目可見一斑，自 1925 年 69 家，減少至 1929 年 60 家，計有船務運輸公司減少 4 家，銀行保險公司減少 3 家及採礦種植公司減少 2 家（鄭宏泰、黃紹倫，2006：165）。扼要地說，二十年代末股票市場交投疏落，欠實力股票經紀多被逼轉業。

雖然市況低迷，香港證券交易所始終實力深厚和網絡廣闊，仍舊一枝獨秀，領導群雄，而實力較弱者，業務不前而先後關門。其中香港股票及物業經紀社被香港證券交易所吞併，股市變成香港證券交易

所與香港證券經紀協會分庭抗禮局面。無論股票交易所由一家增至三家，或是汰弱留強，對香港股票市場發展，其實意義相同，不但折射市場規律是競爭與壟斷交錯，亦反映監管制度也是寬鬆與嚴緊互動。更重要者，是制度須與時並進，市場逐步完善。值得注意的是股市風潮、交易所分合、停市爭議、監管鬆緊等，在二十世紀中葉歷史重演，而且如出一轍。此乃題外話，且留待後文詳談。

＊　　　　＊　　　　＊

結語

回看香港股票市場發展，歷程談不上曲折離奇，但在起落跌宕間步步向前邁進，箇中甜酸苦辣，卻非片言隻語可以充分表達。其實，香港國際金融中心地位，並非天賜一蹴而就，基礎是一點一滴地建立和鞏固。過程之中，既有政府主導的一面，亦有業界自律自重的一面，可見其成就，並非單憑任何一方力量及貢獻，而是雙方互動的成果。即是說，發達股票市場，除有成熟法律制度之基本保障外，從業者與時並進及不斷創新，同樣十分重要，兩者缺一不可。

　　換個角度看，市場發展日趨成熟健全的重要元素，乃是如何回應危難與挑戰。制度上的缺陷漏洞和業界歪行，在風濤駭浪中暴露無遺，加上社會變遷和政經環境更易，又令問題變得錯綜複雜。面對各種危難與挑戰，健全市場總是能夠對症下藥，尋找應對之道，在體制上自我完善，而不是在危難挑戰中沉淪內耗，這恰恰正是十九世紀末與二十世紀初，香港股市能夠取得重大突破之關鍵所在。

　　從政治角度分析，是次立法規管股票交易，可窺探殖民政府的管治哲學，了解「自由而不放任」之政策精粹。當年港督德輔（William Des Voeux）抱恙返英休養，由布政司菲林明代理港督職務，預計 1891 年底始復職視事，但政府沒有自亂陣腳。整個立法過程，應該是精心策劃。首先，提案人是新貴議員，同日宣誓就任，絕非巧合，令草案臨時刊憲，繞過正常程序，順理成章。其次，在立法局休假前夕首讀，可緩和反對情緒。其三，和議人是股票老行尊，原是預防反對聲失控，但反對派移形換影，拉攏總商會出面，則出乎意料。其四，恢復二讀也排期在立法局年度休假前，乃重施故技，以免夜長夢多。其五，政府與倫敦應早有共識，即使反對派「告御狀」也無濟於事。況且，港督德輔「剛巧」身處倫敦休養，可兩地呼應。總括立法過程，政府表面上是

被動，但實際運籌帷幄，假手私人草案順應民意，「積極」而不干預，借輿論化解反對派於無形，四兩撥千斤，政治手腕高明之極。

1935

中國棄白銀本位
港元改掛鈎英鎊

引言

正如前文第二章所云，金融乃經濟之母，貨幣乃金融之本。核心哲理，穩健的貨幣制度不單是金融體系支柱，更是推動經濟發展的強大動力。香港由開放華洋商埠發展成為國際金融都會的傳奇，關鍵是貨幣體制因時制宜，面對不同時代不同機遇與挑戰，不墨守成規，不斷調整及完善。貨幣政策堅持十足外滙儲備，經得起外圍政治、經濟、金融風起雲湧的衝擊，即使市場環境變遷，也無礙香港金融穩定與發展。

踏入二十世紀，中外地緣政治動盪，經濟金融波濤洶湧，香港本可置身度外。清廷禦外無方，守土無力，連年敗仗，割地賠款，民不聊生。武昌起義，各省響應，清帝遜位，軍閥割據，南北對峙。歐洲戰雲密佈，擦槍走火，爆發大戰，德國戰敗，日本乘勢佔據山東取而代之，更覬覦中華大地。戰後歐美經濟元氣大傷，美國華爾街股市崩潰，觸發大蕭條，殃及全球，白銀等商品價格大瀉。回看神州，國民政府北伐統一河山，然而生不逢時，政治經濟內外交困，財政金融緊絀，被逼改革貨幣，放棄銀本位。在此關鍵時刻，香港毅然與內地分途自保，貨幣回歸英鎊外滙區，但出乎意

料，竟是香港日後晉身國際金融中心之踏腳石。內地經濟在隨後半個世紀，備受內外形勢困擾，每況愈下，而香港獨善其身，且受惠於環球政治經濟新貌，擔當內地外貿外滙橋樑。事後證明，是次香港元滙率改革，確是明智抉擇，也是重要里程碑。

內地與香港經濟貨幣本是同源，「合久必分、分久必合」是客觀現實。中國內地近三十多年開放改革，勵精圖治，經濟增長驕人，規模已拋離日本，僅次於美國。人民幣國際化步伐已加快，兩地貨幣分家八十年後，隨着經濟關係漸次回復密切，貨幣重新整合已成大勢所趨。港元現再次面臨歷史轉捩點，既不能昧於現實，也不能抹煞歷史，整合時機之抉擇，影響深遠。本章回首此段歷史，探索港元與內地貨幣分家之前因後果，溫故知新，在當前抉擇關鍵時刻，是重要參考。

*　　　　*　　　　*

天時地利人和　香港後來居上

回顧歷史，十八世紀中葉英商鴉片專賣被其他貨源侵蝕，藉口大清銷煙禁賣，英方不惜勞師遠征，兵臨城下。中英首次鴉片戰爭，以1842年簽訂《南京條約》終結，大清割地賠款，開放五口通商。英國得償所願，一石三鳥：清廷嚴厲管制鴉片專賣，割讓香港予英國建立商貿據點，開放其他沿海口岸通商貿易。不過英國滿肚密圈，開放香港予各方商旅補給居停，銳意拓展轉口貿易，建設自由港取代廣州成為華洋商貿樞紐，擺脫清廷官僚層層掣肘，故貨幣流通及滙兌找換是成敗關鍵所在。

正如第二章所述，開埠之初，政府採取貨幣雙軌制，英鎊是當然法定貨幣，但流通有限，實際只用在政府賬目及與洋商之間的交易。華南通行中外錢幣銀圓也同樣合法流通，甚至用於納稅繳費，以遷就市場現實。故此，香港實際上以大清貨幣為主，英鎊為輔，而華洋貨幣間之中介橋樑，就是政府核准銀行鈔票（紙幣），並可代替銀圓使用，等同香港同步採用白銀本位。銀行鈔票衍生新貨幣「香港元」，實質是大清貨幣外滙版。整套安排巧妙之處，是英鎊在英國屬土（香港）借道港元兌換銀圓與華商交收，而英商發鈔銀行皆存放儲備於倫敦，促成外貿資金有效回籠，解決雙邊貿易上中國長期出超，英鎊不斷外流問題，避免歷史重演。

多種貨幣同時流通，滙兌找換等業務需求應運而生，而飄洋出海
謀生華人也大多將收入積蓄，透過香港中轉兌換，滙款回鄉，取其方
便穩當。隨着香港經濟在十九世紀六十年代中葉轉趨活躍，金融服務
變得更為熾熱頻繁，香港成為華洋貨幣交收結算中心。正因市場生機
勃發，對貨幣需求急升，除前章提及引入公司法與股票市場等西方金
融制度外，中國傳統金融服務，例如銀號、錢莊、滙兌、金銀找換店
和當押店（又稱「當舖」，即典當業）等等，亦如雨後春筍般迅速地
發展起來（上海市銀行博物館、香港歷史博物館，2007）。

對於銀號、錢莊、滙兌和金銀找換店等傳統金融服務，大家並不
陌生，而且還有相當認識，但對於當舖押店，在現代社會已買少見
少，相信今天認識者不多。事實上，有學者認為，典當業乃華人社會
金融業發展初階（周亮全，1997），因為農耕經濟社會，若遇到現金
周轉困難時，能夠依靠公開途徑（即親朋戚友鄰里鄉黨以外）取得借
貸，而手續又簡便者，就是典當，用今天銀行術語即是「抵押借貸」。
當押業在開埠不久即發展蓬勃，對奠定香港金融服務樞紐地位，具有
十分微妙作用。

表 4.1 是十九世紀末至二十世紀初傳統華人金融業的簡單統計。
在十九世紀末，香港人口約有 22 萬人，其中港島米舖和銀號各有 30
餘家，旗鼓相當；可惜缺乏找換店及滙兌店等統計，對此等行業欠具
體了解。不過當舖卻有 40 餘家，可見金融業已生機勃發，典當業尤

較銀錢業、米業興旺（陳鏸勳，1894）。當時當舖多開設在賭場附近，更成為特殊社會現象，亦多見不怪。當年香港人口大多乃移民或過客，親戚朋友不多，遇有周轉困難，往往求助無門，而當舖接受手飾衣物等作抵押，願意借貸應急，自然受歡迎。

表 4.1：1890 年代與 1920 年代華資傳統金融業轉變

	1890 年代	1920 年代
總人口	約 22 萬人	約 84 萬人
銀號	30 餘家	39 家
金銀找換店	不詳	20 家
滙兌店	不詳	126 家
當舖	40 餘家	135 家
米舖（批發和零售）	30 餘家	232 家

資料來源：陳鏸勳，1894；《中華人名錄》，1922。

到二十世紀二十年代，香港人口攀升至 84 萬左右，而當舖數目亦增加至 135 家，顯示服務仍有相當需求。至於銀號數目只微增至 39 家（當中 27 家已加入華人銀業行商會），但金銀找換店及滙兌店則達 20 家及 126 家之多（表 4.1），可見民間順口溜「銀行多過米舖」所言非虛[1]，並反映金融業與香港經濟及社會同步急速成長（《中華人名錄》，1922）。

1　另有粗略估計，指在二十世紀三十年代初，各類型銀號的數目有接近三百家（上海市銀行博物館、香港歷史博物館，2007）。

　　有人以為銀號、金銀找換店、滙兌店及當押店等，各有領域各自經營，業務上並沒什麼往來，也沒有什麼聯繫。其實各業環環緊扣，箇中關係更是萬縷千絲，遠比想像中緊密和複雜。銀號是綜合店，包括存款貸款，其餘是專門店，需倚賴銀號周轉。香港乃自由貿易港，人民、貨物、資金和資訊等進出與流通極為頻繁，海內外華商華工金銀找換及滙兌需求大，而且極依賴傳統金融服務及工具，所以銀號、金銀找換及滙兌店等發展興旺，實質效果是貨幣交收結算蓬勃，鞏固香港華洋商貿樞紐地位。

時勢造英雄　港元青出於藍

　　進出口貿易日趨頻繁，海外華人滙兌業務有增無減，香港金融業發展不斷突破，香港元流通與認受性亦逐步提高。政府躊躇滿志，在1866年開設鑄錢廠，確立香港元法定地位，冀統一華洋貨幣混雜通行局面，可惜事與願違，倒閉收場。或許未能克服「一朝被蛇咬，十年怕草繩」之陰影，政府非單不再直接插手銀圓鑄造，也沒有收回紙幣發行權，令香港元之發展道路非常特殊。

　　隨着經濟蓬勃，華洋貨幣混雜通行的缺陷也逐漸浮現，困擾政府，其中兩個問題最棘手。其一，贗幣湧現，有本地偽造者，也有外來者，甚至進口銀圓也不能保證真偽。其二，殘缺錢幣充斥，因為華

商習慣在經手銀圓戳印，而且銀圓當作銀錠使用，以重量（兩錢厘）計值。港督羅便臣提出自設鑄錢廠，發行香港銀圓，冀一勞永逸，可惜師老無功，賠了夫人又折兵。塞翁失馬，焉知非福，即使香港銀圓如政府所願，取代華洋銀圓流通，日後供應備受白銀市價起落影響，對公共財政負擔難以估量。假如香港銀圓更上一層樓，在華南廣泛流通，會否步北宋銅錢後塵，大量流散周邊地區，等於長期資本外流，拖累經濟，實未可預料（莊太量、何青、薛暢，2012）。其後政府逐步整頓流通貨幣及鈔票發行，堵塞漏洞，香港率先擺脫實體貨幣制度，與西洋信用貨幣制度接軌，令港元鈔票在華南廣泛流通，晉身有實無名之地區貨幣。

銀行鈔票是華洋貨幣雙軌制之橋樑，與銀圓交替使用。香港開埠不久，政府即授權洋商銀行發行鈔票，利便兌現洋商貿易貨款票據。銀行鈔票並非法定貨幣，只是銀行債務憑證，即是銀行承兌滙票墊支貨款予買辦（華商及洋商中介人），再向洋商出口銀行兌現。所以鈔票用詞是：「茲承諾於本行所見票即支付來人（若干）銀圓或等值之本地貨幣。原銀收訖」。用詞帶出兩個要點，即是銀圓並非法定貨幣，但鈔票發行須具有充足白銀儲備。政府規定發行總額以實收資本為上限，而儲備以銀圓成色重量計，不少於三分之二。故此，鈔票實際與傳統銀票無異，與銀圓交替使用，當作貨幣流通。

早期銀行良莠不齊，鈔票流通未廣，即使發鈔銀行倒閉，善後也

不複雜，影響有限。隨着鈔票流通日廣，變相構成貨幣一部分，政府於 1895 年頒佈《銀行紙幣發行條例》，整頓發鈔權，規定日後發鈔需倫敦審批，藉以提升發鈔銀行信譽，間接確認香港元具「法定」貨幣地位。其實，新法例變相限制發鈔權於滙豐、渣打、有利三家授權銀行；滙豐是香港公司條例特許法團，渣打及有利是皇家特許法團，地位超然，所以三行鈔票（即是香港元）在周邊地區，包括華南及東南亞華人聚居處也流通日廣。

自造幣廠結業後，英美貿易銀圓填補香港市面需求，其中英國銀圓是對華貿易專用，自 1895 年起發行後，取代墨西哥鷹洋地位，流通地域遠至中國內地及星馬等。不過，十九世紀末大清發行銀圓，外國銀圓回流香港，還有國際銀價反覆，所以紙幣長期「升水」（即是面值較對等銀圓成色市值為高）現象，更影響發鈔銀行取態[2]。渣打及有利採用英鎊記賬，而香港元是外幣，銀價偏軟，發鈔成本相對高，即是外滙負債較資產大，產生賬面損失，故取態謹慎。相反，滙豐採用港元記賬，銀價偏軟，發鈔成本相對低，即是外滙儲備成本較負債低，反而產生賬面外滙溢利，故願意多發行鈔票應付需求。

此消彼長，滙豐鈔票發行大增，而且超越限額。故此，政府在 1898年修改發鈔制度解決問題，將紙幣劃分為「授權發行額」（Authorized

---

2　舉例說，有關紙幣長期升水問題，根據非正式統計，在 1908 年，銀圓已貼水約 3% 了（馮邦彥，2002：53）。

Issue）及「逾限發行額」（Excess Issue）發行兩部分，前者以三千萬圓為上限，銀圓或等額白銀儲備依舊是不少於流通量三分之二；後者不設上限，但須具備十足白銀儲備。其後，此安排亦適用於渣打銀行（在 1902 年）及有利銀行（在 1912 年）。

回顧歷史，滙豐銀行洞悉先機，充分利用白銀商品市價低迷套戥，公私兩利，進而建立社會對銀行及鈔票的信賴。對銀行來說，等同以低於面值之儲備發行鈔票，而無需憂慮擠兌，因為同等面值銀圓以成色計，實際市值低於鈔票面值。對大眾市民來說，捨銀圓而改持「香港元」鈔票，等於保值，有利無弊。換言之，發鈔銀行可利用逾限發行額，變相增加本身融資借貸能力，從而拓展業務。滙豐得天獨厚，顯然是新制度最大得益者（周亮全，1997）。

武昌起義（1911 年 10 月 10 日），大清皇帝遜位，中國走向共和，可惜路途崎嶇，各省軍閥擁兵自重，南北兩大陣形對峙。內地政治動盪，經濟反覆，金融混亂；殖民政府防範未然，在 1913 年頒佈《禁止外國紙幣流通條例》及《外國銀幣鎳幣條例》，避免無妄之災。此後，合法流通貨幣只限於政府發行的輔幣及授權銀行發行的鈔票，間接確認及鞏固香港元地位。

扼要地說，十九世紀末、二十世紀初，政府數度立法整頓貨幣體制，確立香港元地位和認受性，令香港元在境內境外廣泛流通。在這段時期，白銀市價反覆，香港卻基本上能夠維持貨幣穩定，背後全賴

獨特發鈔制度，憑藉授權銀行的良好信用及充足儲備，給市場強大信心。每當銀圓供求失衡，銀行總能靈活調整發鈔量，維持足夠香港元紙幣流通，保障幣值。所以當銀圓供不應求，或白銀價格反覆，紙幣（鈔票）便有價。

儘管香港獨特貨幣制度及紙幣發行機制具有多重優勢，但在中國及世界金融局勢波濤洶湧衝擊下，仍然無法獨善其身，迫使政府不得不在關鍵時刻改弦易轍，放棄與中國銀本位制度同步的貨幣政策，改為掛鈎英鎊，原則上回歸金本位制度。至於促使政府調整貨幣政策的背景，遠因是美國巨大股災直接及間接衝擊，近由是中國經濟和金融環境巨浪滔天，而觸發點則是中國在 1935 年放棄銀本位制度。此重大決定是香港金融史上重大里程碑，影響深遠，主宰香港往後數十年的財經發展。

香港證券交易所與股票物業經紀社於 1928 年合併之後，國際金融環境旋即風雲色變，觸發點是 1929 年美國華爾街股市暴瀉，殃及美洲、歐洲及亞洲，影響全球經濟，香港亦未能倖免。不幸中之大幸，是碰巧省港大罷工導致股市停頓；而事過境遷，政府調查報告公佈後，香港股市仍然低迷，買賣未見活躍。加上業界加強自律及政府加強監管，故市場炒作及融資買賣並不多見，未有泡沫，令股市和金融體系所受到衝擊，未如歐美等市場那般大（鄭宏泰、黃紹倫，2006）。

　　當然香港是開放型經濟，美國股災發生初期，雖沒立即受到波及，但嗣後衝擊仍逐漸浮現。舉例說，出口貿易萎縮而拖累整體經濟表現。到了 1930 年，香港金融體系終於出現連鎖銀行擠提風潮。在 6 月初，已傳聞華資銀行投資失利，兩家銀行發生擠提。其後 7月 3 日，工商銀行宣佈倒閉，存戶恐慌。及至 12 月 8 日，又傳聞美國萬國寶通銀行總行財政不穩，觸發存戶擠提（鄭宏泰、黃紹倫，2006）。概括而言，到了 1930 年下半年，在經濟衰退及連串銀行風潮打擊下，不但投資者變得愈來愈審慎，進出口貿易亦從高位回落，金融制度難免受到衝擊。

　　面對國際經濟及金融變局，政府警覺來勢洶洶，或許帶來巨大挑戰，遂在 1930 年 3 月 20 日成立貨幣委員會（Currency Committee），深入研究港元可能面對的衝擊，以及應何去何從等問題。委員會主席是庫務司麥美撒（C. McMesser），成員計有：副庫務司布恩（M.J. Breen）、皇家志願兵團退役軍官程栢堅（C. Champkin）和費高臣（A.H. Ferguson）、華人立法局議員羅旭和、東亞銀行司理李子方、華商周雨亭（捷成洋行買辦），以及滙豐銀行大班祈禮賓（V.M. Grayburn）、旗昌洋行大班羅素（D.O. Russell）與洋商麥奇（C.G.S. Mackie），而秘書由布政司署官員麥加里（T. Megary）擔任。

　　連番深入討論和研究後，委員會同年提交報告，指出香港與內地經濟金融唇齒相依的現實，其結論是「香港與中國經濟休戚與共，

只要中國依然維持銀本位，香港必須同步」(*Report on Hong Kong Currency*, 1931: 24)，可見英國人向來務實思考問題及對策，政治智商不容低估。香港元與中國貨幣關係密切，並且交替使用，以現代金融術語來說，乃有實無名的「外滙版」中國貨幣，同時亦凸顯香港乃境外中國貨幣結算中心地位。

貨幣委員報告一錘定音，香港元應緊跟中國貨幣，維持銀本位制不變。不旋踵地緣政治、經濟與金融巨變，國際黃金及白銀價格反覆波動，中國被迫放棄白銀本位的貨幣政策，為香港金融體系帶來意料之外的衝擊。香港迫於無奈，不得不作出重大決定，放棄近一個世紀的貨幣政策，不再緊跟中國，香港元改掛鉤英鎊，是劃時代轉變。

圖 4.1：1841－1940 年白銀市價行情

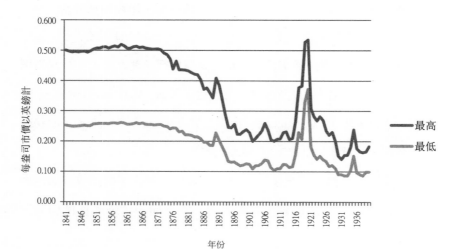

資料來源：*Hong Kong Government Gazette Supplement*, various years; Census and Statistics Department, various years; *Hong Kong Blue Book*, 1844-1940.

設立外滙基金　港元改掛英鎊

正如前文提及，1929 年美國股市大崩盤，引發環球經濟蕭條，歐美各國相繼放棄黃金本位貨幣制度，令國際金融秩序出現重大轉變。在全面放棄金本位制度之前，美國曾在 1933 年積極吸納白銀，建立儲備。需求驟增，扯高國際銀價，導致中國銀錠銀圓嚴重外流，直接動搖中國貨幣根基。因為白銀流失嚴重，令內地出現貨幣銀根緊絀、利息飆升局面，國計民生大受影響。與此同時，日本盤踞東北蠢蠢欲動，侵略野心昭然若揭，內地戰雲密佈，衝突一觸即發，資金南逃香港避難，影響金融穩定。

面對政經時局轉變，國民政府於 1935 年 11 月宣佈放棄銀本位貨幣制度，改行外滙本位法定貨幣制度，銀行金銀儲備須悉數售予國庫（新陳，1948；中國人民銀行總行參事室，1991）。換言之，此後國家授權銀行發行鈔票，不再指定以等值白銀支持，而改用外滙（主要是英鎊或美元）儲備。貨幣發行純粹倚靠國家信用保證（fiduciary issue），所以鈔票持有人再不能要求兌換等值銀圓，而兌換外滙也受到管制。貨幣發行不再受制於金銀儲備，而倚靠政府信用保證，徹底改變金融體制生態。若政府欠缺財政紀律，入不敷支又舉債無門，濫發鈔票增加貨幣以應付（日後確實出此下策），結果通脹必如脫韁野馬，紊亂金融秩序，動搖國家根基（徐滄水，1924）。

清末民初，中國政局動盪割據數十載，及至 1928 年國民政府北

伐成功，全國統一，中國仍飽受內憂外患困擾。內憂是國民黨分裂清
黨，放棄聯俄容共政策，國共兩黨周旋角力曠日持久。外患是日本侵
略威脅日增，衝突一觸即發。地緣政治波譎雲詭，殖民政府對省港大
罷工猶有餘悸，擔心中國實施「信用發行」貨幣制度，將會衝擊香港
貨幣體系，乃同步放棄銀本位制[3]，回歸英鎊外滙區。政府隨即在年底
頒佈《外滙基金條例》及《銀行鈔票發行條例》，成立外滙基金，實
行貨幣發行局（即聯繫滙率）制度，官價滙率定為 1 英鎊兌 16 港元，
並規定三家授權銀行（即滙豐銀行、渣打銀行及有利銀行）所發行的
鈔票是法定貨幣。條例又規定輔幣及壹元紙幣由政府鑄造發行，其他
面額的鈔票仍由授權銀行發行。

條例生效後，銀圓銀錠禁止流通，政府委託發鈔銀行全面回收；
而發鈔銀行亦須將「超額發行」之白銀儲備悉數上繳，交換外滙基金
所發出之「負債證書」(Certificate of Indebtedness)。嗣後，所有超
額發行鈔票，須依從新例繳納英鎊儲備予外滙基金。通過新安排，政
府實際上收回紙幣發行權，發鈔銀行變成外滙基金（即貨幣局）之代
理人。

扼要地說，1935 年無疑是香港貨幣歷史轉捩點，港元脫離中國

3　按理 1930 年貨幣委員會報告提出：「只要中國維持銀本位，香港必須跟隨」
　　的原則，政府應有兩手準備，所以當中國放棄銀本位，香港可立即跟隨。此
　　後，中國貨幣與港元本位不同，但財經關係仍然密切，兩地經貿金融往來仍
　　然極為頻繁。

貨幣自立，分道揚鑣，避過抗日戰爭前後內地經濟金融災劫。戰後重整環球金融制度，採用黃金滙兌本位，以美元英鎊為重心貨幣。港元有掛鈎英鎊之利，自由兌換不變，推動經濟迅速復原。中國經歷八年抗戰及三年內戰之劫，經濟金融陷於崩潰邊緣，香港成為中國對外「南風窗」，而港元也擔當有實無名「外滙版」中國貨幣，乃當年改掛英鎊時始料不及。可以肯定地說，若戰前香港貨幣不是果斷回歸英鎊區，戰後復原必然會走上迂迴曲折的道路。

　　無論是國家大環境，或是地方小環境，調整貨幣政策因時制宜，始能給經濟注入新動力。從 1931 至 1940 年間，香港經濟可說是大起大落，而 1935 年正是起跌分水嶺。香港經濟以貿易為主，此十年間的外貿數據，足可反映經濟起落。首 5 年（1931 至 1935 年）進出口貨物總值連年下跌，後 5 年（1936 至 1940 年）則持續上升（圖 4.2）。

圖 4.2：1931－1940 年香港進出口貿值總值轉變

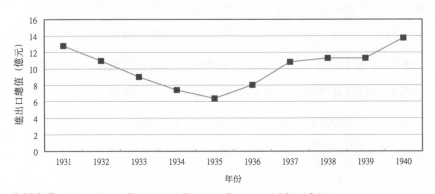

資料來源：*Hong Kong Trade and Shipping Returns*, 1931-1941.

在 1931 年，香港進出口貨物總值為 12.79 億元，1932 年下降至 10.96 億元。之後的 1933 年、1934 年及 1935 年更分別下降至 9.01 億元、7.41 億元及 6.37 億元不等。換言之，這五年內，年均下降率高達 10.04%，但形勢於 1935 年明顯轉好。在 1936 年及 1937 年，香港進出口貨物總值上升至 8.03 億元及 10.84 億元；到了 1938 年及 1939 年，進出口貿易略為放緩，但貨物總值亦達 11.30 億元及 11.28 億元，而 1940 年更急升至 13.75 億元（*Hong Kong Trade and Shipping Returns*, 1931-1941）。即是說，在這五年間，年均上升率高達 14.24%。

香港經濟貿易在 1935 年前後發生重大變化，原因錯綜複雜。正如前文分析，自 1929 年美國華爾街股市崩潰後，世界金融經濟緊縮，歐美國家消費不振，乃貿易連年下滑的主要原因。世界經濟在 1935 年始逐步復甦，而大英帝國又給予屬土特惠關稅優惠，出口方得重振。此外，日本向中國東北發動侵略，戰火促使大批內地企業和商人湧到香港避難；而海外華人僑匯返鄉的款項，更被逼滯留香港，未能轉入內地交予收款人，亦直接或間接推動香港經濟發展（Wong, 1958）。換言之，1935 年後香港進出口貿易一片興旺，是外圍經濟所帶動，但若非貨幣制度及時變更，香港不可能受惠。故此，貨幣政策因時制宜，對香港經濟發展舉足輕重，至為關鍵。

淪陷期取締港元　重光後再領風騷

日本在 1937 年 7 月 7 日藉盧溝橋事件，挑起侵華戰爭，香港偏處華南一隅，遠離戰場，早期不單沒被戰火波及，反而因為資金進出自由，而成為內地資金避難所，令經濟受惠。英國在 1939 年 9 月 3 日向德國宣戰，香港是屬土，跟隨於同年 9 月 8 日按照《國防金融規條》（*Defence Finance Regulations*）頒佈連串相關法例，既凍結德國在港資產，又對德國實施外滙管制，禁止鈔票、滙票、黃金出口及證券轉移等交易，至於對內地金銀找換滙兌等業務，則基本上一切如舊，不受影響（周亮全，1997）。故在 1941 年淪陷前，香港是中國極重要之窗戶，吸納僑滙物資及收集軍政情報，而海外華僑捐獻支持國家抗日，不少也是通過此管道交收（Snow, 2003）。

日本軍國主義者自恃軍力強大武器精銳，以為只需三數個月時間，便能吞併全中國，但在中國人民敵愾同仇頑強抵抗下，戰事曠日持久，令日軍陷入困局（郭廷以，1979）。當時德義日三國組成軸心國，德國也單方面停止對華軍事武備買賣，削弱中國抗戰能力。國民政府向美國朝野全力游說，廢除美日貿易條約，截斷日本後勤資源。美方初時舉棋不定，後來英國力陳利害，始在 1941 年中決定廢止條約，並凍結日本在美國資產。日本反目，並且擴大戰線，侵佔菲律賓、馬來亞及新加坡等地，掠奪英美東南亞屬土戰略資源以補償，更

先發制人，偷襲夏威夷群島珍珠港的美國太平洋艦隊基地，清除敵營障礙又報復禁運措施，一石二鳥。

在中國戰場，日軍攻陷廣州後，乘勢揮軍南下，侵略香港。香港無險可守，駐港英軍負隅頑抗，且戰且退，最終失守。港督楊慕琦（Mark Young）在 1941 年聖誕日投降，香港淪陷，進入三年零八個月黑暗歲月（關禮雄，1993；謝永光，1995；Snow, 2003）。日軍進佔後，即查封大小銀行，再操弄貨幣，掠奪物資攫取財富，補給糧餉。滙豐銀行是香港主要發鈔銀行，乃當然且首要目標。日軍搜獲庫存未發行之簇新鈔票（即尚未繳納儲備者），面值高達 1.19 億元，乃迫令總經理祈禮賓與總會計艾文遜（David Edmonston）立即簽發，拿到港元流通之澳門及華南等地搜購物資（Jao, 1974：16）。英國政府知悉事件後，立即經重慶廣播電台通告各方，聲明該批鈔票乃「逼簽紙幣」（duress notes），當局不會承認，但未能奏效，港澳及華南民眾將信半疑，日軍仍可順利充裕糧餉（Snow, 2003；劉詩平，2010）。

除了逼簽紙幣外，日軍政府又頒佈法令，廢除原來貨幣制度，發行軍用手票取代港元，攫取社會財富。初期，軍票兌換率為一元軍票兌換兩港元，1942 年 7 月起改為一元軍票兌換四港元，最後全面廢止港元流通。至於軍票發行，則極粗疏，且制度不全，票面不但欠缺編號記錄發行量，更沒有嚴守財金紀律，繳納外滙或金銀作為儲備，而是因應軍政府需求隨意簽發。故此，日治不久即出現軍票難以流通

問題，到了後期，更呈現金融紊亂之局，經濟可謂瀕於崩潰。1945年 8 月 15 日，日本宣佈投降，英軍重臨，受降接管香港，並恢復淪陷前「英鎊滙兌本位」貨幣制度（Snow, 2003; 劉詩平，2010）。

戰後百廢待興，資源緊絀，解決「逼簽」鈔票懸案，恢復港元信譽是當前急務，以維持貨幣在香港以至華南地區的信心和地位。政府與滙豐銀行皆瞭然，該批逼簽鈔票已在華南及港澳廣為流通，必須保障無辜持有者（bona fide holder）權益，除按例追認穩定市場信心，並循正規手續補回英鎊儲備以外，別無選擇。問題是滙豐銀行主要業務在中國及亞洲，市場皆飽遭戰火蹂躪幾乎癱瘓，無能力填補儲備。最後雙方協議滙豐先填補 100 萬英鎊，相等 1,600 萬港元，餘額從外滙基金收益分期墊支填補。雖然短期內對滙豐及政府財政皆百上加斤，長遠則奠定港元在貨幣發行及金融管理上無人能及之地區龍頭地位，也令滙豐銀行變成港元之代名詞。換言之，儘管港元信譽在日治時期曾遭殘暴踐踏，政府及滙豐銀行在重光後對症下藥，及時挽回港元在內外市場之信心，所以能夠吸引海外資金流入，對戰後香港經濟重建實在意義重大（Jao, 1974）。

八年抗戰，令中國政治、經濟、社會元氣大傷。政治上，國民黨與共產黨勢力此消彼長，最終兩黨談判破裂，兵戎相見。經濟上，工農商金融百業不振，產業凋零，復甦漫長。社會上，各界對復興富強之道眾議紛紜，學說左右派系分明，演變成政治權鬥。國民黨政府在

民窮財盡、國庫空虛情況下，未有嚴守貨幣發行紀律，令通貨膨脹迅速惡化，國幣信用有如江河日下。濫發貨幣蠶食民生，最佳例子莫如白米價格在 1948 年有如脫韁野馬，竟大幅飆升至數百萬元（法幣）一斤之荒唐地步（鄭宏泰、黃紹倫，2004）。

相反港元早前改掛鈎英鎊，政府也嚴守「貨幣局」的發行紀律，因此幣值穩定並可自由兌換，不單沒有受到國幣大幅貶值拖累，反而廣受周邊市場歡迎。據估計，在 1949 年 4 月解放軍佔領南京前夕，港元鈔票發行額達 8.8 億元，估計其中有三分之二是在內地流通，可見港元受歡迎程度（周亮全，1997）。更值得注意者，是每當內地經濟及金融制度有重大變更時，市場對港元需求和信任，便大幅增加，可見港元早已變成中國「影子外幣」，流通內外。

中國重建經濟貨幣　港元角色舉足輕重

香港與中國內地的貨幣自 1935 年分道揚鑣後，不少人想當然認為兩地貨幣與金融各自為政，甚至以為 1949 年中國政權易幟後，港元與人民幣之間更互不相干。現實是港元與人民幣間之關係，就如香港與內地在不同層面的交往和互動一樣，始終密切，在若干情況下，彼此更是風雨同路。

抗戰勝利後，政局依然動盪，除大批人民南下外，生產設備及資

金也被遷移至香港，以迴避風險（Wong, 1958; Jao, 1974）。香港是自由港，資金一向來去自如。港元自 1935 年轉為英鎊滙兌本位，回歸英鎊外滙區後，鈔票發行有十足外滙儲備支持，幣值穩定，加上金融及政治等制度優勢，故有如磁石般吸引內地資金南來避難保值。尤其值得留意者，是政權易幟後不久，朝鮮半島即爆發內戰，中國派遣志願軍支援朝鮮（北韓），遭聯合國制裁，實施貿易禁運。事出突然，殃及香港，不單轉口貿易戛然而止，傳統滙兌找換業務也逐漸式微，甚至資金經港進出內地亦受影響，海外華僑的滙款，再度滯留香港（Wong, 1958）。

香港面對前所未見特殊政經環境：在政治上，「冷戰」氣氛凜烈，資本主義陣營和共產主義陣營在歐亞對峙，展開一場沒有烽火之激烈角力。中國與西方諸國斷絕官民接觸，香港地緣政治變得微妙。在經濟上，轉口貿易一落千丈，促使經濟轉型自力更生，倚賴滯港資金、裝備及勞力發展工業生產。在金融上，金舖、銀號、錢莊等式微，較進取者轉型商業銀行，業務由找換滙兌轉為工商信貸及貿易融資，對象也從買辦及行莊轉為市民大眾及工商百業。

經濟學者宋恩榮指出，香港輸往內地的貨品，在 1948 年佔出口總值 17.7%，或內地進口總值 42.0%；兩年後，即是 1950 年佔出口總值 33.9%，或內地進口總值 37.8%（Sung, 1991: 20）。統計顯示中國新政府上場後，香港外貿對內地倚賴反增，而內地則擴大進口

來源（應該是蘇聯東歐等地）。不可忽略者，是內地戰後百廢待舉，重要物資如醫藥、醫療設備、科技產品和戰略原料等皆需要進口，而香港是重要管道。中國介入韓戰後，香港出口內地即急挫，佔分在 1952 年是 17.9%，1955 年是 7.2%，而 1960 年只是 3.1%。以中國進口計，各年佔分是 8.1%、1.8% 及 1.1%，皆意料之中（Sung, 1991: 20）。不過統計也顯示香港得天獨厚，處於此奧妙格局之夾縫中，即使貿易禁運高唱入雲，與內地之正規（有報關）貿易其實沒完全停頓，而非正規（無報關）貿易更無從統計。

內地與香港兩地貿易沒有停頓，資金流通自然不會斷絕，只是交易方式轉變。在這個關鍵時期，香港充當內地主要經貿窗戶及金融渠道，中介地位更為凸顯。簡言之，人民幣實施外滙管制，不能直接兌換美元或英鎊等外滙，而需要借道港元，所以當時內地出口押滙大多以港元計價，經香港銀行系統交收。其時，香港共有 13 家中資銀行，當中 4 家在港註冊，經營金銀、滙兌、押滙等業務，替內地結算創滙。因此香港美元外滙市場，服務兩岸及東南亞等地，角色吃重，地位突出。內地每年春秋兩季的出口商品交易會設於廣州，而非上海，便是此道理。

正因香港和內地財金關係深厚，當英鎊在 1967 年 11 月 19 日貶值 14.3% 時，香港本亦同步跟隨，後來卻改變初衷。不旋踵港督同行政局複議，同月 23 日宣佈港元即日升值 10%；來回間實際只貶

值 5.7%。新訂官價為 1 英鎊兌 14.551 港元，折合 1 美元兌 6.061 港元。是次依照貨幣管理局制度改滙，先跌後升，富戲劇性，箇中實情，諱莫如深。官方公告只寥寥數語，難釋疑團。事後分析，考慮因素應包括政治與財經實務。除上述中國外滙利益外，也顧及對本地外貿及銀行儲備的影響。

外貿因素，是工業製品的成本價格取捨。貨幣貶值，令出口價跌、入口價升。當時，香港出口多輸往歐美市場，更享有英聯邦地區關稅特惠，故隨英鎊同步貶值，可保持競爭優勢。不過，生產原料或部件來源地（如日本），貨幣皆與美元掛鈎，隨英鎊同步貶值，反令成本上漲，廠商或得不償失。

至於銀行儲備因素，則較複雜。上世紀二次大戰前後，英國及屬土組成英鎊外滙區，實施外滙管制，限制貨幣兌換及資金外流。因此，香港銀行劃分兩大類，外滙銀行（Authorized Exchange Bank）及非外滙銀行（Non-Authorized Exchange Bank）。外滙銀行可官價買賣英鎊，而非外滙銀行可自由買賣美元及其他外幣。外滙銀行包括發鈔銀行及外資銀行；非外滙銀行是本地銀行及內地銀行。歐美銀行雲集，政府執行外滙管制寬鬆，對自由外滙市場寬容，故香港原是戰後亞洲美元外滙中心，直至六十年代，東京崛起始被取代（Reed, 1980）。政府態度現實，倫敦頗有微言，曾責難港方執法不力（Schenk, 2001）。踏入六十年代，本地銀行紛紛轉為外滙銀行，以提高國際地位，令兩

大銀行類別的分野，愈見模糊，是後話。

香港不設中央銀行，無論外滙銀行或非外滙銀行，須將儲備存放海外同業，作為替代。外滙銀行儲備以英鎊為主，非外滙銀行則以美元為主。假若是次港元與英鎊同步兌美元貶值，非外滙銀行之淨美元資產，即時從滙率折算中得益。以 25% 存款準備計算，非外滙銀行可平白多出 57% 放貸能力，變相增加系統風險。反之，若不同步，則外滙銀行之淨英鎊資產，即時在滙率折算有損失，存款準備比率降低，也影響系統性風險。此消彼長，取捨實不容易。政府最終決定港元不與英鎊同步，只貶值 5.7%。外滙銀行之英鎊儲備折算淨損失共 1.5 億港元，由外滙基金悉數補償（馮邦彥，2002：305）。四十多年後，港元又再面臨升值與否之兩難，時代雖不同，歷史仍可借鏡，且留待下文交代。

環球金融制度原採用是黃金外滙本位（Gold Exchange Standard），各地貨幣滙率固定，以黃金定價，以美元交易。不過美國在 1971 年中終止黃金官價兌換，制度名存實亡。1972 年 6 月底，英鎊放棄固定滙率，兌美元浮動，並實施外滙管制及國內外兩價制，變相解散英鎊外滙區。香港隨即在 7 月 6 日宣佈，與英鎊脫鈎，改掛美元，滙價定為 1 美元兌 5.65 港元，上下波幅為 2.25%，因為美元在名義上仍是黃金本位，有助穩定港元。及至 1973 年 2 月，美元貶值，黃金官價上調至 38 美元，香港卻未有依隨，兌美元升值至 5.085 港元。

直至 1973 年 11 月 25 日，黃金外滙本位制度正式終結，港元跟隨美元浮動，但堅持貨幣發行局制度不變，維持十足外滙儲備，以維持港元國際信譽及地位。其實港元放棄固定滙率後，與美元關係仍然密切，滙率一直徘徊在五算水平，利率大致同步。即是說，港元名義上是浮動，實際仍掛鈎美元，而且滙率穩定，故此中國經香港套滙利益不受影響（鄭宏泰、陸觀豪，2013）。

不過，在浮動滙率制度下，鈔票發行實務需要調整，免除發鈔銀行之外滙風險。外滙基金與發鈔銀行，改用港元交易，由外滙基金再自行買賣美元儲備。故此外滙基金賬目，翌年也由英鎊轉為港元記賬。換言之，若需要增發港元鈔票流通，發鈔銀行需在外滙基金賬戶存入等值港元，外滙基金隨即發出「債務證書」予發鈔銀行，照應所增發之鈔票，再自行轉換為美元儲備。

表面上，此應變安排偏離貨幣發行局制度，甚至違背基本貨幣金融原理，因為外滙基金與發鈔銀行以港元交易，無異注資入銀行系統，等同「印鈔」。實際上，外滙基金之港元負債，依例必須具有十足外滙儲備照應，所以香港仍然只能在對外收支有盈餘時，方可增發鈔票，擴大銀根。不過，貨幣發行局之滙率利率自動調節機制，不再發揮功效，須倚賴市場干預，以糾正偏差。政府對此等衍生問題瞭如指掌，也採取針對措施，多管齊下，包括利率結構制度化等。扼要地說，政府在 1981 年頒佈《香港銀行公會條例》，改組外滙銀行公會，

並將港元存款利率協議納入公會規管[4]，而且規定公會議息前須徵詢財政司，令政府有槓桿可微調港美息差，就是針對上述問題，但成效得失頗受客觀市道民心左右。

經歷十年文革後，中國撥亂反正，在 1978 年底改弦易轍，宣佈改革開放，推行經濟社會現代化，恢復與西方往來，並在港澳台周邊劃出廈門、汕頭、深圳和珠海等經濟特區，開放為對外窗口，有如清代通商口岸，引進外資推動變革。翌年，鄧小平歷史性訪美，隨後兩國恢復正常外交，獲美國給予「最惠貿易國待遇」。中國推動出口帶動經濟的發展模式，香港在不同層面擔當極重要角色。其中最核心但卻較少受到注意者，是港元穩定對中國出口創滙至為重要。

是年港督麥理浩（Murray MacLehose）也破格訪問北京，令香港政局出現重大變化，暗湧處處。原來中國藉機通報，決定在 1997 年 7 月 1 日新界租約期滿後，收回香港主權。當時中國政治正走出文化大革命陰霾，而改革開放剛正起步，香港猶有餘悸，對回歸頗有戒懼，社會情緒備受政治氣氛左右，觸發所謂「信心危機」，股票市場驟升急跌波動極大，是最佳說明。傳統反共、疑共和恐共資本家或企業（如英資、台資等），更被指責在市場興風作浪（鄭宏泰、黃紹倫，2006）。在此形勢中，港元滙率亦無可避免大起大落，而中方則顯然

---

4   港元利率協議的來龍去脈，請參閱第五章。

認定英方藉此作為談判籌碼，在不同層面討價還價（魯平，2009）。

隨後英國外相卡靈頓（Lord Carrington）在 1981 年春訪華，香港前途問題正式提上日程。至 1982 年秋，首相戴卓爾夫人（Margaret Thatcher）訪華跟進，在人民大會堂門外不慎摔一跤，引起多番揣測。綜合公開及解密資料，會談在 1983 年正式開始時，雙方已面臨「攤牌」邊緣。英方一廂情願，提出「以主權換治權」，認為若中方全面收回香港主治權必然嚇怕投資者，令經濟繁榮褪色，社會動盪不穩，加深矛盾，影響管治[5]。所以首幾輪會談基本上是各自表述，會後聯合公佈用詞謹慎，間接反映雙方分岐，市民心中有數。港元滙率指數（1971 年 12 月 18 日的基數為 100），在 1983 年 7 月 2 日首回合召開前夕是 90；但在 9 月 21 日第四回合前夕已下跌至 57，形勢急轉直下。

及後，鄧小平於 1983 年 9 月 10 日會見英國前首相希斯（Edward Heath），明確表態若然中國政府在其領導下，未能如期收回香港主權，其將有如李鴻章般愧對國人；進而嚴正警告，中方不會容忍無限期拖延，即使英方堅持立場，屆時也會單方面公佈解決香港問題方案

5　最常引用的事例是怡和集團在 1982 年遷冊百慕達，實情是重組架構，拆解上市公司互控，釋放隱藏價值，並趁機修改章程拒敵意收購於門外，一勞永逸。市場既然揣測是九七政治動機，也不必多加解釋，免得節外生枝。重組後，怡和與香港上市當局洽商豁免收購合併守則不果，遷往倫敦及新加坡掛牌，是為明證。

（魯平，2009）。消息傳出，港元滙率連日大跌，從當日 1 美元兌 7.8 港元，跌至 9 月 16 日之 9 港元，以及 9 月 24 日的 9.7 港元（鄭宏泰、黃紹倫，2006），導致民心惶惶，超級市場甚至出現搶購食米和日常用品風潮（鄭宏泰、黃紹倫，2005）。

面對前所未見的政治金融危機，政府急謀對策，既穩定人心，也避免影響中國套滙利益，無端擾亂中英會談，惹來猜疑。反復思量後，政府於 1983 年 10 月 15 日宣佈恢復港元與美元掛鈎，滙率是 1 美元兌 7.8 港元，令市場疑慮一掃而空，內外投資者信心亦漸次恢復，不失為治標之道。是回合，政府攻心為上，反覆強調鈔票發行有充足美元儲備支持，「港元聯繫滙率」深入民心，不單金融市場信心漸次恢復，社會大眾對九七回歸的忐忑也漸見紓緩。中英兩國政府在談判桌上也互諒互讓，最終達成協議，於 1984 年簽署《中英聯合聲明》，締造歷史。回歸過渡期風高浪急，港元恢復掛鈎美元，貨幣發行局制度發揮中硫砥柱作用，穩定香港的經濟與社會，功不可沒。

所謂「港元聯繫滙率」，表面上簫規曹隨，換湯不換藥，但大環境已時移世易，在環球浮動滙率體制下，恢復固定滙率錯綜複雜，知易行難。其一，錨貨幣換作美元，而非宗主國貨幣（英鎊）。美元是國際結算及儲備貨幣、環球金融體制之核心，而且七十年代起美國已是香港最大貿易夥伴（饒美蛟，1997）。在此關鍵時刻，掛鈎美元可掃除內外焦慮，挽回民心信心，更勝英鎊。不過美港雙邊關係局限於

經貿投資，美國並無義務照顧香港利益，在調整財經政策措施時（如放寬收緊銀根、加息減息等），絕不會考慮對香港之影響[6]，若有任何負面效應，美國將袖手旁觀，香港須自求多福，另謀應變對策。

其二，理論上，若市場美元滙率偏離 7.8 港元官方滙率，銀行便可買賣現鈔套戲謀利，令市場滙率與官方滙率看齊。理論歸理論，非發鈔銀行不能直接與外滙基金交易，而發鈔銀行又指定同業須以官價買賣現鈔，所以實情只有發鈔銀行才能套戲。不過套戲過程繁複，而且交易成本不輕，往往無利可圖，所以港元雖然恢復固定滙率，實際仍須倚賴市場操作干預利率來維持幣值穩定（鄭宏泰、陸觀豪，2013）。

值得留意者，是香港前途九七問題曝光後，金融界憂慮港元波動，牽一髮而動全身，對浮動滙率存疑。上文提及政府頒佈條例，設立法定銀行公會，加強存款利率協議等措施，便是對症下藥。不過業界始終未放心，例如景泰投資管理（GT Asset Management）的經濟分析師祈連活（John Greenwood）便發表評論，深入淺出解釋浮動滙率缺點，主張恢復固定滙率穩定港元，一勞永逸（Greenwood, 2008）。政府果然從善如流，祈連活因而被傳媒冠上「聯繫滙率之父」的美譽。其實朝野英雄所見略同，不過也同樣低估其複雜性。

6　據悉英倫銀行在 1967 年決定英鎊貶值，以及在 1972 年決定英鎊浮動時，皆及時知會香港，並商討應變之策。

其實當年政府已考慮周詳，例如銀行同業之間買賣港元鈔票，亦須使用美元交易，但仍然百密一疏，忽視金融基礎建設配套不足，發鈔套戲是紙上談兵，現實必須倚靠公開市場操作，等同「管控浮動滙率」，種下禍根。九七回歸後亞洲金融起風暴，游資熱錢看準漏洞，乘勢來犯，明修棧道衝擊港元貶值脫鈎，暗渡陳倉操縱股票市場現貨及期貨圖利（詳情見第八章）。

＊　　　　＊　　　　＊

結語

香港在 1935 年跟隨中國貨幣改制，港元脫離白銀本位，改掛鈎英鎊，是歷史轉捩點，也是金融貨幣史上的重要里程碑。其一，港元並非政府原始發行，而是衍生自華南通行貨幣，改制後脫離母體自立。其二，港元與環球貨幣制度接軌，正式進入國際外滙市場，成為名實俱全的華南地區貨幣。是回改制，香港雖然被動，其實並非意料之外，所以政府能夠即時應變，既能避過地緣戰火牽連，也可受惠戰後環球貨幣重整。

德國、義大利及日本三軸心國在 1944 年已成強弩之

末，大勢已去。英美法等同盟國着手重建戰後貨幣金融秩序。各國代表雲集美國首都市郊的布雷頓森林（Bretton Woods）商議，達成協定，締造「黃金滙兌本位」新體制，各國貨幣以黃金成分定價，實行固定滙率制度。斯時美國是同盟國大後方，財力物力充裕，而且手握全球 70% 官庫黃金儲備，順理成張擔負核心重任，而國際黃金官價即是用官價每盎司 35 美元，並承諾各國中央銀行以官價買賣黃金。實務上，日常交收使用美元及英鎊外滙，是所謂核心貨幣。港元戰前已掛鈎英鎊，自然得着先機，順利與新制度接軌，而且搭上國際化列車。

　　港元採用之「外滙本位固定滙率」，或「聯繫滙率」，並非傳統貨幣局制度，因為外滙基金並不直接發行港元，而是管理授權發鈔銀行繳納之外滙儲備。根據《外滙基金條例》規定，基金「須主要運用於財政司司長認為適當而直接或間接影響滙價的目的」。憲制上香港不宜設置正式的中央銀行，因時制宜改由外滙基金與發鈔銀行聯手，分工合作執行中央銀行功能，管理貨幣金融，維持市場秩序，成效斐然。此特殊安排，舉世無雙，經得起時空考驗，也跟隨九七回歸過渡，惟需修改架構，委任金融管理專員，接管發鈔銀行代行之功能，向財政司司長負責。刻下人民幣正邁向國際

化，在「一國兩制」之下，港元角色也從「外滙版」人民幣
轉身為「離岸版」人民幣，而聯繫滙率制度仍然是支柱，但
錨貨幣最終應改為人民幣。詳情在後文深入剖析。

第 5 章

1964

銀行風潮迭起 修例亡羊補牢

引言

　　銀行擠提（bank run）是金融風潮現象，但深入研究並提出「自我實驗預期」（self-fulfilling prophecy）經典理論的解釋者是社會學家，因為擠提是果不是因，風潮突現，乃至愈演愈烈，有待收拾殘局。行為反映心態，民眾「寧可信其有，不可信其無」，羊群心理作祟，恐慌血汗積蓄化為烏有，其實是「小心駛得萬年船」思維而已。若金融制度真正全面崩潰，擠提也不能挽狂瀾自保，無濟於事。抗戰勝利後，中國陷入黨爭內戰，虛耗復元資源，導致經濟金融一蹶不振，便是深刻教訓。

　　地緣政治急劇變遷，經濟起落難測，社會動盪，金融市場風高浪急，總有道聽途說蜚短流長，甚至以訛傳訛。銀行實力較次者，往往備受小道消息困擾，諸如經營不善、財政不穩、投資損手蝕蝕等傳聞，動搖客戶信心，令其陷入困境。若然處理不善，即使向來穩健者也敵不過謠言中傷，很可能無辜走上資不抵債倒閉結業之路。若然個別擠提事件失控蔓延，變成風潮則後果堪虞，甚至動搖金融基礎影響整體穩定。

　　翻開香港金融發展史，開埠個多世紀以來，銀行擠提倒

閉並非罕見，不過早年客戶基礎狹窄，影響洋人商賈多而市
民大眾少，華人隔岸觀火也見怪不怪。然而戰後經濟轉型，
銀行服務普及，任何風吹草動，市民均有切膚之痛，若捕風
捉影信心動搖，後果不難想像。無論是從曠日持久角度，
或是從牽連層面角度，更或是從戲劇性轉變角度，以至從金
融制度改革角度，上世紀六十年代上半葉的銀行擠提風潮，
都是香港史上一大金融危機，更是銀行業發展的分水嶺。事
過境遷，本地華資銀行紛紛與外資結盟自保，變相加速國際
化；獨立華資銀行的業務及客戶皆停滯不前，實際退居家族
「掌櫃」角色，服務圍內友好。本章深入考究該場風潮來龍
去脈，思考銀行經營及風險管理等問題，探討事件對鞏固香
港金融中心地位之作用，扼要論述香港銀行嬗變及制度特質
和內涵。

*　　　　*　　　　*

華洋金融共冶一爐　　銀號銀行各擅勝場

香港開埠後，華洋商貿開放，滙兌找換業務蓬勃，傳統本地銀
號、錢莊及找換店等，與西洋銀行、票據貼現行等各擅勝場，各有服

務對象。華洋金融文化習慣不同，市場機構服務壁壘分明，買辦中介乘勢興起，連繫華洋雙方貿易交收結算，乃早年香港金融業特色之一。香港是彈丸之地，「銀號多過米舖」之口頭禪，曾幾何時經常掛在市民嘴邊，實情是傳統銀號、錢莊和找換店等規模細小而數目眾多（陳鏸勳，1894；《中華人名錄》，1922）。傳統銀號可區分三個類別：規模實力最厚者，經營存貸、按揭、押滙等業務，範圍接近商業銀行，擔當買辦華商與銀行洋商交易往來中介；較次者經營滙兌交收及金銀找換等業務，多在廣州及上海等地開設聯號，方便華商；再次者經營金銀錢幣收買炒賣等。

經多年交往，華商買辦也漸熟悉洋商貿易規矩，對西洋銀行壟斷融資結算頗感不快，積極尋求突破。前章提及之中華滙理銀行，乃股商潘士成牽頭在 1863 年成立，雖然是華洋合資經營，也是首家本土西洋銀行，而且在 1894 年獲准發行港元鈔票，也飽受白眼。政府在 1895 年頒佈新條例管制鈔票發行，變相凍結發鈔銀行資格，傳聞是滙豐、渣打、有利等洋商銀行從中作梗，游說施壓，空穴來風未必無因。

首家華資西洋銀行是廣東銀行，在 1912 年註冊成立，資金主要來自美國歸僑，以李煜堂為主，除服務本地華商外，亦放眼廣東及其他內地城市。當時清帝剛遜位，中華民國初創，南北對峙，政局多變，財政貧弱，而李煜堂曾在廣東省政府擔任財金要職，任內濫發通

貨，引致金融紊亂，貨幣外流湧到香港，影響金融秩序，政府不滿卻鞭長莫及。在此背景下，政府在不同層面上有意無意抑壓廣東銀行的發展，況且其實力本已有限，始終難有機會施展拳腳（Chung, 1998）。

不過夙願終由本地華商翹楚圓夢，於 1919 年集資成立東亞銀行，打破西洋銀行壟斷。《招股簡章》畫龍點睛，說明現代銀行推動經濟發展功能，而傳統錢莊及銀號已落後時勢，「……有仿外國銀行組合者，然遺神取貌，已悖泉布之義矣。同人等有鑑於此，擬厚集鉅資，刺取良法，組織一名實相副，信用穩固之銀行，按切吾國社會之習慣，參以外國銀行之精神，斟酌損益，盡善盡美，庶幾勝券可操，而吾國商業也可期發展。」（冼玉儀，1994：11）

牽頭人是簡東浦（德信銀號）、李冠春及李子芳昆仲（和發成）。其他股商包括：簡英浦（南洋兄弟煙草買辦）、龐偉廷（和隆莊）、周壽臣、黃潤棠（昌盛行）、莫晴江（有恆銀號）、陳澄石（晉昌號）六位，志同道合，實力雄厚。彼等生意涵蓋各行，合縱各業，連橫貿易（南北行及金山莊）與金融（銀號及錢莊），形成龐大財經商業網絡，業務遍及內地、日本、印尼、暹邏（泰國）、安南（越南）、呂宋（菲律賓）等地。故此新銀行取名「東亞」，以香港為基地，是首家華資地區銀行，也是首家掛牌上市的華資銀行，公開發售 10% 股權。

總司理簡東浦，出身銀行世家，父簡殿卿是日本橫濱正金銀行

（Yokohama Specie Bank，東京三菱銀行前身）香港分行買辦，而其本人先後在橫濱正金銀行及在紐約萬國寶通銀行（花旗銀行 Citibank 前身）實習。主席周壽臣，前半生頂戴花翎，後半生長袖善舞，是傳奇人物。周氏是香港黃竹坑村原居民，獲清朝廷選拔官費留美。返國後知遇於北洋系之袁世凱，官運亨通。清帝遜位之後，辭官歸故里。返港定居後，備受殖民政府重用，先後晉身立法局及行政局，為中英作橋樑，為官民排難解紛，為社稷出謀獻策。二十年代省港大罷工一役，奔走調停，勞苦功高，論功行賞，獲英皇授勳，冊封爵士銜（鄭宏泰、周振威，2006）。兩人鞠躬盡粹，終身服務東亞，在彼等領導下，業務蒸蒸日上，成為華資銀行領袖，與滙豐分庭抗禮。

當時還有多家華資銀行先後開業，包括中國銀行分行、交通銀行分行、工商銀行、中華國寶銀行、廣西銀行（《中華人名錄》，1922），以及大有銀行和國民商業儲蓄銀行等等（周亮全，1997；上海市銀行博物館、香港歷史博物館，2007）。前兩者屬國家資本，其餘屬民間資本，而且多帶有家族色彩，但彼等實力明顯與英資銀行頗有距離。

當年尚未頒佈銀行法例監管營運，也無發牌機制，經營者大多按有限公司法例註冊，領取商業登記便可，對存戶沒有太大保障。若有任何風吹草動，存戶不免杯弓蛇影，甚至擠提自保。在 1929 年美國股市大崩盤餘波衝擊下，香港金融體系也無倖免，個別銀行更遭擠

提。例如在 1930 年 6 月初，國民商業儲蓄銀行及工商銀行，受投資失利傳聞困擾而先後遭擠提。其後 7 月 3 日，工商銀行更在擠提衝擊下倒閉，引起存戶恐慌。至 12 月 8 日，美國萬國寶通銀行又遭擠提，皆因傳聞紐約總行財政不穩（鄭宏泰、黃紹倫，2006）。幸好倒閉者皆規模不大，存戶不多，所以衝擊有限。不過銀行風潮已警示問題可大可小，而政府也開始思考監管問題。

銀行擠提風潮剛落幕，波瀾又起，香港金融市場仍難得平靜。上章提及美國貨幣改制銀本位，在市場上大量吸納白銀儲備，令國際銀價大幅飆升，殃及中國，銀錠銀圓大量流失，動搖金融經濟。香港財經與內地唇齒相依，亦難置身度外，受到牽連，並因幣值上揚而令轉口貿易應聲下跌（鄭宏泰、黃紹倫，2006）。

在那邊廂，傳統金銀買賣及滙兌找換仍然蓬勃，吸引精英創業展抱負，當中以恆生銀號和永隆銀號日後更出類拔萃，乃始料不到。兩家同在 1933 年開業並非巧合，永隆伍宜孫兼任金銀貿易場書記，知悉計劃改制限制會員，而恆生何善衡是金銀買賣及滙兌業務經紀，也風聞其事，不謀而合趕搭尾班車而先後創業。

何善衡祖籍廣東番禺，少年時已離鄉赴廣州市謀生，輾轉到金舖當學徒，憑勤奮好學，年方 22 已升任司理。其後更自立門戶，從事金融經紀。因緣際會，與林炳炎、盛春霖、梁植偉三人合夥，集資十萬元創辦恆生，並擔任司理。是次投資，不單改寫何善衡餘生，也改

寫香港金融史，蓋因恆生後來轉型商業銀行，成就超卓，傲視同儕。銀號摘吉在 3 月 3 日啟業，取名恆生，寓意「永恆長生」，亦代表盛春霖之恆興號與林炳炎之生大號合作。盛春霖先輩是晚清顯赫官商、輪船股份招商局督辦、軍機大臣李鴻章幕僚盛宣懷。林炳炎祖籍廣東清遠，在上海營商，開設銀號，經營外滙黃金買賣，足跡遍及大江南北。

伍宜孫祖籍廣東順德古朗鄉，先輩曾在廣州經營昭隆銀號。後來家道中落，顛沛流離，避居龍江鎮。伍宜孫 14 歲已輟學隻身來港謀生，在泰來銀號任小工，幫補家計。後來轉職至族叔伍季明開設之仁裕銀號，擔任文職，備受東主器重，又兼任金銀貿易場書記。貿易場在 1931 年提出修改章程，限制牌照數目於 150 名，額滿後不發新牌照，只接受轉名申請。伍宜孫近水樓台，因利乘便，以「永隆」名義入會，在 1933 年自立門戶，實收資本 44,500 元。伍季明更出資出力，助世姪創業，並叮囑其謹記「勤儉」及「承擔」兩條店訓。

恆生及永隆啟業兩年後，中國貨幣改制，脫離銀本位，香港隨即回歸英鎊區，港元改用英鎊外滙本位，實施貨幣局聯繫滙率制度，每英鎊兌 16 港元，前章已詳盡交代。再過兩年後，中日戰爭爆發，恆生及永隆碰到首次商機。內地抗日節節失利，資金南下避難。國民政府也急需擴充軍備，與外敵周旋，收復失土。永隆與永亨、聯安、泰恆等三家同業聯號，在漢口成立永福行，專營滙兌來港。香港佔天時

地利，變成資金避難所及外滙中心，資金進出與流動更頻繁和波動
（Wong, 1958）。港元有價，銀圓滙兌找換業務急升，銀號生意滔滔。

　　大約兩年後，英國對德國宣戰，設立英鎊外滙區，實施金融管
制以保存實力。香港政府於 1939 年 9 月 8 日依照《國防金融條
例》，頒令管制外滙和資金轉移。其重點是將銀行劃分授權外滙銀
行（authorized exchange banks）及非外滙銀行（non-authorized
exchange banks）兩大類別，前者獲外滙管理局（Exchange Control
Office）授權，買賣英鎊外滙、黃金出口及證券轉移等業務。授權外
滙銀行皆是英美外資銀行，從事業務範圍較廣，而非外滙銀行則多屬
華資銀行，業務範圍較窄，所以條例不單限制華洋銀行業務範圍於無
形，亦變相強化兩者之間等級與地位高低（Jao, 1974）。

　　香港終在 1941 年聖誕節淪陷，在那段三年零八個月黑暗歲月，
無數個人、家庭和組織顛沛流離，上至富商巨賈，下至平民百姓的無
數財產遭日軍掠奪。銀行業同樣也遭遇到前所未見巨大打擊，不但正
常業務難以開展，不少從業員更遭到殺害，整體金融業一片混亂，各
行各業幾乎返回以物易物時代的經濟狀態，表現乏善可陳，而日後更
需投入極大精力與資源重建，才能恢復元氣。

　　在淪陷時期，外資銀行多已歇業，甚至撤離。滙豐以香港為基
地，難逃劫數，不單被逼簽發庫存備用鈔票，更損失兩員大將，總經
理祈禮賓及總會計艾文遜皆病逝羈押中。本地銀號及銀行則自求多

福，例如恆生轉往澳門暫避，改名永華銀號經營，因為當地早有同名銀號[1]。永隆分散避亂，一路暫避澳門，繼續營業，另一路退往大後方柳州開設永隆金號。兩家皆暫時撤離避險，保存元氣待戰後歸港復業。東亞銀行則以不變應萬變，可惜事與願違。日本佔領軍設置「華民代表會」及「華民各界協議會」，招撫華人領袖歸附，主席周壽臣、董事李冠春及李子芳皆榜上有名，推辭無門，間接影響東亞銀行戰後重整旗鼓，是始料不及。

戰後重建金融制度　銀行業發展迅速

日本窮兵黷武，師老無功敗陣告終，在 1945 年 8 月投降。抗戰勝利，香港重光。海軍少將夏慤（Admiral Harcourt）在 9 月 1 日正式受降接管，隨即頒佈《英國軍政統治公告》（*British Military Administration Proclamation*）和《委託權力公告》（*Delegation of Powers Proclamation*），實施臨時軍事管治，恢復原來政治經濟秩序，穩定社會。頒佈軍事管理法令，整頓金融貨幣，廢除日佔時期軍用手票，恢復港元法定地位及英鎊外匯管制。在民生經濟上，統制重要物資如糧食、油鹽、燃料和印刷材料等（*Hong Kong Government*

1　東主是區宗傑家族，後易名滙業集團，區氏曾競逐首屆澳門行政長官落敗。

Gazette, 1 September 1945）。

　　此外，軍政府又頒佈戰略性過渡措施，對進出口貿易、工商業經營、住房和工資等，實施不同程度監管。針對銀行金融制度重建，修訂原來《延期付款法令》（*Moratorium*），既凍結各銀行戰前資金，又稽查考核銀行，安排盡快復業，重拾經濟動力（鄭宏泰、黃紹倫，2006）。滙豐迅速復業，承認「逼簽鈔票」，並與政府協議填補儲備，對穩定香港貨幣和金融制度，至為關鍵（鄭宏泰、陸觀豪，2013）。

　　戰後重建得宜，不單社會秩序趨向穩定，經濟也逐步恢復活力。銀行金融業務尤其充滿朝氣，外資銀行漸次復業，而避遷內地大後方或鄰埠澳門之華資銀號金舖，亦陸續回歸復業，並憑着靈活的經營手法，搶佔先機，推動經濟重建。據統計，在 1946 年底戰後復業的銀行已多達 46 家（周亮全，1997：348）。

　　好景不常，抗戰勝利後，國共黨爭演變成內戰，經濟復原無期。香港復歸英國管治，可獨善其身，再逢商機。歷史重演，內地戰亂驟起，貨幣崩潰，民間資金外逃，透過各種渠道及形式流入香港避難，再圖後計（Szczepanik, 1958）。上海、廣州、香港等地金舖銀號錢莊等，洞察商機，聯營套滙，輾轉將內地資金兌換港幣外幣。海外華人僑滙也未能交付內地，滯留香港（Wong, 1958）。四方資金流入，加上內地人口南來，香港房地產市場（主要是租賃）熾熱，地價租金節節上揚。此外，《延期付款法令》已期滿失效，股票市場轉趨活躍，重

見興旺（鄭宏泰、黃紹倫，2006）。

有學者估計，1947 年至 1950 年間淨流入資金及無形貿易順差總和，等同香港本土經濟產值 48% 之多（周全亮，1997：348）。此外，華人傳統獨好藏金保值，而香港向來自由買賣進出，並設有自由美元市場結算，在供求失衡下，金市投機蓬勃，躍升亞洲交投中心，大小金行金舖林立。政府按國際協定在 1949 年立法管制 999 成色純金進出口買賣，金商靈活變通，繞過管制，轉營 945 成色工業金，經澳門進口純金，先翻鑄為工業成色，再轉運香港交易，因為葡萄牙仍未加入國際貨幣基金組織。市價波動，金商進口純金後，即在香港期貨市場對沖存貨，免招損失，外匯與期貨買賣惠及聯繫銀號錢莊。

銀行業急速擴展，游資積壓，金銀買賣蓬勃，香港金融市場出現暗湧，港府於 1948 年 1 月 28 日頒佈《銀行業條例》，管制收受活期或定期存款，或兌現及代收客戶所開立或存入支票，或經營匯兌，或買賣金銀幣及金銀條等「銀行」業務。牌照由港督會同行政局發出，營運由財政司監管。不過條文簡單，只針對領牌，而非營運。條例對行政措施，如申請及審批牌照程序、呈交年報審閱等，有詳盡規定。對營運監管，既無明確規定穩健準則，亦未設置專責機關負責，只設立銀行業諮詢委員會，由財政司任主席，就發牌申請及監管事務提供意見。政府也無利用該委員會制定指引，規範營運操守，保障存戶。

　　三十年代的銀行風潮理應記憶猶新，即使以戰後重光實務衡量，該條例也嫌過度寬鬆，所以未能適應五六十年代香港金融、經濟和社會環境的急劇轉變，種下更大風潮禍根。事後分析，當年立法應頗倉卒，因為原來條例竟未有規定銀行須呈報年結賬目，需要再立法修正補救遺漏。從解封檔案所見，立法應是為配合國民政府重整戰後經濟、金融、貨幣等秩序，堵截走私漏稅。所以銀行業務定義涵蓋面甚廣，任何收受客戶存款者，皆納入監管，以防漏網之魚（Goodstadt, 2006）。

　　當年共有 132 家持牌銀行，其中 8 家為內地銀行，13 家為外資銀行，33 家為本地華資銀行，另有 78 家則屬銀號、金舖或錢莊（Tomkins, 1962）。所以「銀行」實際規模不一，業務範疇不同，執法及規管皆從寬。然而，翌年內地政權易幟，新政府推行社會主義經濟制度，無需再借助香港對付投機倒把等非法活動。時移世易，《銀行業條例》未能切合本地實情，政府卻未有及時修訂，因時制宜收緊發牌與監管尺度。直至 1961 年廖創興擠提事件，財金官員才如夢初醒，並急急請來英倫銀行專家深入調查，了解問題所在。詳情留待下文交代。

　　內地政權更替不久，即介入朝鮮半島統一戰爭，派遣「志願軍」支援金日成南侵，推倒南方李成晚政權，捲入美蘇地緣政治角力，遭聯合國制裁，施加貿易禁運。資本主義陣營與共產主義陣營壁壘分

明，韓戰停火後陷入「冷戰」對峙格局。香港也身不由己，經濟結構和社會格局隨之變遷，轉口貿易戛然而止，而工業生產興起。人口不斷上升，但人心渴望穩定，寧可投身經濟生產，自食其力，不願參與政治（Lau, 1982; Wong, 1988）。在經濟和社會格局巨大轉變下，銀行業亦有全新發展（周亮全，1997）。港元掛鈎英鎊，與國際市場接軌，銀根有十足外滙儲備支持，貨幣穩健等條件，無疑對促進工商百業，帶動經濟轉型，至為關鍵。

天時地利人和俱備，按理東亞銀行應該如魚得水，與時並進，大展拳腳，與外資同業爭長短。不過東亞一貫保守謹慎，跟不上銀行服務普及步伐，錯失商機，癥結是青黃不接。戰後重光時，周壽臣已屆84歲高齡，簡東浦58歲，李子芳54歲，理應更替人事重整旗鼓，應付新挑戰，但礙於客觀因素，只好維持現狀。況且淪陷時期，周壽臣、李冠春及李子芳因早已晉身行政立法兩局，進入殖民政府管治核心，故被日軍點名徵召領導居民組織，蒙上通敵賣國嫌疑。香港重光後，彼等身份尷尬，進退維谷。東亞以不變應萬變，優先修補政治關係，不過，時不與我，被後進恆生迎頭趕上，乃後話。

面對本業式微，傳統銀號皆積極探討出路，順應香港經濟新形勢，轉型商業銀行是共識，惟欠通盤知識。其實恆生何善衡、永隆伍宜孫、永亨馮堯敬、道亨董仲偉等人，私交甚篤，又是毗鄰，經常結伴晨運早泳，同舟共濟，互相照應。故此，彼等聯袂外遊，實地考

察，擴闊視野，審度商機，謀而後動。其後各號相繼改組為股份有限公司，經營商業銀行，與東亞競爭。南洋華僑也洞悉商機，相繼來港開業，計有友聯溫仁才、海外信託張明添、香港商業陳弼臣、華僑商業（印尼華僑）等。中資亦來港開辦南洋商業（莊世平），以配合國有銀行香港分行。其他開業華資銀行，計有大新（王守業）、浙江第一（李銘）、香港華人（周錫年）、中國聯合（余兆祺）等。內地私營銀行如上海商業（陳光甫）、集友（陳嘉庚）等，也重組香港分行，獨立註冊經營。此消彼長，華資銀行與西洋銀行百家爭鳴，東亞銀行不再一枝獨秀，所以亦難以獨領風騷。

大中小銀行林立，百花齊放，競爭激烈，各出其謀，拉攏客戶，吸納存款，融資放貸。例如：恆生以傳統儒家文化為經、現代企業管治為緯，營銷業績與操守道德並重，活學活用「儒商」文化之道，對內以五倫尊卑、修身齊家為本，恩威並重；對外以服務至上、顧客福祉為要，義利兼顧，不出十年已脫穎而出，傲視同儕。此外，舉辦免費實務講座，提升客戶對銀行業知識，後來更擴大為「初級銀行業務進修班」，惠及中五畢業會考生。香港金融業現代化與銀行服務普及，對日後國際化發展至為重要，此一代銀行家功不可沒。

戰前銀行市場是二元分家，傳統銀號與西洋銀行各擅勝場。戰後地緣政經變遷，市場趨向單元，傳統銀號式微，商業銀行興起，況且華資銀行多兼營滙兌金銀找換，集傳統現代業務於一身，經營風險與

外資銀行有別。其實銀行服務普及，存貸款激增，監管架構已遠落後於形勢，理應檢討修訂《銀行業條例》，堵塞漏洞，汰弱留強。政府後知後覺，未及因時制宜，種下禍根。究其原因，是官員取態一貫保守，倚賴外滙銀行公會約束同業，通過滙豐等發鈔銀行執行紀律，而且以為制定法例管制經營者，已有效保障存戶，欠缺監管營運之概念。其次，昔日銀號服務親朋戚友鄉黨，與客戶互信互利，官員誤以為華資銀行因循依舊，不會牽連社會普羅大眾，掉以輕心。正因銀行制度未與時俱進，配合時代急速轉變，結果爆發六十年代歷史性擠提，風潮牽連甚廣，幾乎動搖香港金融及社會根基（Schenk, 2003）。

監管制度缺失　風潮曠日持久

　　六十年代銀行風潮，始於廖創興擠提，至恆生控股權易手始落幕，前後擾攘五年之久。事後分析，可劃分為三個階段，即是一、廖創興擠提，二、存款利率戰，三、廣東信託倒閉。其實廖創興擠提之初，政府反應迅速，與發鈔銀行聯手平息事件，並且向英倫銀行借將，徹底檢討改革銀行體制。事件即使只是冰山一角，形勢也不至失控。後來事態演變成風潮，是多宗偶發事件交錯，節外生枝所造成。事件經過可借用著名數學模式「馬可夫鏈」（Markov Chain）分析，即是每個階段是個別偶發事件湊巧組成，各個階段也無直接關連，但

陰差陽錯造成風潮。此外，新銀行業條例姍姍來遲，導致歷史重演，擠提變本加厲，也給政府上了寶貴一課。

香港自五十年代踏上工業化路途，經濟持續發展十年後，銀行體制缺陷陸續浮現。問題癥結是監管不足，政府未必掌握營運實況。若呆壞賬激增或周轉不靈，傳聞觸動存戶神經，以訛傳訛，星火燎原，就會釀成災難。當年股票及房地產市場熾烈，新股上市時，大筆資金臨時積壓於收款銀行，股市流動性緊張，同業拆息偏高，實力稍遜者，備受周轉壓力。此外銀行直接參與房地產市場者眾，資金積壓，任何風吹草動皆可牽動全身。當存戶擔憂銀行不穩，便觸發擠提風潮。廖創興事件就是在此雙重壓力下發生。

廖創興創於 1948 年，以潮汕籍居民為對象，服務大眾存戶，作風進取，十年後已頗具規模。港島西區轉型，廖寶珊洞悉商機，兼營地產發展，收購貨倉改建商住物業，與銀行業務相輔相成。踏入六十年代，股市熾熱，老牌企業相繼上市，例如九龍巴士（1961 年 4 月）及怡和公司（同年 5 月），超額認購數以倍計甚至十倍計，積壓數以億元資金，令中小型銀行備受周轉壓力。同年 6 月中，市場流傳某知名銀行家被警方調查行為失當，而《真報》更在 13 日頭條報道此消息，矛頭直指廖寶珊。警方公開闢謠也無濟於事，觸發廖創興擠提，直至滙豐及渣打在 16 日公佈聯手支持，貸出 3,000 萬元應急，事件方告平息，未有蔓延，前後擾攘三天。據聞流失存款與應急貸款相

約，相等總存款三分之一之多，可見形勢險峻。

事件落幕前還有段小插曲，滙豐與渣打聯合公告翻譯本嚴重出錯，需臨時撤回更換，引起猜疑。英文本原文：「……廖創興銀行有限公司事件經已完全受控（under control）」，錯誤翻譯為「廖創興銀行有限公司業務，完全置於滙豐及渣打兩行控制之下」，廖寶珊本來已極為困擾，誤會銀行被接管，受到雙重打擊，腦溢血一病不起，個多月後病逝，終年 61 歲。翌年廖創興改組領導層，顏成坤（中華巴士董事長）接任董事局主席，廖烈文（廖寶珊長子）接任總經理。經此一役，廖創興經營轉向保守審慎，無復當年之勇。

廖創興事件並非偶發，而是有跡可尋。新股上市，每次凍結流動資金數以億元計，例如怡和掛牌超額認購達 56 倍，同業市場積壓 8 億多元（即相等該行存款 8 倍多），拆息急升，可見中小銀行周轉壓力之大。該行經營進取，吸納大小存戶數以萬計，圍內企業在房地產也進取，銀行主事人身份重疊，物業市場風吹草動，存戶風聲鶴唳，並非意料之外。不過政府對銀行資產負債欠缺全面掌握，落後形勢，處處被動。市場蜚短流長成為「駝峰上最後一根稻草」，擠提一發不可收拾。事後雖證實訛傳，也非空穴來風。

其實該行 1960 年底賬目已露端倪，若監管制度緊貼形勢，政府應可及早察覺內裏問題，妥善應對。依據公佈賬目，廖創興的貸存比率是 67%，已屬偏高。實際比率更高，因為所公佈存款數字包括其他

項目（溢利稅撥備、一般貸放撥備及內部儲備等）。假設其他項目佔份 10%，實際貸存比率便高達 75%，並不算穩健。該行股本及儲備是 2,500 多萬元，其中 800 多萬投資行址等物業，佔三分一，即是餘下資本應可承擔呆壞賬率約 22%。不過圍內借貸是隱憂，所以資不抵債風險不低，事後查證屬實而且問題嚴峻。

事件顯示香港金融制度在運作和監管皆欠成熟，股票市場和房地產市場一有騷動，銀行體系便問題叢生（Schenk, 2003）。政府急謀對策，向倫敦借將，調查廖創興擠提事件及檢討銀行監管。英倫銀行專家湯金斯（H.J. Tomkins）臨危受命，但準備充足，在 1962 年 2 月抵埗，4 月已呈交報告。調查報告揭露華資銀行經營陋習甚多，其中圍內及關連貸放更問題叢生，亦是廖創興風潮罪魁禍首。從解密檔案所見，湯金斯曾稟報倫敦，指該行過度集中房地產信貸及投資，兼且公私難分，更點名批評一筆 800 萬元圍內「貸款」予總經理，乃未經正常手續審批[2]，該筆貸款佔總貸款超過 10% 之多。

是次風潮給政府及業界上了寶貴一課，銀行監管應以保障存戶為先，共有三個基本原則如下：一、主事人必須品格操守高尚；二、客戶存款及股東資金投放必須有效分隔；三、圍內關連信貸投資必須有效制衡。《湯金斯報告》指出三大毛病：其一，存款市場僧多粥少，營

2　原檔案來自 Letter from Tomkins (in Hong Kong) to Hassman (in London), 1 March 1962, BE OV14/21，引自 Schenk (2003).

運成本偏高；其二，貸放投資偏重房地產及股票，受到市場周期影響；其三，家族銀行存貸投資，往往公私難分。報告對症下藥，提出大刀闊斧修訂《銀行業條例》，徹底改革銀行制度，加強監管堵塞漏洞。

政府採納報告，但好事多磨，新法例兩年多後於 1964 年 11 月始出爐，全面監管銀行營運。新《銀行業條例》是香港銀行法例之母，既加強監管資本、信貸、管理、儲備、流動資金等，也限制圍內貸放及商業投資。此外，政府更在財政司麾下增設銀行監理專員，賦予廣泛權力執法，加強監察銀行，保障存戶利益，甚至在形勢緊急時接管經營不善、資不抵債者。其後數十載，條例內容經多番修訂，以應付市場發展，與國際準則看齊。

新法例拖延兩年多始頒佈，但墨水未乾竟爆發更大風潮，結果兩家銀行倒閉，一家易手，乃始料不及。箇中關鍵，是香港在 1950 年代人口激增，政府也調整房地產政策，務求地盡其用，促成物業重建，應付住房需求。影響物業發展最深遠者，是 1961 年修訂的《建築物條例》，更改發展參數為「地積比率」，即是以建築物面積對地段之最高倍數，取代以樓宇體積計算舊例，在翌年生效，並給予四年重建寬限期。發展商趕搭 1962 年修例前尾班車，銀行也做順水人情，有的還直接或間接地參與其中。當時正實施租務管制，重建須申請法院頒令，表 5.1 是學者整理法院檔案資料，所推算的「市區租賃樓宇重建申請指數」，並與政策沿革對照。銀行風潮之五年，剛好是申請

重建之高潮，重疊並非巧合，而華資銀行與房地產之關係千絲萬縷，也非空穴來風。其實，隨後倒閉之明德銀號及廣東信託銀行，也在房地產融資或投資泥足深陷。

表 5.1：1953—1966 年市區租賃樓宇重建申請指數（1959—1960 年基數為 100）

年份	指數	大事記
1953-54	3	政府放寬舊樓重建限制。
1954-55	20	
1955-56	38	政府制定新法例規管新建樓宇，主要是放寬住宅樓宇高度限制。
1956-57	52	
1957-58	74	
1958-59	55	
1959-60	100	
1960-61	129	
1961-62	286	發展商趕搭尾班車，在新法例（引進地積比率為發展限制）生效前，申請重建批准。
1962-63	326	
1963-64	131	政府實施重建施工限制。
1964-65	155	
1965-66	16	銀行擠提。

Source：Goodstadt, 2006。

廖創興風波剛落幕，政府善後之際，監管制度青黃不接，存款利率戰爆發，而且曠日持久，前後三年始和解，令形勢更錯綜複雜。新

監管條例姍姍來遲，當謠言再起，風聲鶴唳，存戶但求自保，形勢一旦失控，政府也束手無策。因此，風潮平息後，政府停發新銀行牌照，待社會經濟休養生息，乃後話。

拉開 1961 年存款利率戰帷幔者並非本地銀行，而是發鈔銀行滙豐，出人意表。滙豐旗下的滙豐財務，於 9 月中旬突提高 1 年至 3 年期定期存款年息至七厘，高華資銀行半厘；而滙豐銀行亦同步提高 6 至 12 個月存款年息至六厘半，與華資看齊。其餘兩家發鈔銀行也亦步亦趨，而有利已在 1959 年被滙豐收購，自然同步。

港元利率向由發鈔銀行主導，參考倫敦英鎊同業拆息，釐訂最優惠放款利率及儲蓄存款利率，故兩者同步。由於儲蓄存款可豁免利息稅，所以兩者也變相全港劃一，而定期存款利率亦以發鈔銀行為基準，華資銀行再按本身條件提高利率，形成完整利率架構。滙豐銀行的舉措，明顯偏離不成文規矩，推倒共識，更憑藉分行網絡恃勢凌人。當時全港有 92 家銀行，總分行合計共 166 家，其中滙豐有 16 家，渣打有 6 家，其他銀行最多也是 3 家。中國銀行隨即加息反擊，其他華資同業如永隆銀行、道亨銀行和恆生銀行等，也相繼效尤，個別中小銀行甚至更為勇進。在 1963 年競爭高峰時，有銀行開出年息一分吸納 12 個定期存款，可見戰況何等激烈。

為免競爭失控，外滙銀行公會受命介入，協調外資銀行與華資銀行商討，偃旗息鼓，制定架構，規範存款利率。原則上，雙方同意採

用三級制，即外資銀行及兩級華資銀行，但對各級息率差距，則分歧頗大。外資銀行提出以一厘為限，而華資銀行則堅持不低於厘半，僵持不下。由於分岐爭拗頗大，拉鋸兩年多才於 1964 年 4 月達成協議。最後方案將 86 家銀行分為外地及本地銀行兩大類別，本地銀行按規模再分級為四組（即 A1/A2/B1/B2）。外地銀行共 26 家包括滙豐，本地銀行共 60 家，其中 A1 有 13 家、A2 有 10 家、B1 有 13 家、B2 有 21 家[3]。

協議內容是支票戶不設存息，儲蓄戶劃一存息，12 個月期以內定期存款須遵守管制，以外地銀行存息為基準，其他各組別利率差距為加 0.75 厘（A1）、1.25 厘（A2）、1.5 厘（B1）、1.75 厘（B2）不等。協議自 7 月起實施，所有銀行必須依從，違規者將被暫停同業票據結算及外滙拆放交易。華資銀行談判代表是恆生、東亞、永隆、南洋商業等四家，事後更獲本地同業推舉，代表加入公會利率工作小組（Jao, 1974）。

在雙方拉鋸期間，銀行貸放激增，有學者統計 1961 至 1964 年間增長年率達 27.8% 之高，單是 1961 年已上升 135.7%。貸存款比率從 1960 年 64%，反覆上升至 1964 年 70%（Jao, 1974）。不

---

3   協議在 1965 年 7 月全面修訂，因應本地銀行出讓股權予外地銀行，計有 B1 及 B2 合併為 B 組，原 A1 組者其中 5 家（中國、東亞、恆生、南洋商業、廣東省）分拆為「特組」。其後再重組為 5 組，第 1 組是外地銀行及被外地銀行控制之本地銀行，其餘按規模劃分為第 2 組至第 5 組。

過根據解密檔案統計推算，全港銀行在 1964 年底的實際貸存比率是 67%，本地華資銀行是 73%，中資銀行是 51%，滙豐是 58%，其他外資銀行是 81%（Goodstadt, 2006）[4]。兩套統計基礎不同，推算或有出入，但無可否認，此兩年是銀行重組紀律秩序之空窗期，而物業發展正爭取時間審批項目，趕搭修例寬限期尾班車，華資銀行為客為己，爭奪存款支持融資，種下風潮第三波。

踏入 1965 年，銀行體系再翻起滔天巨浪，觸發點是房地產市場早前回落，物業發展周轉不靈，拖累實力稍次的銀行（馮邦彥，2001）。新條例剛頒佈，監管正處於新舊交替過渡期，銀行體系仍有待返回正軌。年近歲晚，結算交收頻繁，市場流動性大，資金與現金季節性供求緊張。在此關鍵時刻，市場流傳明德銀號周轉不靈，早前發出等值約 700 萬港元美元本票未能兌現。三天後（即在 1 月 26 日），有大存戶持票提款不果，需再作安排，消息不脛而走，大小存戶相繼湧至，票據交換所也即時暫停該號會員資格。翌日，存戶紛紛到行提款，恐慌情緒影響金融穩健、社會安定，形勢可能失控，政府隨即在中午公佈引用《銀行業條例》接管該號（《大公報》，1965 年 1 月 28 日）。

明德創於四十年代，主力經營美元滙兌，戰後重光，東主兼營房

---

4 其中有 11 家外資銀行及 6 家華資銀行貸存比率超越 100%，因為部分貸放以總行或同業資金融通，而在香港記賬，細節不詳。

地產，甚至超越本業。房地產市場在 1964 年底顯著回落，明德被物業發展積壓資金，周轉不靈，支票提現「阻滯」早有前科，惟斯時該號尚能化險為夷，未釀成風波。農曆年關在即，大批存戶如常提取現金，銀行再難藏拙而致命，資金緊絀問題曝光。

農曆年假期後，法院在 2 月 4 日批准政府申請，頒令明德清盤，但押後 40 天執行，讓其先與債權人磋商其他安排。根據破產管理處公開報告，該號負債 2,100 萬元，包括存款 1,200 萬元，資產市值 2,000 萬元，差額表面不大，問題是資產大多是物業，達 1,850 萬元，包括未完工地盤，而市值仍在下跌。政府後來更需墊支 1,000 萬完成物業發展，始能放售套現。

一波剛平，一波又起，市場再傳出廣東信託銀行也受地產市場下滑拖累，存戶連續在 2 月 6 日及 7 日週末擠提。該行在 1931 年成立，初期小本經營規模不大，戰後積極擴張，捕捉經濟轉型，遍設分行吸收存款，成績斐然。在 1965 年初，分行達 25 家，但資本基礎薄弱，實收股本及儲備各 500 萬元而已，僅及新法例最低要求（《文滙報》，1996 年 4 月 30 日）。與明德一樣，也在房地產市場積壓資金，周轉不靈。

不過 2 月 8 日星期一形勢急轉直下，滙豐公開澄清，指之前一日有該行經理級在擠提現場安撫客戶，保證滙豐將全力支持廣東信託，被解讀為無限支持，純屬誤會。政府隨後勒令該行停業，並根據《銀

行業條例》即日接管（《大公報》，1965 年 2 月 9 日）。為免擠提惡
化，蔓延開去，政府再度採取「消滅問題於未萌芽時」的策略，是無
可厚非[5]。然而，這次不單未能收到預期後果，反而引起市民大眾更大
憂慮，觸發更大規模擠提浪潮，因為其他華資銀行也備受物業投資困
擾，財政不穩的謠言四起。

同日廣安、道亨、嘉華、永隆及遠東等華資銀行門外，先後出現
擠提人潮，其他銀行雖不致於擠提，「提款存戶」亦比平日為多（《大
公報》，1965 年 2 月 9 日；《華僑日報》，1965 年 2 月 9 日）。恆生
銀行向來予人穩建形象，同樣遭受擠提困擾，銀行門外出現長長人龍。

> 恆生銀行地下大堂內人滿，不多時，二樓亦滿，人龍排出街
> 外。下午五時，警方命令各人一律許出不許入。該行一直辦公至
> 深夜十時，始將已入內的提款者一一應付完畢。（《大公報》，
> 1965 年 2 月 9 日）

是次華資銀行擠提危機來勢洶洶，政府不敢怠慢，在 2 月 9 日多
管齊下應急。外滙銀行公會決議，不得提取未到期存款。政府頒佈英
鎊為法定貨幣，並即時空運 500 萬英鎊（約 8,000 萬港元）現鈔到

5　倫敦《泰晤士報》（*The Times*）曾評論此政策，指香港港府「銀行監理處長
　　過早接管一家銀行（按：明德銀號），引致連鎖迴響，其實當時是反應過敏」，
　　並指出問題核心在於「被銀行家數過多所困擾」（《工商日報》，1965 年
　　2 月 10 日），此點成為港府日後收緊銀行發牌的主要原因。

港應急。頒佈提款限制，每存戶每天提取現金最多 100 元。財政司聯同滙豐銀行及渣打銀行向傳媒簡報，強調香港銀行體系穩健安全，呼籲市民冷靜，穩定民心。滙豐先後發出聲明，無限量支持恆生、永隆及遠東，而渣打也發表聲明，全力支持廣安及道亨（Jao, 1974; King, 1991; Schenk, 2003）。

翌日，政府再加強管理現鈔流通，規定銀行每天上報庫存現鈔，並須將剩餘現鈔回籠發鈔銀行，減少積壓。首批英鎊現鈔，面值約 2,000 萬港元，也同日空運抵港（《大公報》，1965 年 2 月 11 日），滙豐銀行及渣打銀行也一再公開聲明，給予遭受擠提的銀行大力支持，民心回穩，擠提風潮最終退卻。

事實上，澳門華資銀行亦出現擠提人潮，其中廣東銀行（被誤會與廣東信託銀行有關）及永亨銀行，所受衝擊尤為巨大，可見港澳存戶對華資銀行信心脆弱（《華僑日報》，1965 年 2 月 10 日）。當時形勢是平而不息，乃暴風雨前夕先兆。

年關前後，華資銀行兩度擠提，剛平息才個多月，風雲再起，而焦點竟是恆生銀行。論規模實力，恆生皆傲視同儕，該行 3 月 9 日所公佈的 1964 年業績，顯示資本雄厚及財政穩健，無論吸納存款能力、貸款質素或是盈利能力，以至流動資金等，皆保持平穩水平。況且早前滙豐公開承諾無限量支持，仍然有效（《工商日報》，1965 年 4 月 11 日）。可是，大客銷戶（註銷戶口）謠言仍甚囂塵上。

　　踏入 4 月份，形勢急轉直下，銀行總行及分行門外出現擠提人龍。單是 4 月 5 日一天，恆生就流失 8,000 萬元存款，等於上年底總額六分一。據名譽董事長利國偉（當時任副總經理）退休後回憶：「四月上旬，恆生共失去一半存款」（《大公報》，1996 年 2 月 14 日），營運資金短缺，形勢險峻，令政府進退維谷。早前政府已接管兩家倒閉銀行，若有其他解決方案，政府極不願再接管第三家，何況是恆生。存息協議談判期間，恆生進退有節，同業馬首是瞻，官員刮目相看，若貿然接管，政治損失無可估算。況且利國偉已擔任多項公職，並剛獲授太平紳士名銜，得政府重點栽培[6]。

　　姑勿論觸發恆生銀行擠提之原因，事情已不可收拾，存亡可謂懸於一線。故此政府及恆生別無選擇，只餘滙豐入股一途，也是三方共識。據悉滙豐原提出收購 76% 股權，即是要取得絕對控制權，包括可以修改公司章程及易名，作價 5,100 萬元，等如恆生估值 6,700 萬元（《大公報》，1996 年 2 月 14 日）。上述條件應該超越恆生董事局底線，利國偉臨危受命，與滙豐談判修改條件，幸不辱命。最後在 4 月 9 日午夜達成協議，滙豐以原來作價收購 51% 股權，即是提高估值至一億元，而且一切照舊，恆生全體董事及職員留任，滙豐只

6　租務委員會、彩票管理委員會、民航諮詢委員會、旅遊協會及政府薪俸委員會等。

委派四位新董事，體現控股權[7]。事關重大，得失繫於一念之間，利國偉不應該是孤軍作戰。恆生重量級董事，包括郭贊（法國東方滙理銀行買辦、立法局議員）、關祖堯（律師、行政立法兩局議員）、鄧肇堅（九龍巴士董事長）等，應在幕後出謀獻策。政府也不容有失，財政司郭伯偉（John Cowperthwaite）應全程與雙方緊密聯繫，免得夜長夢多。

最終的拆解方案，三方各得其所，可見政治智慧之高。其一，體現滙豐泱泱大行風範，以大局為重，不會乘人之危。其二，印證恆生經營穩健，只是謠言導致存款流失，周轉不靈。其三，肯定恆生職員專業稱職，穩定軍心，減少員工流失。其四，表明恆生仍獨立營運，行名、政策、方針、文化、作風等不變。其五，顯示銀行業穩健，監管有道，市民切勿再受謠言蠱惑。事故隨時日淡化，人面門庭依舊，客情未變。經一事、長一智，恆生上下更團結更成熟，業務更上一層樓，並且在 1972 年掛牌上市，躋身藍籌股行列[8]。以 2015 年底計算，恆生市值約 3,000 億元，半世紀增值 3,000 倍。

7　達成協議後，恆生修章，增設「常務董事」職銜，由董事會提名，股東大會委任，名額共七個。實際分配為滙豐委派之非執行董事佔四席，執行董事佔三席。董事會會議法定人數是四名常務董事出席。安排巧妙之處，是若滙豐代表缺席，董事會會議便不足法定人數，任何決議皆無效。反之，即使其他董事缺席，滙豐代表亦可合法召開會議。

8　恆生上市有兩個玄機，原股東可市價套現，滙豐也需按市價增持，各無拖欠，政治智慧甚高。滙豐其後增持至 62.5%。

綜合各方資料，恆生在 1964 年底存款約 5 億元，貸款約 4 億元，貸存比率偏高約 80%，但內部儲備（即未公開者）也約 2 億元，足夠沖銷半數貸款呆壞賬，流動比率是 32%（高於法定最低 25%）。令人費解者，既然實力充沛，盈利豐厚，財政又穩健，為何竟再遭擠提？

綜合傳媒報道，當時「曾有人用電話四處散播對銀行不利的消息，〔因此懷疑〕會否是有組織、有計劃的行動」（《工商日報》，1965 年 4 月 11 日）。有傳言銀行高層被警方傳訊，與早前廖創興事件如出一轍，人物是副董事長郭贊。政府新聞處澄清：「所傳的一些惡意謠言，說一間本地銀行的一名有地位高級職員曾被警方傳訊，這是沒有根據的」。聲明中更引述署理警務處長回應：「既沒有這樣一個人被盤問，也沒有任何情況足以說明所傳是確實的」（《大公報》，1965 年 4 月 10 日）。《工商日報》記者更就「副董事長辭職」傳聞，致電郭贊了解情況，得到的回覆是純屬謠言。

恆生擠提起因，可能永遠是個謎，但其終局影響深遠，不單改變其本身前途，更重整市場生態。事過境遷，恆生迅速復原，發展茁壯，奠定香港第二大銀行地位。東亞雖可獨善其身，惟無復當年勇，再難與滙豐分庭抗禮。時機千載難逢，滙豐收歸華資對手於旗下，擴大客源，加強英資主導地位（鄭宏泰，2015）。

擠提風潮雨過天晴，政府汲取教訓，在 1967 年修訂《銀行業條

例》，例如提高實收資本及儲備至各 1,000 萬元，並規定銀行不能從事本業以外生意，除非獲得當局批准等等，皆屬技術性質，以完善監管制度。當然經一事長一智，財金官員再不敢怠慢，執行條例時明顯更為認真嚴格。鑑於銀行良莠不齊又競爭過度，政府亦停發新銀行牌照，重整銀行業，恢復穩健發展，所以能安然渡過同年的社會動盪及英鎊貶值兩個難關。甚至兩年後股票市場全面開放，一片火熱，而且炒風熾烈，銀行體系依然保持高效率，並維持一貫穩健（鄭宏泰、黃紹倫，2006）。

從表 5.2 的簡單數據，可以看到五十至七十年代初，是銀行業發展期。銀行數目趨跌，但分行倍增。在 1954 年底共有持牌銀行 94 家及分行 3 家，即大部分銀行是「單頭門店」。至 1960 年，銀行數目下跌，但分行數目增加至 38 家，翌年更跳升至 101 家。踏入六十年代分行飆升，顯示強者擴張，弱者收縮情況。及至 1964 年銀行風潮前夕，共有 88 家銀行，平均每家銀行開設 2.3 家分行。銀行數目在 1972 年下跌至 74 家，而分行已飆升至 404 家，即是在 11 年間擴展四倍之多。

在營運方面，1965 年也是分水嶺，汰弱留強，發展上軌道。自 1955 至 1964 十年間，存款增長每年平均 20.2%，而同期貸款增長更快，平均年率達 25.1%，主要是房地產及股票貸放。其後五年（即 1965 至 1969 年），存款每年平均增長放緩至 13.8%，貸款平均增

表 5.2：1954—1972 年銀行業發展狀

年份	銀行數目（家）			銀行存款與貸款（百萬元）					
	持牌銀行	分行數目	行所總數	活期	定期	儲蓄	存款總值	貸款總值	投資總值
1954	94	3	97	828	139	101	1,068	510	n.a.
1955	91	3	94	852	152	133	1,137	632	96
1956	86	4	90	928	173	166	1,267	769	98
1957	83	5	88	955	267	190	1,412	865	101
1958	81	8	89	988	351	244	1,583	919	121
1959	82	13	95	1,205	482	369	2,056	1,373	133
1960	86	38	124	1,393	752	537	2,682	1,720	166
1961	85	101	186	1,470	1,234	663	3,367	2,334	232
1962	92	121	213	1,664	1,768	879	4,311	2,849	191
1963	87	144	231	1,997	2,283	1,145	5,425	3,642	187
1964	88	204	292	2,237	2,810	1,521	6,568	4,586	271
1965	86	215	301	2,532	3,099	1,620	7,251	5,038	527
1966	76	242	318	2,681	3,742	1,982	8,405	5,380	537
1967	75	256	331	2,658	3,324	2,180	8,162	5,343	590
1968	75	274	349	3,144	4,432	2,791	10,367	6,038	636
1969	73	289	362	3,714	5,216	3,367	12,297	7,884	669
1970	73	326	399	4,326	6,407	4,222	14,955	9,670	856
1971	73	358	431	5,317	7,395	6,074	18,785	11,836	1,081
1972	74	404	478	8,501	7,807	8,306	24,613	17,726	1,550

資料來源：Jao, 1974:19, 23 & 202。

長率也放緩至 11.9%。隨着遠東交易所開業，打破壟斷，股市開放，三年間（即 1970 至 1972 年）存款每年平均增長達 26.0% 之高，而貸款更平均增長 31.6%。以上數字既反映經濟景氣，社會財富積聚，

生活水平提升和改善，也顯示對銀行服務的需求不斷增加。

六十年代銀行風潮亦是香港銀行發展轉捩點，華資銀行紛紛與外資同業結盟，挽回存戶信心，變相促進行業國際化。二十年後，華資銀行大多已易主或夥拍國際銀行，只有兩家小型家族銀行（大生及大有）獨善其身。

財務存款公司冒起　金融機構三級制度

踏進七十年代，股票市場熾熱，收購合併及企業上市等活動蓬勃，投資或商人銀行把握商機，開拓業務。但香港暫停增發銀行牌照，外資靈活變通成立財務公司經營，避過銀行業條例規限。當年三大公司幾乎壟斷市場，包括怡和與英商富林明（Robert Fleming）合組怡富（Jardine Fleming），嘉道理家族與英商施羅德（Schroder）合組寶源投資（Schroder Asia），及滙豐轄下之獲多利（Wardley），該公司更與英商唯高達（Vickers de Costa）合作，拓展香港及亞洲業務。

投資銀行並非正規持牌銀行，按理不得收受大眾存款，但商人頭腦靈活，鑽條例空隙，發行不記名「存款證」籌集營運資金，變相收受定活兩邊大額存款，而且繞過銀行存息協議規限。本地持牌「放債人」見獵心喜，也依樣葫蘆，爭相效尤，高息吸取小額定期存款，變相經營銀行業務。銀行不敢怠慢，也開設存款公司抗衡。「財務公司」

泛濫，激烈競爭，政府連忙在 1976 年頒佈《接受存款公司條例》，將其納入規管，保障存戶。當年共有 74 家銀行及 685 家分行，但也有 179 家大小財務公司。

《接受存款公司條例》類似 1948 年《銀行業條例》，規管發牌而非營運。條例簡單，規定必須向銀行監理專員註冊，限制只可收受 5 萬元以上定期存款等。財務公司方興未艾，良莠不齊，政府提防歷史重演，在 1980 年修訂條例監管，參照銀行法，制定「流動資產比率」準則，短期負債（一個月以內）是 30%，而長期負債（一年以內）是 15%。至 1981 年，註冊財務公司已有 350 家之多，佔銀行體系總資產達 35%，總存款 36%，威脅銀行利率協議成效，動搖金融體制。

政府在 1981 年制定金融機構三級制，即持牌銀行（Licensed Banks）、持牌接受存款公司（Licensed Deposit-taking Companies，後改稱為有限制持牌銀行，Restricted Licensed Banks）及註冊接受存款公司（Registered Deposit-taking Companies），確立各級機構市場定位，以便有效監管。持牌銀行收受存款不受限制，但須遵守利率協議規定；有限制持牌銀行只可收受定期存款不少於 50 萬元，但不受利率協議規限；註冊存款公司只可收受定期存款不少於 5 萬元，亦不受利率協議規限。此外，新成立的註冊存款公司，必須是認許銀行的附屬機構。至 1986 年，財務公司已式微，佔總存款比重下跌至不足 13%，佔總資產比重也跌至 21%。

時移世易，英鎊浮動，港元改掛鈎美元，自 1939 年 9 月起實施的英鎊外滙管制，已名存實亡。香港在 1973 年撤銷管制後，再無授權外滙銀行或非外滙銀行之分，所有中外大小持牌銀行地位平等。為配合改變，政府在 1981 年通過立法改組外滙銀行公會為香港銀行公會，加強自律，通過協商化解矛盾。公會更順理成章接管利率協議，等同賦予其法定地位。其實，金融機構三級制、利率協議、銀行公會，乃相輔相成，是浮動滙率制度下，政府調控港元利率滙率之有效槓桿。

不過八十年代，多家中小銀行卻先後倒閉，皆因財政不穩而觸發擠提風潮，衝擊金融體系。此等事件有幾個共通點，其一，大多涉及南洋資本。其二，大多涉及違規關連圍內借貸。其三，不少涉嫌欺詐及逃避規管。風潮源自 1982 年 9 月金舖老店謝利源倒閉，國際黃金價在 8 月急升至 1,500 美元，該號「千足黃金積存計劃」客戶套現者眾，資不抵債而結業。積存計劃是變相儲蓄存款，俗稱「存摺金」，但不受監管。

當時，市場盛傳謝利源與恆隆銀行密切，客戶往該行兌現存摺金不果，衍生恆隆周轉不靈傳聞，爆發擠提，擾攘兩日後始平息，但餘波未了。年底 11 月，上市大來財務倒閉，再拖累恆隆，皆因兩家集團有董事重疊，其中莊榮坤及李海光是恆隆主事人。恆隆創業於 1935 年，經營滙兌找換，戰後轉型商業銀行，在 1976 年被菲律

賓統一機構莊清泉收購。至八十年代已具規模，分行達 28 家，但在七十年代房地產高潮時融資進取，而泥足深陷。

不過，大來財務事件引爆財務公司風潮，在短短幾個月內先後倒閉者，包括香港存款保證、德捷、威豪、美國巴拿馬、行通等，轉移市場焦點。直至黑色星期六（1983 年 9 月 24 日），港元面臨崩盤，恆隆傳聞再起。週一復市後，該行隔夜票據交換短欠 5,000 萬元，面臨倒閉。有見時刻敏感，政府果斷由外滙基金注資接管銀行，保障存戶穩定局面。其後真相大白，謠言並非空穴來風，該行圍內借貸高達 2 億 7 千萬元，而抵押品不足，倒閉導火線是大來財務 8 億元壞賬曝光，結算銀行拒援手通融。是回風潮還有段插曲，是當年 10 月份新鴻基銀行重組易手，中東阿拉伯銀行集團入股，股市大亨馮景禧之「金融大亨」美夢未竟全功。

兩年後，1985 年 5 月海外信託銀行及附屬香港工商銀行倒閉，政府注資接管。該行原是第三大銀行集團，創辦人張明添身故後，子承父業，卻一念之差，協助稔熟客戶以支票輪拖延過期借貸，結果泥足深陷，資不抵債，而且牽涉刑事欺詐。兩年內兩家規模不小的銀行先後倒閉，事不尋常，政府急謀對策。英倫銀行專家法蘭德（Richard Farrant）在 1984 年 9 月應聘到港，一來檢討已實施二十年的銀行法例，二來調查銀行擠提倒閉問題，改進監管成效。

環球監管統籌機構、國際貨幣基金會（International Monetary

Fund）轄下之巴塞爾委員會（Basel Committee on Banking Supervision），推出「風險本位資本充足準則」（Risk Based Capital Accord）[9]。其實香港銀行業條例已規定實收股本及儲備，但不與資產掛鈎，而負債與資產是相對，因此法例並未限制銀行「槓桿」倍數，即吸收存款（負債）能力。有鑑於財務公司倒閉潮，並且累及銀行，政府擬修訂規定與國際標準看齊，法蘭德報告提出具體建議，包括推出資本充足比率，令監管制度日臻完善。

政府以報告為本重整法規，在 1986 年 5 月頒佈綜合《銀行業條例》，整合原有兩條舊例，設有一年過渡期。不過在新例頒佈前後，中小型銀行相繼出事。計有 1985 年 12 月嘉華銀行易手，1986 年 3 月和 5 月友聯銀行和永安銀行易手，以及 9 月的康年銀行易手等，顯示當時銀行業流弊陋習不少（馮邦彥，2002：212-224）。在此等事件中，政府改弦易轍，安排大型銀行接管或財團注資，以商業原則辦事，並由外滙基金擔保最終未能追收的壞賬。其實房地產市場在這段時期還多番大起大落，不過各項問題或風潮基本上能夠順利解決，沒有如六十年代般蔓延開去，顯示當年湯金斯所定下的銀行監管制度縝密，功力不容小覷。

當然，從香港銀行制度內部看，經歷了八十年代的進一步考驗和

---

9 巴塞爾準則是資本對風險加權資產比率不低於 8%，其中最少 4% 是核心資本（實收股本及盈餘滾存），其餘是資產重估賬面增值。

改善，雖已更為現代化和完備，但仍不能保證任何環節運作均暢通無阻。最明顯例子是 1991 年爆發國際商業信貸銀行危機，政府進退失據，未能貫徹與環球監管機關同步，及時勒令其香港行所停業，釀成政治風波，令不少存戶無辜蒙受損失。可見就算制度健全，沒有具政治智慧和有手腕的官員執行，仍是枉然（馮邦彥，2002：227-232）。事件更觸發存款保險得失之爭，擾攘多年，此乃後話。

委任金融管理專員　貨幣銀行順利過渡

香港早在 1935 年已是有實無名的獨立貨幣區，但礙於客觀條件不能設立金融管理機關，中央銀行功能原來由外滙基金與發鈔銀行分擔，歸財政司統領。香港國際金融地位日見吃重，因應主權回歸在即，政府於 1993 年 4 月改組財政金融系統，委任金融管理專員（Monetary Authority）向財政司負責，統領外滙基金及銀行監理，維持獨立金融貨幣政策，發鈔銀行也完成相關歷史任務，功成身退。翌年中國銀行香港分行獲授發鈔權，與滙豐及渣打平分春色，義意重大。回歸後政府在 2002 年改組架構，設立主要管員問責制，司局級官員轉變為政治任命，財政司司長與金融專員訂立備忘錄，確定分工安排，維持專員公信力，消除外間疑慮。

金融管理專員辦公室對外稱為金融管理局，人事編制脫離公務員

系統，其本人使用總裁職銜，儼如「機關」運作，增強公信力，無可厚非。或許官僚積習難返，加上國際商業信貸銀行事件的夢魘揮之不去，銀行監理只知按本子辦事，處事刻板繁瑣，甚至有矯枉過正之虞，而業界自律也淪為紙上談兵。此消彼長，銀行公會地位明顯大不如前，業務拓展及操守向來是公會主導，近年監管機關反客為主，往往越俎代庖，令銀行業發展步步為營，無復往昔創新精神及幹勁之勇，更失去往昔因時制宜高招奇着之妙。

　　金融管理局最為業界詬病者，是對國際監管新猷趨之若鶩，總要跑得最前，往往忽略本地銀行業規模參差，資源多寡不一，勉強先行而欲速不達。其次，熱衷創新科技，往往高估需求，忽視實際成本效益，令銀行疲於奔命，師老無功。其三，惶恐落後於政治，動輒發出營運指引配合施政，影響市場效率，往往弄巧反拙。例如：千禧伊始分期撤銷利率協議無可厚非，但活期及儲蓄存款已是基本銀行服務，日常生活不可或缺，銀行以大局為重，有共識自律不以價格競爭，對市民大眾有利無弊，何必也一刀切取消，兩敗俱傷？況且最優惠貸款利率向與儲蓄息率掛鈎，強行撤銷協議，弄出息差長年高達五厘（500點子），而置業按揭竟以最優惠利率扣減計息反常現象，擾亂正常結構，令市民百上加斤又無奈，所謂反壟斷促競爭，官樣文章而已。

＊　　　　＊　　　　＊

結語

　　無論個人成長，組織成長，制度成長，乃至社會成長，總是有其內在邏輯與規律，但過程難免因為環境變遷而衍生各種問題，甚至觸發不同危機，若果未能臨危不亂，妥善處理應對，則問題很容易因惡化而失控，產生不良效果，帶來苦難，窒礙自身成長和發展，更影響其他層面或環節。香港銀行業走過之發展道路，恰好印證制度成長過程迂迴曲折，亦說明制度不斷完善，對於建立國際金融中心之重要性。

　　長久以來，香港政府高舉自由市場旗幟，堅持「積極不干預」政策，總是被部分人片面地理解為「黃老無為」，其實是「自由而不放任」的管治哲學。回顧個多世紀銀行業發展歷史，政府干預痕跡累累，尤其是當市場失效，並牽涉重大公眾利益、影響社會穩定時，干預市場運作舉措，更可謂比比皆是。換言之，所謂「積極不干預」政策，其實並非不干預，而是有虛有實，因勢利導。在一般情況下，政府會讓市場自由發揮功能，若市場失衡失效，左右政治或社會發展時，則應當機立斷，迅速出手糾正，但出手前必反覆思量，不打無把握的仗。背後的指導原則，或者簡單來說就是實用主義，堂皇點說則是「為爭取社會最大實質利益」。

　　邁入千禧新紀元，在全球化浪潮與中國國力日強等多重因素影響下，香港銀行業亦發生多重微妙變化：其一，原來是中流砥柱之華資中小型銀行面目全非，較普遍是賣盤易手，在全新發展格局下已名存實亡。其二，撤消利率協議，從此港元存款利率不再設限，令市場競爭出現實質轉變，卻為另一場更大風暴種下禍因。其三，中國大型國有銀行和金融機構陸續進駐香港，改變香港金融業結構生態與發展方向。中國的綜合國力正提升，提出一帶一路發展戰略，香港銀行金融服務與環球體制接軌，必然是未來各方必爭之地。

1973

泡沫爆破釀股災

屋漏兼逢連夜雨

引言

　　常言道:「爬得高、跌得重」。在股票市場,最深入民心及街知巷聞的現象就是盛衰循環(boom and bust cycle)。簡言之,市場有起有落,不會長盛不衰,亦不會一跌不起,而是盛極必衰,敗久必興,交替循環不息。嚴格來說,這是「套套邏輯」(tautology)而已,雖然聽起來甚響亮,幾乎放諸四海皆準,卻沒什麼科學理論解釋可言。當然泡沫爆破觸發股災事件,無論香港或國際金融史上,皆屢見不鮮,而對社會衝擊,往往因情況而異。若投資者只集中於少數人(例如上流官紳或富商巨賈),股票市場上落甚至出現股災,對社會衝擊並不太大。若投資牽涉升斗市民,導致重大財富轉移或造成普羅大眾損失重大,影響民生,必然牽動輿論民情,動搖社會安定基石,為政者不能不察,坐視不理。

　　經濟發展難免有起有落,興衰相伴是市場規律,萬世不易,難以抗逆,但支撐經濟發展與社會前進的是制度。制度必須健全穩定,並逐步完善不斷更新,始能跟上時代步伐,配合社會發展。香港由小漁村蛻變成國際金融中心,其中備受推崇而且不容置疑之特色,是在風濤駭浪中,總能堅持建設與完善制度。至於政府及社會各方能求同存異(即使可能

影響某方利益也在所不計），全力查缺補漏，其實不是有什麼先見之明或過人能力，而是面對危機時之求生避險本能，思考怎樣才能令社會走出困境。金融市場危機，莫過於泡沫爆破，令人聞之心寒，尤其是俗語所謂的「股災」，本文承接第三章，探討戰後應對「股災」的經歷，而 1973 年的股災是股票市場的轉振點。從失敗中汲取教訓，從挫折中進步成長，即使日後市場風更高浪更急，皆能應付有餘。

＊　　　　＊　　　　＊

戰後經濟復原　股市重建重生

上世紀三四十年代的香港股票市場，與社會同樣經歷巨大起伏，前所未見，亦史無前例，而最大劫難，則是抗戰與淪陷，無數生靈塗炭，民生凋弊。正如前章分析，1929 年美國世紀股災，衝擊全球金融和經濟，殃及千里之外之香港，轉口經濟停滯，進出口貿易持續下滑。惟股票市場未全面反映經貿疲弱，令人大感意外，原因是「九一八」事件。日本在 1931 年 9 月 18 日借故侵佔中國東北，東三省迅即淪陷，導致內地資金流入香港，而股票市場也成為避難資金的臨時收容所，帶動投資氣氛突然變得熾熱（鄭宏泰、黃紹倫，

2006）。

　　1937 年 7 月 7 日（盧溝橋事件）抗日戰爭爆發後，中國多處省市先後淪陷日軍鐵蹄，生靈塗炭，內地經濟生產近乎全面停頓；香港因偏南一隅而且是英國管治，無論經濟或金融市場仍保持活力。在避險資金湧至下，股市呈現一片火熱，一如三十年代初的情景。苟安局面一直維持到 1941 年底，形勢逆轉，市場預料日軍即將侵佔香港，而英軍也積極備戰，徵召英國僑民入伍，加入後備兵團，包括不少原股票從業員在內，股票市場因而被逼停止交易，算是在熾熱中降溫。日軍隨後全面侵入，香港迅即淪陷，然後是三年零八個月的艱苦歲月，股市及金融全面停頓。

　　日軍最終在 1945 年 8 月 15 日投降，香港重光，但股市金融未能立即恢復正常，因為英國海軍少將夏慤受降接管後，實行軍事管治，並頒佈《延期付款法令》，令資金流動和股票市場仍然受到多重制約，不能自由買賣交易。直至軍事管治結束，權力交回民事政府後，交易所才復業。初時交投極為疏落，箇中原因是需花費大量時間核查股權誰屬，所以股票交收結算成本大增，令買賣嚴重萎縮。

　　因應市場現實，政府乃鼓勵兩家交易所合併，藉以減少人手和編制，進而節省成本與開支，讓經紀有足夠生意支撐下去。在經過深入討論和籌備，完成各項法律手續與程序後，香港證券交易所與香港證券經紀協會於 1947 年 3 月正式合併，組成香港證券交易所有限公司

（日後俗稱「香港會」），在股票市場整固和發展上邁出重要一步，傳奇經紀裘槎（N.V.A. Croucher）戰前地位顯赫，獲推舉為主席。

交易所合併不久，中國爆發內戰，烽煙再起，內地資金又再湧到香港，三十年代現象歷史重演，令股票市場起死回生，交投活躍。至於中國政局急速轉變，則出乎意料之外，尤其是國民黨兵敗如山倒，共產黨連番大捷，並迅速控制大局，不但加速資金湧港避險，資本家也擔憂一旦政權更換將會影響自身安危，加入逃避戰難行列，而且原來經港運入內地之工業生產設備亦大多滯留待運[1]。股票市場與黃金市場皆變得活躍，但富貴險中求，「金魚缸」（交易所）仍是投機冒險家的「遊樂場」，普羅市民絕少參與買賣（馮邦彥，2001）。

及至 1949 年戰況急轉直下，共產黨統一全國，建立政權，國民黨偏安台灣，隔岸對峙，是改朝換代，歷史性轉變。新中國成立不久，又於 1950 年捲入朝鮮半島統一戰爭，遭到聯合國實施貿易禁運。共產主義陣營與資本主義陣營早已深陷冷戰，朝鮮半島兵戎相見，令東西方對峙格局火上加油，香港經濟和社會發生巨大變化，轉

1　當年還有一宗滯留官司轟動滬港兩地，正好是時局寫照。民國前總理唐紹儀在滬遇刺辭世，靈柩經港運回家鄉唐家灣安葬，但行程受阻於戰局。合法妻室吳維翹並非原配，改變主意，決定在港入土為安，以免夜長夢多；遭嫡長子入稟禁制，對簿公堂。官司牽涉名份爭拗，是依傳統大清律例，以長子嫡孫地位最高，或是依大英婚姻法例，以合法妻室地位最高，有決定權。香港法院判決嫡長子敗訴，因為唐吳婚姻是在上海租界按英國法律舉行，大清律例不再適用。

口貿易戛然而止,後無退路,卻有充足的資本、生產設備、勞動力、企業家精神及國際商貿網絡。在多重利好條件支持下,香港自力更生,走上工業化道路,經濟結構基礎轉變,躋身亞洲新興四小龍之列,傲視同儕(Chen, 1977)。

四十年代末至五十年代初,股票市場轉趨活躍,但並非推動工業化之資本來源。香港走上工業化道路,創業資本其實源自滯港商人家族積蓄(尤其上海商人)及銀行信貸,而非從股票市場集資,但當企業及民眾在工業起飛、經濟發展過程中積累財富後,很多時又會投放閒資到股票市場生利,謀求較好回報,因而令股票市場累積發展力量和本錢。

自五十年代中開始,股票市場欣欣向榮,大中小企業連年發展,滾存盈利,而市民大眾日以繼夜辛勤勞動,積穀防饑,此等資金皆謀求投資出路,保本增值。相對傳統銀行存款利息,股票市場回報更有吸引力,可是股票買賣尚未普及,交易手續及制度固步自封,繁複而不便民(例如:交易所使用英文買賣,經紀代理大多是洋人等),不少投資者只能望門輕嘆。無論是企業上市集資手續,或是股票交易制度等,「香港會」在各方面皆未能跟上時代步伐,加上其壟斷地位,顯得不思進取。

其實整個五十年代,除工業起飛、社會安定值得留意外,人口及資金持續湧入也不容忽略,不但給社會帶來機會與挑戰,股票市

場亦獲得強大動力。舉例說明，官方統計 1951 年香港總人口為 2,001,300 人，而 1961 年已急增至 3,129,600 人（鄭宏泰、黃紹倫，2004），即十年間增加 56.4%，速度驚人。在資金方面，海外華僑本來打算滙寄回鄉，卻因內地局勢轉變而滯留香港的款項，數目也很可觀，單以 1956/57 年度估算，便高達 7 億元，當中 5 億元來自美洲、1.5 億元來自東亞南，餘 0.5 億元來自其他地方（Wong, 1958: 10）。對比 1956 年香港貿易總額 77.76 億元（Census and Statistics Department, 1969），滙款總計約等於一成，數目可觀，若再計入地下資金，比率相信更令人吃驚。換言之，在整個五十年代，香港有如巨大磁力場，吸納大批人口和資金，令社會日漸變得「財雄勢大」。

眾所周知，資金本質是流動性高，既靈活又有智慧，其着眼點是尋利與避險。銀行存款利息欠吸引，股票市場又尚待開放，部分資金便流入物業市場，以置業收租或物業發展為投資出路，帶動樓價租金節節上揚；而人口不斷湧入，則支撐樓價和租金持續攀升（馮邦彥，2001）。房地產投資龐大，而且周轉欠靈活也缺乏彈性，非小投資者能夠染指，所以投資壓力或焦點還是落到股票市場。

除卻民間大量積存資金，有待投放外，不少華資企業已經壯大，正尋求更上一層樓，也尋求籌集更多資金，支持拓展更大更長期的發展項目。若果仍然依賴銀行借貸，不但成本較高、制肘較大，亦缺乏

彈性，所以上市集資是最佳選擇。可惜股票市場固步自封，不單股票買賣手續繁複，交易費用高昂，連企業上市門檻也高，變成障礙。而且「香港會」尤其偏好洋行外商，故此華資企業擬上市集資拓展業務，途徑往往是可望而不可卻（鄭宏泰、黃紹倫，2006）。

換言之，戰後經濟經過十多年持續發展，到了五十年代末，社會財富積聚日多，資金供應一方（民眾儲蓄、企業盈利滾存和各方資金湧入）尋求投資出路；而資金需求一方（主要是大中型企業希望獲得更雄厚資金，以拓展市場或升級產業）則嗷嗷待哺，期望上市集資。不過，連繫資金供應與需求雙方的最重要渠道或平台 —— 股票市場，則營運與制度皆跟不上時代步伐，未能有效發揮應有功能，促使觸角敏銳的企業家，深入思考如何打破市場壟斷，藉以釋放巨大市場潛能，最終導致本地商業精英在六十年代末另起爐灶，組織新股票交易所，打破壟斷，市場走向開放局面。

六七十年代轉捩點　股市壟斷被打破

五十年代踏上工業化道路後，經濟不斷發展，社會累積巨額財富，閒資尋求出路，而股票市場是最便捷管道，造就五十年代末至六十年代初，股票市場一片旺盛火熱，上市企業股價大幅飆升，惟是次股市熱潮為時短暫，隨着廖創興銀行財政不穩傳聞四起，觸發銀行

擠提而急速降溫，反映整體金融制度未臻成熟，存在不少漏洞（詳見第五章）。當時股市仍有待開放普及，甚少普羅市民參與其中，所以股價下瀉並沒對社會大眾帶來什麼嚴重後遺症。

不過實體經濟仍充滿發展動力，銀行擠提風潮逐漸淡化後，股票市場交投又轉趨活躍，不單股價重拾升軌，多家實力深厚的企業（包括怡和洋行、九龍巴士等）亦相繼上市，但暢旺局面只維持了兩年多，便遇上地產市道逆轉而突然回落，又再觸動銀行風潮，令不少投資者周轉不靈，出現財政困難，市道一蹶不振。銀行風潮在 1965 年初爆發，不但蔓延迅速，捲入擠提漩渦者亦數目眾多，牽連既深且廣。即使形象向來保守穩健，而且實力規模較大之恆生銀行，亦不能倖免，更成為被擠提的「重災區」。形勢比人強，恆生為顧全大局，逼於無奈出讓控制性股權予滙豐銀行，才能穩定局面，事件始平息（詳見第五章）。至於股票市場則在銀行體系爆發危機牽引下再次降溫，大多數股票價格掉頭回落（鄭宏泰、黃紹倫，2006）。

銀行擠提雨過天晴，但投資信心打擊沉重，非一時三刻能迅速恢復。經濟發展動力未減，金融體系元氣又確實較預期復原得快，應有利於投資市場恢復活力。可是股票市場正復甦之際，又接連發生社會動亂，先後在 1966 年及 1967 年發生抗議天星小輪加價及工潮蔓延變質事件，衝擊社會治安和秩序，嚇怕投資者，令股價不斷尋底。風暴過後，股市在 1968 年才出現大幅度反彈，其後「香港會」獨大壟

斷狀態更最終被打破（鄭宏泰、黃紹倫，2006）。

　　換言之，香港踏上工業化道路後，百業急需龐大資金支援發展，普羅大眾與中小企業又受惠經濟向榮，積聚閒資，急需尋找出路。企業家目光銳利且精於變通，早已洞悉商機，謀求打破「香港會」壟斷局面，撮合供與求。若非六十年代初，接連發生銀行擠提和社會動亂，肯定早就坐言起行，釋放市場巨大潛能，攫取厚報。事實亦清楚證明，以李福兆（會計師，股商李冠春幼子）為首之青年商業精英，經過一番努力和籌備後，在 1969 年底另起爐灶，創立遠東交易所（俗稱「遠東會」），打破「香港會」近二十年壟斷，寫下香港股票市場發展歷史新篇章。

　　一如所料，自打破「香港會」一家獨大局面，消除資金供求障礙後，股票市場迅速蓬勃發展。當然，現實與理論確有差距，但宏觀走勢則基本一致，因為壟斷局面被打破之初，市場仍頗為冷清清，其後在觸角敏銳的投資者推動改革下，始變得熱烘烘。「遠東會」銳意開拓普羅大眾市場，推出連串創新措施打破傳統。例如：華人經紀倍增，上市及股票交易不再局限使用英文；接納女性經紀會員，打破男性獨尊之不成文限制；加強發放股市消息，充分利用電台及印刷媒體報道，不再倚賴公司公佈或經紀口耳相傳；接納多類型企業及多元化資本或背景者上市，不再限於英資或大型企業等等，始令股票市場出現新動力，脫胎換骨。

　　股市開放競爭後，大大減低企業上市集資的成本時間和精力，簡化股票買賣，投資者稱便，令投資普及大眾化，既可讓中大型企業善用股市集資融資功能，又可引導市民大眾將積蓄閒資投放資金市場。上市企業需要接受公眾小股東監察，承擔社會責任，股東投資者則要與企業共命運，分享企業發展帶來的收益，也承擔經營風險。簡言之，股票市場開放競爭，連結社會上資金供應及需求，雙方各得其所，兩全其美（鄭宏泰、黃紹倫，2006）。

　　「遠東會」創舉取得突破，啟發其他有識之士跟風效尤。對金融市場同樣有興趣而且有資金人脈和社會網絡者，也謀劃另起爐灶，相繼籌組新交易所。不旋踵即有胡漢輝（利興金舖東家、金銀貿易場理事長）等人，牽頭成立金銀證券交易所（俗稱「金銀會」，開業於 1971 年）；以及陳普芬（會計師、市政局議員）等人，牽頭成立九龍證券交易所（俗稱「九龍會」，開業於 1972 年），令香港這彈丸之地再度出現交易所多頭現象，彼此間競爭激烈。檔案資料顯示，當時仍有多個集團正籌組交易所。惟恐情況失控，影響市場秩序及穩定，政府連忙在 1973 年初頒佈法例，管制成立新交易所，煞停浪潮（鄭宏泰、黃紹倫，2006）。

　　儘管浪潮被煞停，但股票市場熾熱，「全城皆股民」及「三句不離股經」的現象則未見降溫，政府亦顯得無能為力。至於帶動這股熱潮之主要動力有二，其一，打破市場壟斷後，資金有如水塘大閘打開，

急速流溢；其二，新交易所競爭激烈，各出奇謀推廣企業上市和買賣交投等等。當時確實有不少投資者從中獲利，而某些市場舉動，例如香港置地公司鯨吞香港牛奶冰廠，和香港天線公司炒作室內電視接收器等，便轟動全城，令不少投資者如痴如醉，渴望從股市上落中謀取大利，情緒亢奮（馮邦彥，1999）。

　　股票市場開放後急速發展，交易大幅飆升，其後誘發前所未見的股災，最佳指標莫如恆生指數及成交額。恆生指數由恆生銀行編製，採用市值加權法計算，量度股市整體上落，以 1964 年 7 月 31 日為基點，基日指數是 100 點。表 6.1 是兩項指標在 1964 至 1972 年間之變化。恆生指數在 1964 年底報 101.45 點，不過 1965 年發生銀行擠提，然後是 1966 及 1967 年連續兩個社會動盪，對投資市場造成直接打擊。指數顯著下跌，至 1967 年底報 66.92 點（全年平均數為 69.18 點）。動盪過後，市勢轉向，指數在 1968 年迅速反彈，年底回升至 107.55 點。而翌年「遠東會」開業，打破「香港會」壟斷格局後，指數拾級而上，出現更大幅增長，年底報 155.47 點，而全年平均為 129.74 點。[2]

　　接着在 1970、1971 及 1972 年，恆生指數明顯上升，表現突

2　恆生指數是在 1969 年底始對外公報，原來是以香港證券交易所收市報價計算，其後在八十年代四會未合併前，改以香港、遠東、金銀等三家報價之「中位」計算。

出。在 1970 年，恆生指數全年平均報 187.25 點，而最高及最低點分別是 211.91 及 154.75 點。在 1971 年，恆生指數全年平均報281.81 點，最高及最低點分別是 406.32 及 201.07 點。在 1972年，恆生指數升勢更為凌厲，全年平均報 489.18 點，最高及最低分別是 843.40 及 323.95 點。比較股票市場開放前後，從 1968 年至1972 年前後五年間，以每年平均計，恆生指數累積上升接近 5 倍之多，升幅巨大。

表 6.1：1964—1972 年恆生指數變動與總成交量摘要

年份	恆生指數 (31/7/1964=100)				股票成交
	平均數 *	最高	最低	年底	總量（億元）
1964	100.21	101.45	98.38	101.45	7.48
1965	86.57	103.53	77.95	82.14	3.89
1966	82.17	85.81	79.10	79.69	3.50
1967	69.18	79.83	58.61	66.92	2.98
1968	80.74	107.55	63.12	107.55	9.44
1969	129.74	160.05	112.53	155.47	25.46
1970	187.25	211.91	154.75	211.64	59.89
1971	281.81	406.32	201.07	341.36	147.93
1972	489.18	843.40	323.95	843.40	437.58

資料來源：恆生銀行，證券交易所。

恆生指數於 1969 年 11 月 24 日起每日公佈以前，是月底收市數字。

＊平均數以每月月底數值計算

在成交方面，1964 年達 7.48 億元，其後遭受銀行風潮與社會

動盪等問題影響，成交不斷萎縮至 1967 年 2.98 億元。事過境遷，社會恢復秩序後，成交在 1968 年反彈至 9.44 億元，並在接着三年，連年強勁上升，1969 年達 25.46 億元，1970 年達 59.89 億元，1971 年達 147.93 億元，而 1972 年更高達 437.58 億元。若以 1967 年的低位起計算，到了 1972 年時，全年成交升幅已達 146 倍。無論是從那一指標看，股票市場開放前後，可謂脫胎換骨，其急速發展步伐不言而喻。

股災爆發石油危機　經濟低迷內外交煎

俗語說：「花無百日紅」，盛衰循環是經濟規律，萬世不移。香港股票市場自 1969 年底走向開放後，三年間發展急速，觸角敏銳的投資者深知股市久盛必衰，不會長升不跌，亦察覺市況變得盲目跟風，乃選擇割禾離場。惟普羅股民顯然欠缺危機意識，有人仍沉醉於掘金致富美夢，「炒」個不亦樂乎。久升必跌，當股民回復理性，市場已一瀉不起，幾乎人人皆輸。

1973 年的股災對老一代投資者教訓深刻。事過境遷，很多人歸咎「過江龍」興風作浪，引君入甕後飽食遠颺，雖然無實質證據支持，大家都覺得言之成理，不再考究。其實，股災過程不外是典型新興市場泡沫爆破三部曲。內地股市在 2015 年第三季下瀉超過 40%，與外

資扯不上關係，便是最佳證明；不過政府入市干預弄巧反拙，阻礙市場調整復甦，此乃題外話。

印證新興股市崩瀉三個階段，1973 年股災過程如出一轍。股市一片火熱，幾乎全城皆股民，盲目看好而投身股市者多，清醒看淡離場者少，授信借貸寬鬆，槓桿融資失控，嚴重超買。若利淡消息不絕，取用槓桿融資者又未能及時填補短欠按金，被拋售平盤，市場便陷入流動萎縮螺旋。在各方銀主競相拋售下，市場流動被消耗殆盡，一蹶不振。

1972 年至 1974 年股市飆升暴跌的核心因素，可從陸觀豪與楊民僑早年利用銀行金融數據編製的走勢圖，窺探端倪（圖 6.1）。統計分析顯示，其間股市指數走勢與貨幣供應 M2 增減，無顯著關係（r=-0.2299）；但與成交對 M2 比率，有顯著關係（r=0.7533），可見股市走勢，與入市資金有莫大關係。若將 M2 組成元素再分析，股市指數走勢與銀行海外淨資產增減（外資淨流入流出）[3]，無顯著關係（r=-0.3629）；但與本地信貸增減，有顯著關係（r=0.9176）。從上述分析，其內股市原動力，應是信貸，而非游資「熱錢」（Luk and Young, 1981）。

3　當年銀行統計項目較簡單，未能推算「資金淨流入流出」成分，並區分銀行業務部分及貨幣金融兩部分。若能區分，用後者作分析，結果將更精準。不過，引用貿易統計可推算資本賬部分。

圖 6.1：1972—1974 年恆生指數起落與信貸及資金流通的互動關係

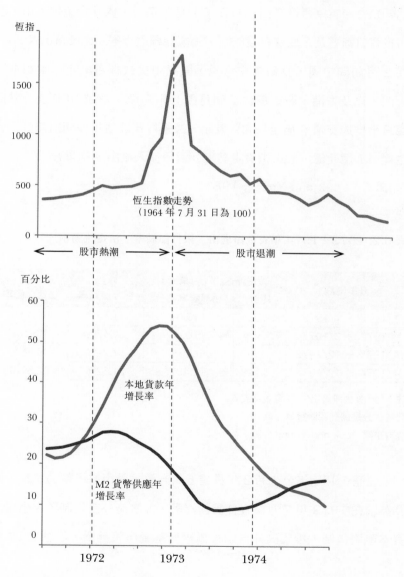

恆指

1500

1000

500

0

恆生指數走勢
（1964 年 7 月 31 日為 100）

← 股市熱潮 →← 股市退潮 →

百分比

60

50

40

30

20

10

0

本地貨款年
增長率

M2 貨幣供應年
增長率

1972   1973   1974

資料來源：Luk and Young, 1981: 33。

　　股災前後可劃分為兩段升市及兩段跌市，以分析資金來去之效應（表 6.2）。首階段升市由 1972 年 1 月至 7 月，內外資金齊入市，股市投資日漸普及，成交日益暢旺。美國總統尼克遜（Richard Nixon）在 2 月訪問中國，打破外交常規，開拓中美政經新紀元。中國重開大門，惠及香港，股市指數 7 個月內上升 50%，超越 500 點，其間每日平均成交增 6 倍至 2.69 億元。據銀行統計估算，期內淨流入資金達 11 億元億，股市指數走勢與外資淨流入流出，有顯著關係（r=-0.9335）（Luk and Young, 1981）。

表 6.2: 1972—1974 年資金淨進出、銀行儲備率、法定流動率

升跌階段	資金淨進出（百萬元）		平均銀行儲備率	平均法定流動率
	總計	估算資本佔分		
1/1972 — 7/1972	+1.598	+1,068	41.63%	51.40%
8/1972 — 3/1973	-3,829	-5,035	31.43%	47.76%
4/1973 — 12/1973	-98	-1,058	17.22%	39.38%
1/1974 — 12/1974	+3,113	+2,402	21.32%	42.59%

註：(+) 資金淨流出；(-) 資金淨流入
資本佔分是總計減除貿易盈虧
資料來源：Luk and Young, 1981.

　　經歷 1967 年至 1972 年長達五年升浪，股市原已借勢調整，因為英國在 1972 年 7 月突宣佈英鎊浮動，並實施外滙管制，往來賬及資本賬兩價制，投資國外需向外滙平衡基金申報批滙，繳納 20% 溢

價。這項措施直接影響香港股市，因為英資在港頗活躍，倫敦交易時段亦有港股報價，而且唯高達（Vicker de Costa）、詹金寶（James Capel）等經紀行也在香港開設分號。英鎊貶值，港元改掛鈎美元，投資香港股市在賬面上已有外滙得益，若將資金調回英國結滙更多賺20%，誘發英資套現離場。

次階段升市由 1972 年 8 月至 1973 年 3 月，市場槓桿融資失控。踏入 8 月份，股市回軟，成交回落，指數下跌，相信是英資套現撤離。同年 10 月爆發置地牛奶收購攻防戰，形勢頓然改觀。香港置地公司提出優厚條件收購香港牛奶冰廠，為後者拒絕，攻守雙方各出奇謀，帶動股市反彈，節節上升。股民由樂觀轉為憧憬，再轉為盲目，槓桿融資熾熱，指數屢創新高，年底報 843 點，全年計上揚 2.5 倍。新年伊始股票交收結算已積壓嚴重，交易所需要自 22 日起每週逢一、三、五停市半天清理，市場響起警號，但幾乎無人意識到危機已逼在眉睫。

政府在 2 月份宣佈興建地下鐵路，消息更利好。恆生指數在 12 日，升穿 1,500 點心理關口，一眾股民雀躍萬分，證券監理專員則當頭棒喝，揶揄「即使把狗隻上市，（其股票）也會有很多人認購」（《星島日報》，1973 年 2 月 12 日），可見股票市場狂熱程度。儘管有投資者不時在高位獲利回吐，政府亦曾以各種行政措施（例如消防巡查等）冷卻熱潮，而社會賢達亦當頭棒喝，呼籲投資者量力而為，但聽

者藐藐，市情基本上是大漲小回，恆生指數升勢，恍如脫韁野馬，在3月9日創下 1774.96 歷史高峰。此階段之升市動力來自銀行信貸，而置地牛奶之戰是轉捩點。其間，股市成交對 M2 比率，由 1972年 8 月之 0.107 倍，跳升至 1973 年 3 月之 0.332 倍。而該月份，本地信貸增長年率高達 54%[4]。統計分析印證，恆生指數走勢與外資淨流入流出背道而馳（r=-0.9126）；但與本地信貸增減有顯著關係（r=0.9321）（Luk and Young, 1981）。

從銀行統計估算，在 1972 年下半年淨流出資金約 17 億元，而1973 年首季淨流出約 22 億元。事後分析，外資應早已部署趁高套現離場，但置地牛奶之戰令市勢改觀，故改變初衷且戰且退。進入1973 年，元旦後市場開出紅盤（即首日收市報升），而 2 月初農曆新年後同樣紅盤高開，以整個星期計，恆生指數上升 180 多點（對比1972 年底 843.40 點，該星期升幅等於兩成多）。依中國曆法該年歲次癸丑，生肖屬牛，而陽曆及陰曆新年後開市皆報喜，不少投資者更一廂情願地看漲，相信應是「牛市」旺升年，沉醉於「只要股票，不要鈔票」的夢境之中，令市場氣氛尤為火熱（鄭宏泰、黃紹倫，2006）。

燦爛過後，首階段跌市由 1973 年 4 月至 12 月，市場流動陷入螺旋萎縮。物極必反，股市在 3 月 12 日轉勢回落，同日更發現合和

4　經調整季節因素，以 12 個月中置移動平均計算。

實業假股票，動搖信心，短短一個月內，即於 4 月 9 日跌破 1000
點。不過，股市只是趁機下瀉，因為銀行早在 2 月份已全面收緊信
貸，而假股票亦是巧合[5]。市場借勢調整，槓桿融資盤相繼結算離場，
或被處分拋售平盤，股市風聲鶴唳，草木皆兵，展開漫長下跌之旅。
同年 10 月份中東戰火重燃，爆發石油危機，年底股市指數，已下挫
至 433.68 點。本地信貸年增長率，在 4 月份明顯放緩，至 12 月份
已回落至 23%。統計分析，股市指數走勢與本地信貸增減，有顯著關
係（$r=0.8836$），但與外資淨流入流出，背道而馳（$r=-0.1128$）；而
股市成交對 M2 比率，持續下跌，全期平均為 0.078 倍。銀行收縮信
貸，資金繼續撤離股市（Luk and Young, 1981）。

次階段跌市是 1974 全年，市場流動消耗殆盡。上年秋季，石油
危機波及全球，經濟衰退，出口萎縮，消費不振。銀行貸放額外審
慎，按月增長年率，在年底放緩至 10%。而股市成交對 M2 比率，亦
持續下跌，全年平均為 0.030 倍，較上階段更低，反映資金仍不斷撤
離。股市在年中曾一度反彈，其後屢創新低，更在 12 月 10 日創下
150.11 點歷史最低，年底回穩收報 171.11 點。換言之，在 1973 年
3 月至 1974 年 12 月共 22 個月，股市由天堂掉進地獄，恆生指數跌
了 91.5%，或者說市值跌至最高位時的 8.5%，其慘烈程度乃開埠以

5　銀行須每月 21 日前呈報上月底資產負債及收支，當局需時十四天編製統計，
　　所以 1972 年底行業狀況是在 2 月初公佈。股市融資膨脹，早已響動警號，
　　年底統計確認情況不妙，外滙銀行公會及政府聯手採取措施冷卻炒股熱潮。

來罕見（馮邦彥，2001；鄭宏泰、黃紹倫，2006）。

統計分析，股市指數走勢與本地信貸增減成正比，且關係顯著（r=0.8227），但與外資淨流入流出成反比（r=-0.9310）。值得留意者，是本地信貸收縮，外資重臨，外滙收入增加；此消彼長，銀行淨存放海外同業亦增加，反映補充儲備（Luk and Young, 1981）。若果 1972 年至 1974 年股市暴升暴跌，關鍵是銀行信貸，為何銀行先寬後緊？答案可從儲備與信貸擴張關係中尋找。香港銀行儲備包括庫存現金、海外投資及存放海外同業（淨資產）。若銀行信貸變動與儲備變動同步，表示銀行調節儲備以應付信貸需求。若銀行信貸變動與儲備變動背馳，表示銀行以流入資金應付信貸需求，而非調節儲備（表 6.3）。

表 6.3: 1972—1973 年資金淨進出、銀行儲備率、信貸增減年率

年	月	資金淨進出（百萬元）	銀行儲備率、	信貸增減年率＊
1972	1	-118	40.15%	+22.00%
	2	+446	40.83%	+21.22%
	3	+219	41.38%	+21.48%
	4	+244	41.84%	+22.46%
	5	+320	41.51%	+24.57%
	6	+510	43.08%	+27.02%
	7	-103	42.62%	+30.35%
	8	-225	41.07%	+34.20%
	9	+95	39.08%	+38.39%
	10	-448	35.48%	+42.57%
	11	-71	34.27%	+45.67%
	12	-927	29.49%	+48.10%

（續上表）

	1	+757	27.72%	+51.11%
	2	-1,730	24.60%	+53.35%
	3	-1,280	19.75%	+54.13%
	4	-340	18.57%	+54.03%
	5	+6	18.77%	+52.29%
	6	+272	19.04%	+49.94%
1973	7	-259	17.66%	+46.18%
	8	-490	14.80%	+41.53%
	9	+377	16.40%	+37.01%
	10	-100	15.68%	+32.59%
	11	+1,086	19.13%	+29.40%
	12	-650	16.17%	+27.27%

註：(+) 資金淨流出；(-) 資金淨流入
＊ 經調整季節因素，以 12 個月中置移動平均計算
資料來源：Luk and Young, 1981.

　　在首階段升市（1972 年 1 月至 7 月），銀行儲備比率一直維持在 40% 以上，而存貸彈性是 0.8486，兩者接近同步[6]。銀行儲備增加而信貸擴張（r=-0.7753），印證升市資金主要來源，應是流入資金，而銀行信貸擴張與儲備增加是正常金融現象。在次階段升市（1972 年 8 月至 1974 年 3 月），銀行儲備比率由 41% 直線下降至 20%，存貸彈性是 1.9885，顯示擴張性信貸。銀行儲備減低與信貸擴張同步（r=0.8904），印證升市資金主要來源，應是銀行信貸。在利好消

6　存貸彈性量度每增減 1% 存款所產生之貸款增減，正常比率應該是 1，即顯示兩者同步。

息帶動下，指數節節上升、直撲 1,700 點歷史新高。在首階段跌市（1973 年 4 月至 12 月），銀行儲備增加而信貸放緩（r=-0.4540），存貸彈性是 1.0252，兩者回復同步。銀行儲備比率在 15% 與 20% 之間反覆上落，印證銀行重整儲備，調整信貸融資，加上利淡消息接踵而至，股市下瀉不止。在次階段跌市（1974 年），銀行儲備增加而信貸放緩（r=-0.8220），存貸彈性是 0.4652，顯示信貸收緊。銀行儲備比率由 15% 反覆上升至 25%，印證銀行收縮信貸，加上經濟衰退，股市一蹶不振（Luk and Young, 1981）。

在這兩年間，銀行兩度轉變信貸態度。第一次是 1972 年秋，由正常轉擴張，填補英資套現離場回流空檔。第二次是 1973 年春，由擴張轉收縮，防範危機於未然。1972 年冬，政府對熾熱股市坐立不安，採取連串措施，如加強巡查交易所等，試圖降溫。銀行監理專員，也加強監察信貸，特別是股票按揭，以維持銀行體系穩健。踏入 1973 年，政府掌握最新流動資金統計，擔心形勢不妙，官員在 1 月 11 日公開呼籲銀行審慎放貸，並指示每週呈報股票按揭統計。銀行豈敢怠慢，貸放轉趨審慎。

總結分析，可歸納兩要點。第一，股市起落與投入資金有直接關係。當年股票按揭是周轉資金來源，故銀行貸放態度至為關鍵。現今衍生工具充斥市場，資金來源更多元，市況更複雜，1987 年停市事件是個例證。第二，香港是開放市場，資金自由出入，股市受游資來

去左右，1998 年跨市場期股滙風潮，對沖基金三邊投機之役，是個例證（詳見第八章）。近年量化寬鬆引來游資，覬覦聯繫滙率改革，但未必全投入股市。若量化寬鬆或聯繫滙率有變，游資多會結算離場，1992 年英鎊貶值，脫離歐洲貨幣聯盟之役，前車可鑑。

與過去歷次股災不同，是回合極嚴重衝擊社會金融經濟，影響深遠。股市已經全面開放，無數市民大眾參與其中（包括受薪階層、家庭主婦等），幾乎是全民談股。當中有人傾囊或是借下巨債入市，股災令其蒙受極大損失，既影響生計，也拖累家庭，亦削弱社會穩定基石，因為大眾瀰漫一片愁雲，人心不安，心理抑壓情況普遍。股災前後銀行收緊股票融資，控制信貸風險，並調高利息，令市場資金緊張，殃及池魚。上市企業再融資不易，借貸成本亦明顯大漲，中小企業資金短絀尤其嚴峻，更不用說環球石油危機突然爆發，導致生產成本上揚。在多重負面因素交互衝擊下，實體經濟乃連年下滑，失業率和企業倒閉潮同時驟起，經濟陷入衰退。

若聚焦對股票市場之影響，全面開放後風高浪急，甚至有違規或違法行為，損害小投資者利益，無疑乃業界及社會不能迴避，必須深入思考，並認真檢討。此等不法行為，尤其是交易所惡性競爭、上市企業良莠不齊、監管機制欠完善，以至投資者行為及投資文化欠成熟等，均直接或間接令股災一發不可收拾。儘管政府早已正視股票市場掛牌及交易等運作問題，並且在 1973 年 1 月成立「證券業諮詢委員

會」，加強監管，防範違規行為，但成效不彰，所以在同年 3 月頒佈《證券交易所管制條例》，變相禁制再開設新交易所，但對抑制股市炒賣浪潮、阻止泡沫爆破，作用不大。

政府並非杞人憂天，1973 年的股災後，上市企業接二連三出事，包括 1973 年 6 月華利來投資倒閉，1974 年 8 月保利工程停牌，1974 年 11 月高昇地產及亞洲置地停牌，1975 年 12 月茂盛集團停牌等。其中保利工程案件轟動社會，主事人營私舞弊，挪用公款炒賣股票損手，並監守自盜，偽造賬目，瞞騙股東及公眾。亞洲置地與英資證券投資行利獲家集團（Slater Walker）有千絲萬縷關係，而利獲家曾牽涉單位信託基金醜聞（鄭宏泰、黃紹倫，2006）。

股市泡沫爆破後，人心惶惶，政府亡羊補牢，完善股票市場的制度，於 1973 年頒佈《禁止開設期貨交易所條例》，防範未然，避免市場日後另生事端。其次在 1974 年 2 月頒佈新《證券條例》及《保障投資者條例》，設立「證券事務監察委員會」，加強監管市場，維持法紀，保障投資者。至於同年 8 月成立的「股票投資者賠償基金」，則算是為保障小投資者邁出重要一步。

無論政府業界或是社會人士，總結股災慘痛經驗，多認為制度未能與時並進，跟不上市場步伐，而且市場過度開放，產生過度競爭，導致發展過急，衍生連串問題。故此政府在深入思考和檢討後，在七十年代中着手推動四家交易所合併，於 1974 年 7 月成立香港證券

交易所聯合會，探討市場發展與交易所整合等事宜，為重新統一股票市場奠下重要基調。此與半世紀前針對1925年大罷工所產生連串違規交易問題，提出三家交易所應該合併之觀點如出一轍，顯示社會及經濟結構即使已有巨大變遷，過度競爭催生諸多問題是市場現實，也是歷久不易的道理（鄭宏泰、黃紹倫，2006）。

經歷蛻變企業併購　分久再合四會復統

1973年股災無疑給社會和經濟帶來沉重衝擊，但總不能否定股市全面開放所釋放的巨大能量。華資企業乘勢而起，上市集資脫胎換骨，股票投資方便簡易，市民大眾閒資也有更好出路，此兩點是最值得注意，亦影響社會發展最深遠者。無論上市企業或公眾投資者，經歷股災洗禮後，皆經一事、長一智，行為態度有重大轉變和進步。至於股票市場，交易規則、營運制度、以至投資文化等，也有突破性發展。

巨大股災之後，又經歷環球石油危機，香港經濟陷入衰退，長達五年，直到1978年始走出陰霾，逐步復甦，而過程之中企業汰弱留強。出乎意料之外的，是華洋角色調換。這次併購潮，華資企業反客為主，是出擊一方，相反一直壟斷香港經濟之英資企業，變成防守一方。要數轟動中外個案，則非和記黃埔（Hutchison Whampoa）及九

龍貨倉（The Hongkong and Kowloon Wharf and Godown）控制權易手莫屬，而且日後更經常被引述。英資和記洋行在股災後陷入財政危機，需滙豐銀行出手拯救，方避過厄運，並在 1978 年併購黃埔船塢。李嘉誠家族旗下長江實業（地產投資）在 1979 年向滙豐收購和記黃埔控制權，而包玉剛家族旗下隆豐國際（船務航運）在 1980 年更與怡和洋行正面交鋒，成功併購九龍貨倉，幾乎是當年置地公司併吞牛奶冰廠事件翻版。

　　除此之外，還有諸如新鴻基證券收購華昌建業和中同企業、新鴻基地產收購威勝發展和國大地產、新世界發展收購啟德置業、南聯實業收購南聯和記、大昌地產收購華利企業，以及香港物業收購梅真尼工業等等，顯示股票市場進入「戰國時代」，汰弱留強。另外金融機構與人才湧現，百花齊放，也是不容忽視，突出例子計有英資寶源投資、怡富及獲多利，亦有華資新鴻基財務等商人銀行，而一眾金融人才如李福兆、馮景禧、胡漢輝和陳普芬等，更屬一時瑜亮，所以當時香港金融界出現群雄競走局面，備受注目（鄭宏泰、黃紹倫，2006）。

　　論社會最關注者，莫過於港督麥理浩於 1979 年出訪北京，破格獲得國家領導人鄧小平接見。鄧小平復出再度主政，推行「改革開放」促進中國經濟社會現代化。此行既開展香港與內地官方接觸，結束近三十年在西方貿易禁運下互不正式往來局面，亦掀開中英兩國就香港

前途談判和較量，牽動市場投資情緒，亦影響社會民心。內地「改革
開放」政策逐步落實，香港、澳門及海外華僑也積極投入，擔當「盲
公竹」，不但注入資金，亦帶來技術、資訊和營商網絡等等，令「改
革開放」不斷取得突破（許行，1987）。香港經濟規模和結構亦蛻變，
工業生產（第二級產業）北移尤其明顯，以金融服務為主體之第三級
產業則逐步壯大，接棒帶動經濟增長（趙永佳、呂大樂，1997）。

　　股票市場走出 1973 年股災陰霾，而且逐步復甦之際，內外政經
及社會環境亦發生巨大變化，令股票市場波動遠較過去頻密和激烈。
尤其值得注意的，是政府翌年提出「四會合併」構思，並且積極推動，
各交易所管理層也配合，在不同層面協商與溝通。各方於 1977 年初
步取得共識，成立聯合工作小組，深入探討未來實務，包括制度、會
籍、交易等各項安排[7]，並且在 1980 年 7 月註冊成立香港聯合交易所
（The Stock Exchange of Hong Kong Limited，簡稱「聯交所」），
為合併鋪路，邁出重要一步。同年 8 月政府頒佈《證券交易所合併條
例》（The Stock Exchanges Unification Ordinance）配合，作為法律
基礎。

　　儘管如此，四會合併商討過程，正如大多數大型合併項目，總不
會一帆風順、毫無阻滯。中英兩國就香港前途談判，更艱難曲折、波

7　當年有段小插曲，香港與遠東兩家交易所在 3 月公佈達成共識，計劃合併，
　　但礙於市場反應強烈而告吹，四家交易所隨即在 5 月公佈合併。

譎雲詭，極具挑戰，折射出政治經濟及社會環境變幻莫測，互相牽動，金融市場有時更成為政治角力場所。經過多番艱鉅談判，中英兩國終於在 1984 年達成協議，簽訂《聯合聲明》，英方於 1997 年 7 月 1 日將香港主權交還中國，結束殖民地統治，中方則承諾設立香港特別行區，實行高度自治，保持資本主義制度和社會五十年不變。在簽訂《中英聯合聲明》前後，四家交易所也發出公告，表示已達成合併方案，整裝待發。可以這樣說，此兩項重大消息，掃除自 1979 年以還，資金市場陰霾或不穩定因素，也為新聯交所打下紮實基礎（鄭宏泰、黃紹倫，2006）。

簽訂《聯合聲明》和四會合併方案出台後，經濟和股市發展步伐明顯加快。就以金融市場為例，聯合交易所籌組開業工作正如火如荼（例如：測試新電腦報價交易系統），相關業務發展亦接連有突破，例如：香港商品交易所（成立於 1976 年 12 月）於 1985 年 1 月改組為香港期貨交易所，推出金融期貨買賣，並定於 5 月份開辦恆生指數期貨，與現貨股市相輔相成，提升香港金融市場國際地位。當年金融期貨剛正起步，環顧各地，只有紐約及倫敦市場較具規模。

聯合交易所啟業有期，惹來憧憬發展無限。踏入 1986 年，股票市場即充滿動力，年初炒得火熱，恆生指數迅速飆升，在 1 月 7 日突破早前（1981 年 7 月 17 日）歷史紀錄，創下 1,826.84 點新高。其後，在利淡因素影響下，計有紐約股票市場急跌，及嘉華銀行資本重

組泡湯等，指數才反覆下降，至月底收市報 1,695.78 點，而 2 月及 3 月收市則徘徊在 1,600 多點水平。

四會分庭抗禮時代在 1986 年 3 月 27 日畫上句號，「香港會」、「遠東會」、「金銀會」和「九龍會」當日收市後結業。長假期過後，香港聯合交易所接棒，在 4 月 2 日正式開業，歷史新章於焉展開。資料顯示，聯合交易所啟業首日，合共有 323 隻股票掛牌（即原四會上市者），全日成交 33,129,712 股，折合 226,353,126 元，反應明顯熾熱（鄭宏泰、黃紹倫，2006）。

其後市場節節上升，恆生指數在 4 月底再突破高位，攀至 1,836.99 點水平。惟 5 月份有投資者獲利回吐，指數反覆下跌，月底報 1,786.96 點，而且跌勢延續，指數在 6 月底報 1,739.11 點。踏入 7 月份，市場在內外利好消息刺激下，交投又轉活躍，指數重上 1,800 點，而且升勢未矣。企業中期業績理想、銀行減息及外資湧入等利好消息，帶動 8 月份指數屢創新高，突破 1,900 點心理關口，更有衝向 2,000 點之氣勢。其後在獲利回吐壓力下指數方回落至 1,900 點邊沿，月底收報 1,913.00 點。

踏入 10 月份，市場不單未見高處不勝寒，反而在配股、收購及海外資金湧入等利好因素推動下，先突破 2,000 點大關，繼而在 10 月 23 日攀上 2,355.93 點新高位。月底指數報收 2,315.63 點，成交達 231.25 億元，創出 1973 年以來最高紀錄。在獲利回吐影響下，

市場在 11 月初偏軟，其後經濟數據出乎預期，指數反彈穿越 2,400 點心理大關。

儘管市場已大幅度攀升連續 5 個多月，年底氣勢仍盛，交投在 12 月依然暢旺。月初港督尤德（Edward Youde）在北京公幹期間，不幸猝死，市場借機回落，恆生指數仍穩守 2,400 點關口。其後在連串合併收購消息刺激下，指數衝破 2,500 點。月底，指數以全年最高位 2,568.30 點收市，較上年底上升 46.6%，全年成交更高達 1,231.42 億元，較上年上升 62.4%，乃 1973 年股災之後表現最突出的一年。

從宏觀角度看，四會整合不單結束過往各自為政、各不相讓、惡性競爭局面，也滙聚四方人才互補長短，發揮協同效應，大大提升市場綜合競爭力，推動香港國際金融中心之發展。不過，換個角度看，市場從競爭走回壟斷，缺乏自由競爭，削弱內部制衡，而監管制度往往落後於市場發展，難有效約束從業者失當失德行為，也是日後聯交所鬧出「隻手遮天、貪污舞弊」醜聞之根本原因。

＊　　　　＊　　　　＊

結語

　　毫無疑問，香港發展成為國際金融中心，甚至可與美國
紐約和英國倫敦鼎足而立，並非一蹴而就（Elliot, 2008）。
市場風高浪急，過程挑戰處處，乃意料中事。回顧七十年代
市場開放過急過快，制度追不上發展步伐，無法應對變局，
最後導致世紀股災，衝擊經濟、社會及民生，時至今日，不
少投資者猶有餘悸。危中有機，市場開放帶來多元制度及產
品創新，成效不能低估，因為連串突破性發展，亦壯大香港
市場的發展動力和競爭力，對奠定香港之國際金融中心地
位，爭取四方八面資金、人才和企業聚集靠攏，至為關鍵。

　　1973 年股災是市場轉振點，亦是發展里程碑。災劫過
後，社會痛定思痛，政府對症下藥，頒佈新法例，梳理市場
秩序，加強紀律及監管，保障投資者，納市場發展於正軌。
此外，經濟經歷漫長低迷與衰退，無論政府、業界、大小投
資者及社會大眾，對市場放任自由、惡性競爭等弊端，教
訓深刻，積極推動四會整合，開創新局面。在漫長協商過
程中，先碰上內地推行「改革開放」，帶動香港經濟結構轉
型，後遇到主權回歸問題，中英兩國拉鋸多年，民心忐忑，
疑慮重重。各種內外因素重疊交互影響，很自然地左右政

治、經濟、金融和社會的前進軌跡。

　　股票市場向來對政治經濟消息極為敏感，很容易受不明朗因素困擾。從歷史發展角度看，《中英聯合聲明》消除香港前途問題陰霾，保障香港回歸後仍然可以維持原有經濟、社會及司法制度，安撫民心，而平穩過渡對中英港三方來說是最後挑戰。雨過天晴，投資者信心也逐漸恢復，股票買賣也恢復活躍，市場擺脫 1973 年股災以還停滯不前的困局，恆生指數節節上升，甚至不斷突破歷史高位，投資者皆大歡喜，笑逐顏開。

　　四會整合為聯合交易所，是香港股票市場發展最重要里程碑，大大地提升其綜合競爭力，鞏固香港國際金融中心地位。同年，聯合交易所加入國際交易所聯會，地位提升，外資證券公司及經紀紛紛來港開業，確認香港股票市場環球地位，但本地經紀實力懸殊，無力招架，在「國際化」浪潮中受到很大衝擊，有些甚至走上結業之路。局勢有如六十年代銀行風潮後，本地銀行紛紛招攬外資同業合夥，加強實力自保，卻最終大多出讓祖業，乃異曲同工。時代進步，形勢比人強，得失成敗之間，有時又會令人不勝唏噓。

1987

交易所倉卒停市

政府撥亂反正

引言

　　市場「盛衰循環」與民間智慧「物極必反」理氣相通，也與西方政治學說「鐘擺效應」（pendulum effect）異曲同工，亦與牛頓力學第三定理，「作用力與反作用力定律」互相印證。簡言之，事態發展一面倒地傾側某方，衍生各式各樣問題後，必然反其道而行，又向另一方傾側，產生截然不同效應，周而復始。股票市場價格上落，就是此現象典型寫照，故「圖表派」分析異軍突起，揣摩投資者情緒變化，捕捉市場大小循環轉角時機牟利，趁低吸納，見高套現，乃題外話。

　　第六章分析香港經歷 1966 及 1967 年動亂，人心忐忑，股票市場低沉，恆生指數拾級而下。事過境遷，經濟復原，投資普及，股民亢奮，指數攀升至 1973 年歷史高峰後，迅即急速回落，人心虛怯，直瀉至 1974 年底之低谷。股市暴升急跌，由「亢奮極端」走向「悲觀極端」現象，令人印象深刻，也談虎色變，猶有餘悸，驚歎市場風高浪急、變幻莫測，也見證物極必反規律或鐘擺效應。

　　事實上，證券交易所分合亦如是。1945 年抗戰勝利後，香港證券交易所與香港證券經紀協會合併，成為香港證

券交易所，變相壟斷企業上市及股份買賣。市場缺乏競爭而固步自封，不思進取，未能滿足企業集資與公眾投資需求，後果是投資融資未能有效貫通，窒礙經濟成長。反之，七十年代市場開放打破壟斷後，四會各據一方，競爭熾烈也問題叢生，局面易放難收。物競天擇、適者生存，是叢林法則也無可厚非，但不擇手段者，從中弄虛作假，甚至私相授受等行為，亦防不勝防。無論政府、業界或是社會大眾，乃萌生四會合併念頭，劃一規管並提升協同效應，呼聲此起彼落。及至四會合併成為香港聯合交易所，又因管治體制依舊，與市場現實脫節，權力集中而欠缺制衡，弊端叢生，而且未能及時察覺市場生態重大轉變，乃觸發一場轟動市場及社會甚至全球之停市危機。本章分析聯交所開業翌年那場巨大股災的來龍去脈，以及所衍生各種問題，和政府善後措施。

*　　　　*　　　　*

股票市場生態轉變　制度缺陷無所遁形

西諺有云：「羅馬並非一天建成」，良好制度也非朝夕間建立。香港今時今日擁有良好的金融制度，令其成為國際金融中心，地位令人

艷羨，亦不例外，而此制度也是在高低彎曲路途中，無數次跌倒後再站起來堅毅前進，始能有如此成就。至於股票市場發展的歷程，就是最佳寫照。

正如第三章和第四章中提及，香港股票市場歷史雖然不算長，卻曾經歷過兩次交易所大停市，而且曠日持久，金融市場和社會不同層面遭受衝擊，迴響甚大。第一回是 1925 年省港大罷工；第二回是 1941 年香港淪陷日本軍事管治。這兩次停市源於時局動盪，非人力所能抗拒者，情有可原，亦不牽涉人為失當或是制度缺陷。況且當年尚未有金融期貨，所以沒有對投資市場與社會民生帶來巨大衝擊，爭議亦沒那麼大。

然而 1987 年聯合交易所停市，儘管只有短短四天，相比早年兩次以月或年計，實在小巫見大巫，卻觸發軒然大波，讓人大惑不解。事後分析，箇中原因不單是投資者損失不菲，市場管理者涉嫌失職，及政府監督不力，還有股票現貨市場驟然停頓，導致恆生指數期貨市場癱瘓，結算交收保證制度崩潰。遂令四天停市事件變成現貨海嘯，引致期貨災難，給整體制度帶來巨大衝擊，有如 2011 年日本地震後，海嘯引發的福島核電廠災難。

古諺云：「禍兮福所伏，福兮禍所倚」，乃股票市場的最佳寫照。股災衝擊及災後重建，兩股截然不同力量互相牽引，是促使香港股票市場健康發展，不斷向前推進，而且不斷取得突破之重要元素。1987

年股市泡沫爆破，引發連串是非對錯爭議，既揭示投資環境及市場生態急速轉變，亦說明現用制度早已落伍，未及配合四會一統後之新形勢，缺點及漏洞在危機面前暴露無遺。不過災後重建，則又提升香港金融實力，並改寫香港金融發展軌跡（鄭宏泰、黃紹倫，2006）。

正如早前章節提及，香港股票市場在亞洲地區起步最早，而發展又最突出，但向來只設現貨（股票）交易，一如大多數亞洲新興市場。傳統市場發展日趨成熟普及，新市場新產品乃應運而生。金融期貨（financial futures）脫胎自商品買賣，結構和運作較為複雜；不過時至今天，已不再是新鮮事物。

商品期貨市場歷史悠久，初期以小麥、粟米、大豆、糖或咖啡豆等農產品為主，再擴展至金、銀、銅、鐵、錫等通行金屬。上世紀八十年代，金融市場順應需求，也借鏡商品交易衍生期貨產品。時至今日，全球金融期貨交易已凌駕商品期貨，主導市場（Kohn，2004）。美國芝加哥商品交易所，規模龐大聞名全球，得風氣之先，最早開拓股市指數期貨。

所謂期貨，是指買賣雙方不需即場貨銀兩訖，而是留待約定日期始交收結算，原意是利便雙方在生產期間可鎖定交易，不受價格波動影響。換言之，期貨市場乃按特定價格及交易條件「買賣未來貨品」，鎖定成本或利潤，對沖市場風險，屬於投資行為。交易商品必須符合若干基本條件，包括質量規格清晰，交收地點固定等，方能成約。舉

例說，棉紡商人擔心來季棉花價格及供應波動，與棉農議價預購，簽訂來季買賣合約，雙方承諾來季在指定日子，按指定規格、價格、地點及條件交易。

實務上，期貨是經市場公開交易，買賣雙方通過經紀議價成約，交易所收取保證金，擔保雙方約滿成交。公開市場期貨合約採用標準格規，以指定質量、產地、計價等為基礎，而且不設實物交收，實際功能是價格對沖及套戥，基本上適合任何用家，令期貨日益普及。有價格波動便有投機，期貨市場也不例外，「專業投資者」投機買賣為市場注入流動力，承擔風險，促成用家成約，從中取利。

不過期貨市場可謂先天「醜陋」，形象欠佳，總是讓人感覺是「跟紅頂白」，在股市熾熱時火上加油，而大跌時又落井下石，令人望而生厭；又讓人感覺是「買空賣空」，乃典型炒賣行為，而專業投資者常被謔稱「不事生產」、坐享其成。事實上，金融期貨市場具有發現價格、對沖風險、集資融資等多重正面功能，從而促進金融業更健康發展，社會實不應視之為洪水猛獸，或是等閒視之，而是應予肯定，納入正途。

期貨既衍生於現貨市場，為股票投資對沖及套戥，降低現貨投資風險，必然與現貨市場唇齒相依，自身不能單獨存活。若現貨市場出現岔子，特別是停市，期貨交易即中斷，交收無法完成，對沖無門，套戥無從，連串問題環環相扣，尤其是違約責任誰屬等爭拗，給投資

市場和社會帶來巨大衝擊。任何政策措施必須兩者一併考慮，不應只聚焦一點，顧此失彼。

在不少投資者眼中，聯合交易所啟業年半即闖下彌天大禍，純屬人為過失，理應可以避免。事故揭示市場後天缺陷甚大，尤其是交易所領導層捲入利益衝突，管治惹來非議，而且彼等固步自封，並未充分了解期貨市場與現貨市場的互動關係，沒有全面掌握市場生態重大變化。此外四會合併是里程碑，創造歷史、成就傳奇，舉世矚目，主事人自詡居功至偉，態度傲慢，漠視制度與規章，終鑄成大錯。

簡言之，交易所原是私營公司法團，向來採用會員股份制，倚靠自治自律，政府監管權力局限於市場秩序及從業員資格等。理事會手握大權，尤其是三家「新」交易所，創業者仍然掌舵，以提升經營效率、加強競爭力。不過審批上市申請手續則欠缺透明度，予人印象是「小圈子」把持會務，私相授受。更大問題是不成文積習，例如：理事會可優先認購上市股份，甚至獲得配售，公益私利糾纏不清。

說實話，隨着四會合併，制度缺陷理應糾正，市場陋習也應摒棄，更不用說聯合交易所乃政府從中推動，賦予經營專利與法定地位，又在中環心臟撥地興建交易大堂。交易所已不再是「私營」股票買賣場所，而是公共金融機構，舉足輕重，有公眾、企業及投資中介等各方參與，利益錯綜複雜，牽涉不同層面。

交易所領導層多年來被人詬病者，是決策往往非從社會整體利益

考慮，保障投資者及維持市場秩序。例如：理事優先認購上市公司股份陋習，忽略利益糾纏及衝突矛盾。聯合交易所成立後，領導層依然故我，積習難改。從兩宗事例，可知冰封三尺非一日之寒。其一，新交易所裝置電腦系統報價買賣，但欠缺自動對盤功能，即是以鍵盤取代人手落盤，以屏幕取代寫版報價，換湯不換藥，大堂面議喊價依舊，成盤後又無需即時輸入系統確認，交易陋習不改。其二，交易所理事會 1991 年 4 月份例會，趁主席外遊公幹，缺席會議，乘機通過臨時議案，追認理事有優先獲配新股權利，引起軒然大波。事後主席兼程返港善後，召開理事會翻案，撥亂反正。值得注意者，是交易所已經改組領導層，為 1987 年停市問責，此事故實匪夷所思。

論股票市場發展，八十年代中期是里程碑。四會合併為聯合交易所，擴大市場規模和層面，產生更大成本效益，提升效率，吸引內外投資者入市。推出指數期貨買賣，對沖市場波動，消弭投資風險，提高投資回報。開局之初，樂極生悲，弄出場大股災，轟動一時，牽連甚廣，乃始料不及。事後剖析，共有三個主要因素。一來經紀陋習難改，漠視規章；二來各方欠缺視野，忽略市場生態轉變，環環緊扣相互影響；三來監察制度本已落後形勢，更難發揮制約。其後政府亡羊補牢，果斷善後，禮賢下士，檢討得失，對症下藥，撥亂反正，提升香港金融體制層次和效率，鞏固香港國際金融中心地位。

拓展期貨一波三折　金融期貨應運而生

翻查歷史文獻，香港開埠後已有諸如棉花、大豆等期貨交易，但零星疏落，欠缺組織，是極小數商人間之投資遊戲，甚至只有洋商參與而已（鄭宏泰、黃紹倫，2006）。直至二十世紀五六十年代，本地商人買賣歐美商品期貨日趨普遍，尤其是金商銀商早已在倫敦市場對沖實金存貨，經驗豐富，架輕就熟，開設本地期貨市場之客觀條件日漸成熟。當然香港重光後經濟轉型騰飛，至為關鍵。六十年代，製造業基礎已穩固，支撐及帶動香港發展，提升總體經濟規模和實力。香港已非昔日吳下阿蒙，本身具備生產發展動力，不再倚賴轉口貿易，擺脫內地因素影響（饒美蛟，1997）。經濟結構轉變自然會帶動投資市場發展，本地期貨市場乃在此背景及條件下應運而生。

第六章提及六十年代末股票市場開放，打破壟斷，交易所由一家增至四家。踏入 1973 年，市場熾熱牛氣衝天，交收結算積壓日益嚴重，甚至需要每週三日休市半天清理。政府在同年 3 月立法管制證券交易所，變相叫停開辦新交易所，紓緩監管壓力，也為市場降溫。1973 年股災後，政府防患於未然，立法禁止商品期貨買賣，避免重蹈覆轍。

其實政府認同期貨有正面作用，尤其可平衡現貨市場及補充不足，而且投資需求亦殷切，應該採取疏導手法，納其入正軌，而非遏

制禁止。政府權衡利害後，於 1974 年成立督導小組，研究開設期貨交易所是否可行，包括營運效益等問題。督導小組經深入研究，確認期貨有完善資本市場功能，卻認為「只適合專業買賣者（professional traders）買賣，不應鼓勵普羅民眾參與」（Wong, 1990: 6）。

政府接納報告結論，隨即着手籌設期貨買賣，也立法監管，在 1976 年 8 月頒佈《商品交易條例》（*Commodities Trading Ordinance*），讓交易有例可依，政府有法可執，投資者有序可循，並且依法委任證券監理專員兼管商品交易。同年 12 月香港商品交易所（Hong Kong Commodity Exchange）成立[1]，開辦期貨交易。

翌年 5 月，商品交易所啟業，先推出棉花及黃糖期貨合約，其後增設大豆及黃金等期貨合約。出乎意料，推出之初交投疏落，並無掀起熱潮，主要原因有二：其一，期貨商品欠缺本地需求，而周邊地區用家對新市場仍觀望，外商不進場買賣必然淡靜；其二，管理不善，主席更捲入股票交易失當風波。其實期貨市場生不逢時，香港前途問題在 1979 年浮現後，困擾金融投資市場，整體陷於低潮，不單樓市一片低迷，股票市場亦缺乏生氣，交易大跌。影響所及，期貨屬新鮮事物，交易萎縮，欠善足陳，實在不難理解。

面對現實，商品交易所牌照屆滿前，政府委任工作小組檢討得

1　日後易名香港期貨交易所（Hong Kong Futures Exchange）。

失。小組在 1983 年呈交報告，結論是交易所營運乏善足陳，但仍建議續牌，三年後再作檢討[2]。政府接納續牌建議，並依據報告要求交易所變革及改善運作制度，重點包括增加交易所會員及加強監管，從而發展「對本地投資者更有吸引力又具國際特色，而且切實可行之全新期貨產品」（Wong, 1990: 8）。

報告對期貨市場疑中留情，想讓其繼續發展之意固然重要，但真正影響其發展者，應該是中英兩國就香港前途問題最終達成協議，簽署《聯合聲明》化解「信心危機」，消除社會忐忑，撥開雲霧。投資市場乃至整體經濟不再受到困擾，無論股票市場、物業市場皆恢復活躍，一洗頹勢。即是說，報告出台適逢其時，令期貨市場往後能夠站穩陣腳，在金融領域發展新路向脫胎換骨。

回應報告建議，交易所與銀行界不約而同先後在 1984 年倡議開辦金融期貨。交易所工作小組提議開設金融指數期貨，而銀行界籌劃委員會更提出開設貨幣、利率、指數等期貨，兼收並蓄。翌年香港商品交易所易名期貨交易所，同年 5 月，更推出恆生指數期貨合約，廣受市場歡迎，成為舉足輕重的金融衍生產品。更為重要者，是股市期貨市場與現貨市場之間，互相對沖和套戥，唇齒相依關係緊密。當股票價格波動，必然有投資者在一個市場獲利，相對也有投資者在另一市場虧損，理論上盈利與虧損可以互相或部分抵消，從而降低整體投

2　無獨有偶，商品期貨交易，與早年造幣廠同病相憐，是失敗經驗，詳見第二章。

資風險。若用家觸覺敏銳，能巧用期貨對沖市場波動，轉移風險至投機者，便立於不敗之地。

交易所倉卒停市　顧此失彼觸發股災

　　四會合併是在午夜交接，以順利過渡為先，沿用既有報價、落盤、交收等制度無可厚非，但聯合交易所顧此失彼，未有通盤計劃跟進改革，配合市場發展，固步自封不思進取，種下股災禍根。合併後，經紀全體同場買賣，沿用人手寫版報價交易方式，是不切實際，需應用新科技取代，始可應付。不過，第一代電腦交易系統功能局限報價落盤，即是以屏幕代替寫版，但無強制成盤後須即時更新資訊，防範有人上下其手，操縱報價。在人手寫版時代，買賣盤及成盤價是不斷更新，一目了然。轉用電腦系統後，改用「按盤」（nominal）更新報價，即是最新買入、賣出、成盤三者間之中位（median）。若有人刻意延遲輸入成盤，便可擾亂報價，尤其是收市價[3]。更大問題是報價與成盤分離，即使買賣雙方出價可以對盤，經紀也保留議盤權，不會強制成交。不過採用電子報價系統後，一切交易以電腦記錄為準，杜絕場外私相授受。比對四會合併前後，官方記錄顯示每日成交額明

3　例如：全日跌市時，收市之際方補誌早前高價成盤，便可製造錯覺，尾段止跌回穩。

顯跳升，而全年成交較上年增加一半（表 7.1），與記錄完整不無關係。至於全自動對盤買賣，延至 1993 年始推出，乃後話。

表 7.1：1979 年底－1986 年底恆生指數和全年總成交量變化

年份	恆生指數（年底）	全年總成交量（億元）
1979	879.38	256.33
1980	1,473.59	700.41
1981	1,405.82	1,059.70
1982	783.82	462.72
1983	874.94	371.66
1984	1,200.38	488.07
1985	1,752.45	754.49
1986	2,568.30	1,231.42
1987	2,302.75	3,714.19
1988	2,687.44	1,994.80

資料來源：鄭宏泰、黃紹倫，2006。

其次，買賣沿用股票實物交收，成交倍增，工作量也倍升，各方根本應付不來，後勤工序（交收、轉名等）積壓嚴重。成交連年跳升，1985 年增加 55%，1986 年上升 63%，1987 年更飆升三倍（表7.1），後勤實際上已遠超負荷。若交易可自動對盤，結算可經銀行系統自動轉賬，交收可經中央託管自動過戶轉名，將大幅提高生產力，從容應付日常成交 [4]。不過聯交所好整以暇，並無積極跟進，通盤改革

4　投資者若需領取實物股票，可容後辦理，不會阻礙正常流程。

制度，卻未知正作繭自縛。

其三，後勤處理是有時限的，而且受制於系統負荷，如接近甚至超越臨界點，而不提升生產力，即使增加人手也無濟於事。1973 年股災前，交易所每週有三日休市半天，清理交收積壓，乃前車可鑑。其實科技進步，交易全程從落盤到交收轉名，幾乎不假人手處理，省時省力省錢，但改革牽一髮而動全身，影響多方面利益。是回合現貨期貨互動，後勤系統不勝負荷，重蹈覆轍，聯交所故技重施，藉詞停市清理積壓，本末倒置，忽視時移世易而闖出大禍。

踏入 1987 年，市場充滿牛氣，投資氣氛日益旺盛，恆生指數自 2 月份起節節上升，方興未艾。指數在 4 月份回落整固，隨後再急升，走勢更凌厲。在 4 月底報 2,589.54 點，至 5 月底已直逼 3,000 點關口，其後三個月連續飆升，至 9 月底更達 3,900 點，可見股民情緒一片樂觀。

承接 9 月份升勢，恆生指數在 10 月 1 日創下 3,949.73 點歷史高位。在獲利回吐壓力下，市場漸露疲態，但絲毫沒有急跌跡象，更遑論有股災，反而有投資者預測指數即將穿越 4,000 點。香港電話公司在 10 月 19 日（星期一）宣佈，將與香港大東電報局合併，成立香港電訊（Hong Kong Telecommunications），消息卻炒不熱，相反受紐約股市黑色星期五大跌拖累，恆生指數急跌 420.81 點，至 3,362.39 點，跌幅之大、跌勢之急，引起經紀、投資者、交易所及政

府等極度關注（鄭宏泰、黃紹倫，2006）。

　　眼見市場風高浪急，美國股市又跌勢未止，聯交所理事會在 10 月 20 日早上 8 時 30 分召開緊急會議，並按照《香港聯合交易所規則》（*Rules of the Exchange*）第 203 條、第 204 條第 11 節及第 572 條等所賦予權力，決定停市四天，理由是讓投資者冷靜頭腦，避免恐慌性拋售引來市場失序；並且讓經紀有充分時間清理積壓交易，以免對金融系統造成連鎖性衝擊（《星島日報》，1987 年 10 月 21 日）。

　　理事會信誓旦旦，聲稱已諮詢政府，並且獲得相關官員首肯[5]，但投資者、從業員及社會人士多有異議，眾口一詞，強烈批評行為粗暴，有違自由市場原則，理事會主席李福兆更成為眾矢之的[6]。至為關鍵者，是一週後，即 10 月 26 日市場重開之時，投資者非但沒有「冷靜下來」，反而出現恐慌性拋售，恆生指數單日急挫 1,120.70 點，等於市值損失三成多。市況急轉直下，交易所無法自圓其說。《星島日報》的新聞頭條，便記載：

　　　　大市在上週黑色星期一大跌 410 點後，停市四天仍無補於

5　主席李福兆在 11 月 9 日公開重申，停市決定是得到財金官員同意，但金融司林定國（David Nendick）澄清政府是被動，除「接受」停市的建議，並無選擇（陳耀紅，1987: 20）。

6　公佈停市當日，李福兆在發佈會被澳洲傳媒記者質疑其決定時，當面反駁，怒斥其非，消息登上國際新聞頭條。

事。昨日復市即大幅低開 300 多點，其後甚至出現恐慌性裂口下
跌，恆指收市下跌了 1,120.70 點⋯⋯ 以本港上市公司總值 6,300
億元計算，昨日本港上市公司總值再損三分之一，現市值只剩
4,200 億元。如果一連積累兩個跌市計算，市值則損失四成，損失
金額達 2,800 億元。（《星島日報》，1987 年 10 月 27 日）

市場「兵荒馬亂」，投資者人心虛怯，股民惶恐手上股票變成廢
紙，所以復市後不問價格、不計後果拋售，導致股市急跌，大小股民
損失慘重，傷痕纍纍。事實上，政府及市場人士曾經嘗試以非常措施
「救市」，圖力挽狂瀾，包括：一、證監處於 10 月 25 日宣佈放寬收
購合併規定，政府並且動用外滙基金挽救期貨保證公司；二、期貨交
易所主席湛佑森於 10 月 25 日辭職，承擔部分責任；三、銀行公會在
短時間內兩次減息，前後達 2 厘等措施。

可惜，投資者信心極為脆弱，風聲鶴唳，各項「救市」措施未能
即時奏效。結果 10 月底收市恆生指數報 2,240.13 點，較上月底下
跌 43.2%（鄭宏泰、黃紹倫，2006）。及至 1987 年底，恆生指數以
2,302.75 點收市，全年總成交為 3,714.19 億元（表 7.1）。

是次股災突如其來，牽連甚廣，其後輿論或學術界討論焦點，多
數集中於聯交所理事會停市決定之對錯，或與官員各執一詞之羅生
門，即是停市決定有否獲得到當局首肯及支持，或理事有否捲入私人

利益等政治問題。輿論甚少探究交易所忽視期貨與現貨互動問題，市場生態及投資行為轉變，尤其是低估對沖及套戥所產生的連鎖反應，倉卒決定停市鑄成大錯；遑論探討市場流動性因停市而斷裂，復市後情況遂失控，一發不可收拾，難免讓人有搔不着癢處之嘆。

扼要地說，期貨交易是槓桿買賣，合約期滿前必須每日與現貨收市對價，調整保證按金，多除少補。倘客戶未能依例及時補繳按金，交易所即替其平盤，追討差價，解除違約風險。若現貨市場無故停頓，期貨市場即失去基準，對價無據，買賣無門，衍生違約風險。此外現貨賣盤積壓，復市後股民盲目拋售自保，加速加深跌市，輾轉引發期貨違約、斬倉、平盤，再令現貨期貨開盤價螺旋下瀉，產生更大災難。換言之，聯交所忽視或低估形勢，停市癱瘓市場調整機能，作繭自縛，小災演變成大禍，追悔莫及。

股票現貨與指數期貨兩個市場，其實並不對稱，現貨市場不設延遞交收，即是不能買空賣空[7]，所以期貨市場先天偏重對沖賣空，承盤者以炒家（期貨投機者）為主，用家（股市投資者）絕無僅有。現實上，期貨開盤價乃現貨市場走向指標，反射影響現貨市場情緒，箇中關係微妙，變幻莫測。退一步即使沒有指數期貨，現貨市場突然叫停，切斷流動性，也必然引起骨牌效應，弄致局面不可收拾。八七停

7　客戶若能商借股票周轉，實際效果等同拋空，但屬於雙邊安排，風險自理。

市是輕率決定，朝野皆難辭其咎。

　　第六章分析 1973 年股災，指出股票市場泡沫爆破有三部曲。1987 年股災過程也如出一轍，但交易所人為停市，癱瘓市場機能，壓縮調整期，故牽連甚廣。第一部曲，槓桿融資失控。期貨本身是槓桿投資，與現貨市場槓桿融資互動，流動性有如雪球不斷滾大。股民情緒高漲，市情熾熱，現貨市場嚴重超買，而期貨市場對沖也極度超賣。第二部曲，市場陷入流動性萎縮螺旋。美股利淡消息觸發港股下調之際，突然停市，切斷流動性，調整中斷待續。第三部曲，市場流動性被消耗殆盡。復市後，調整即跳過第二部曲，指數跌勢不止，有如江河日下，槓桿融資買賣幾乎悉數被斬倉平盤，流動性跌落黑洞，迅即被消耗殆盡，前後不過數日光景。

痛定思痛禮賢下士　大刀闊斧變革體制

　　與 1973 年股災比較，1987 年股災牽涉層面更廣泛，普羅大眾財富損失不在話下，經紀汰弱留強是理所當然，但期貨市場違約嚴重，拖累保證公司（見下文）資不抵債未能自保，動搖金融體制基石，影響社會安定。更重要者，是暴露制度缺失嚴重，而且牽涉人為因素，公私利益糾纏不清，須正本清源，股票市場方可重納正軌。

　　政府反應迅速，同年 11 月 16 日公佈設立證券業檢討委員會

（Securities Review Committee），深入探究來龍去脈，查找不足，以免重蹈覆轍，同時探討證券業未來發展路向，藉此安撫公眾，恢復投資者信心。委員會主席是英國勞合保險集團主席戴維森（Ian Davison），成員計有陳壽霖（前行政立法兩局議員）、劉華森（地下鐵路財務總監）、潘永祥（行政立法兩局議員）、蘇仁曾（本地證券經紀）及杜輝廉（Philip Tose，美資證券行主管）[8]。委員會主要職能是：一、調查股災對香港金融市場之影響；二、檢討相關法例得失；三、就恢復香港國際金融市場地位提出建議；四、就恢復公眾投資者對股票市場信心提出建議。

檢討委員會展開工作之際，聯交所理事會在 12 月改選，停市焦點人物李福兆依章程規定卸任主席，退居副主席；主席由冼祖昭接任。元旦假後的 1 月 2 日，廉政公署突然拘捕聯合交易所領導層李福兆（前主席）、辛漢權（行政總裁）及曾德雄（上市部經理），指控三人涉嫌貪污舞弊；政府更要求多名理事即日停職，包括李福兆、冼祖昭、王啟銘、馬清忠、湛兆霖、徐國炯及胡百熙等。交易所成立管理委員會接管會務，余金城擔任主席，前證券監理專員霍禮義（Robert Fell）進駐暫代行政總裁。

另一邊廂，戴維森委員會密鑼緊鼓，努力不懈多月後，同年 5 月

8　潘永祥是執業會計師，香港會計師公會會長。杜輝廉在 1988 年自立門戶，創辦百富勤集團（Peregrine Group），但十年後於亞洲金融風暴中倒閉。

27 日呈交《香港證券業的運作與管理報告書》（*The Operation and Regulation of the Hong Kong Securities Industry: Report of the securities Review Committee*），俗稱《戴維森報告書》，厚達 443 頁，內容充實，闡述金融市場狀況及預期發展趨勢，並深入剖析證券交易所、期貨交易所，及兩個監察機關各自為政，缺乏協調等實務問題。報告書又提出多達 162 項建議，為香港股票市場長遠發展釐定重要方向（《星島日報》，1988 年 6 月 3 日）。

綜合調查分析，報告書指出證券業四大流弊：

一、積習難改，有小撮人士視交易所作私人會所，而非為會員、投資者和上市公司服務之公用機構。行政人員不稱職，缺乏知識及經驗應付市場多變，亦未能獨立思考不受理事會左右。各項制度未能發揮應有監察及制衡功能，例如：隔夜結算未有貫徹實施，難寄望交易所切實執行應有管理及規管措施，妥善控制市場風險。

二、期貨交易所、結算公司與保證公司鼎足分立，但三方責任分界模糊不清，更妨礙建立制度，妥善處理風險。此三家機構必須正視問題，坐言起行，採取措施控制成交盤增長及小數投資者持有大量合約等潛在風險。

三、負責監察整個行業者，是證券事務及商品交易事務兩個監察委員會，但實務欠缺明確方向，更未能發揮獨立法定權力機關之功能，有負政府所託。兩個監察委員會表現非單不夠強而有力，近年更

變得保守及被動。

四、監理專員多番要求增撥資源，應付市場急劇發展，卻屢遭拖延或否決。資源捉襟見肘，專員聚精審查文件，多於實地監察市場及經紀。面對聯合交易所領導層日益強橫，政府卻支持不足，監理處失去主動監管動力（《戴維森報告書》，1988）。

針對以上流弊，報告書提出過百項建議，其中較為重要者有幾項。其一，重組兩家交易所，特別是會員組合及資格，理事會應加入獨立人士，確保交易所是以全體會員及使用者利益為依歸。其二，兩家交易所應設立專組，招攬獨立專業行政人員，負責執行由決策部門所制訂之政策。其三，將證券交易所交收期延長至三日，並嚴格執行，亦應及早實施中央結算制度。其四，期貨交易所及期指合約買賣應繼續營運，但需重整結算及保證制度，加強風險管理。其五，設立單一獨立法定機關，不隸屬政府架構，取代現有兩個監察委員會及監理處。新設機關之職能，是確保市場健全運作，保障投資者（《戴維森報告書》，1988）。

《戴維森報告書》公佈後，政府回應正面，接納全部建議，肯定其撥亂反正，健全金融制度，恢復內外投資者信心。翌日，立法局成立「管制聯合交易所及期貨交易所法例小組」，由王澤長任召集人，為下一階段立法鋪路。與此同時，金融事務科及律政司署也組成專責小組，深入研究如何落實報告相關建議，並計劃進行公開諮詢，為期 1

個月（《星島日報》，1988 年 6 月 3 日）。

政府隨即着手增補法規，首先於同年 7 月 13 日頒佈《證券（公開權益）條例》（*The Securities* (*Disclosure of Interest*) *Regulations*），規定任何人若實質持有上市公司股份 10% 或以上，即須公開其權益，違規者一經定罪，可判處罰款及入獄（Hong Kong Legislative Council, 1988）。

聯合交易所也於 7 月 20 日舉行會員特別大會，通過特別決議案，修改組織章程，改組並擴大理事會，打破四會原來理事近乎壟斷局面。新理事會共 22 人，加入獨立理事及行政總裁，代表性較前廣泛。

廉正公署在 8 月 18 日正式拘捕多名聯交所前管理層，計有冼祖昭、王啟銘、馬清忠、湛兆霖、鍾立雄及李國麟等 6 人[9]，指控彼等涉嫌串謀貪污受賄，前後共有 8 人被控觸犯《防止賄賂條例》[10]，事件自然再度成為中外傳媒和社會輿論焦點。（《星島日報，1988 年 8 月 14 日）

按照新組織章程，聯合交易所在 10 月 18 日順利產生新理事會，獨立理事是利國偉（恆生銀行董事長）、張建東（會計師）、李業廣

9　李國麟是李福兆長子，姚黎李律師行合夥人，專長代表公司申請上市。
10　原有 9 人被拘控，但其中一人（曾德雄）轉做控方證人，免被起訴，所以被告減為 8 人。

（律師）、潘國濂（中華電力總經理）及杜樂（N. S. Tulloch，怡和洋行大班）。利國偉被推選為主席，業界理事馮永祥及關昌燿為副主席，袁天凡（原任職滙豐旗下獲多利）出任行政總裁。理事會及管理層徹底大換血，自停市日起計，剛好一周年。

證券監理專員晏士廷（Roy Aston）表現顢頇，監管交易所鬆懈，處理停市疏虞，於 11 月中約滿離任，轉往西印度群島蒙塞拉特（Montserrat），重投法律專業工作，不再與香港有任何轇輵，是唯一對股災「問責」下台官員（《星島日報》，1988 年 11 月 12 日）。財政司特別顧問區偉賢（Robert Owen）接替晏士廷遺缺，執行《戴維森報告書》建議，籌劃全新證券及商品期貨監察機關。

隨着市場信心逐步恢復，交易轉頻繁，年底恆生指數已回升至2,687.44 點，全年總成交則為 1,994.80 億元，皆已超越股災前水平，情況與 1973 年股災有天壤之別，佐證 1987 年股災是人為因素肇事，與經濟及資本市場基本扯不上關係。回顧股票市場十年（1979-1988 年）表現，恆生指數反覆上揚 2.06 倍，全年總成交更上升 6.78倍（表 7.1），整體增長突出。

按《戴維森報告書》建議，香港證券結算公司（Hong Kong Securities Clearing Company Limited）在 1989 年 3 月成立，推展中央交收及結算制度。期貨交易所轄下香港期貨結算公司（Hong Kong Futures Exchange Clearing Corporation）也在同月投入服

務，強化現貨期貨同步結算，避免交易積壓重演。同年 4 月 12 日頒佈《證券及期貨事務監察委員會條例》（*Securities and Futures Commission Ordinance*），啟動監管架構改革。

證券及期貨事務監察委員會（Securities and Futures Commission）隨後在 5 月 1 日成立，區偉賢出任主席，接管原諮詢委員會及專員職權，統領兩個市場監管，結束「各家自掃門前雪」局面。同年底 12 月 1 日頒佈《證券（交易所上市）規則》（*The Securities (Stock Exchange Listing) Rules*），賦予監察委員會否決權及停牌權，在特定情況下，有權指示交易所否決上市申請，及暫停個別股份買賣，為股票上市、配售、交易及監察等事宜，定下更清晰指引。換言之，當局透過重整交易所，修訂法例和改革監管，實際收回投資市場最終控制權，不再倚靠交易所自律自治。

從八七停市引發股災，到八九年設立證券及期貨事務監察委員會，及頒佈證券上市規則，短短兩年內，政府推進連串體制改革，一環緊接一環，一步緊跟一步。從組織新監管團隊，撤換交易所領導層，加強現貨與期貨兩個市場連繫，到立例亡羊補牢，規管營運，增加市場透明度等，劍指問題核心，手段簡潔明快清脆利落，效率之高並非平庸之輩能望其背。各項措施與政策皆對症下藥、切中時弊，故可迅速撥亂反正，堵塞缺漏，重納制度市場於正軌，恢復內外投資者信心。

檢控瀆職繩之於法　秋後算賬爭議不絕

　　前文提及，廉政公署以涉嫌貪污受賄罪名，在證券業檢討委員會展開工作之際，及報告呈交之後，分兩回合拘捕李福兆及一眾聯合交易所前理事，時機巧合又巧妙，弦外之音，不問而知。政府鎖定目標，埋下伏線，待體制削骨療傷「手術」完成後，始收拾「手尾」，讓事件告一段落。輿論眾說紛紜，有人抱打不平，認為是秋後算賬，有人額手稱慶，認為是伸張公義。

　　廉正公署在 1990 年中正式起訴李福兆，主要控罪有兩條，分別為：一、身為聯合交易所代理人，在 1986 年 5 月 19 日未有合理解釋下收受 50 萬股國泰航空優先配售股權，作為批准、支持或不反對該公司上市的報酬。二、身為聯合交易所代理人，在 1987 年 3 月 3 日未有合理解釋下，收受 30 萬股永新企業優先配售股權，作為批准、支持或不反對該公司上市的報酬。

　　經過長達 35 天審訊，陪審團於 1990 年 10 月 18 日裁決，以 5 比 2 裁定李福兆受賄罪成，法官宣判每項控罪入獄兩年，分期執行，即是合共入獄 4 年，不准緩刑（《星島日報》，1990 年 10 月 16 日至 19 日）。後來李氏上訴不果，覆審遭駁回，維持原判。李福兆出生世家，富商李冠春（東亞銀行創辦股東之一）幼子，半生叱咤風雲，對香港股票市場發展功不可沒，鋃鐺入獄無疑乃極大不幸，亦是極為

沉重的身心打擊。輿論也頗分歧，有人認為事件暴露了人性貪婪，有人認為李氏個性傲慢招禍，也有人認為李氏對香港股票市場發展有功也有勞，落得如斯結局，令人唏噓，且有兔死狗烹之嘆。（馮邦彥，2001；鄭宏泰、黃紹倫，2006）

聯合交易所一眾前理事（包括李福兆等 8 人）涉嫌串謀收受利益，獲優先配售其他上市股份，則另案審理，於 1991 年的 10 月底開庭。聆訊長達 8 個多月，直至翌年 6 月份方審結。陪審團退庭商議 5 天 4 夜後，始在 23 日以大比數裁定各人罪名不成立，法官遂判 8 名被告無罪，當庭釋放，結束這場擾攘多年的案件（《星島日報》，1992 年 6 月 23 日至 25 日）。裁決關鍵是串謀罪舉證門檻高，而且需要毫無合理疑點，陪審團未必完全信納控方論點，寧縱毋枉，貫徹大英普通法精神。

這兩宗轟動中外案件，一判入罪，一判無罪，輿論眾說紛紜，各方看法各異。反方忿忿不平，基本上可歸納為過橋抽版及官官相衛兩個觀點。

政府拉攏各方促成四會合併之時，大前提是與各交易所維持良好合作關係，對配售上市新股予理事習慣，豈會一無所知，而是藉口奉行「不干預自由市場」政策，視而不見。即是說，業界認為此乃「傳統」或「行規」，政府向來默許，並非什麼「違法」行為。1987 年股災之後，政府卻「反臉不認賬」，在毫無警告下，突然檢控領導層，

是司馬昭之心，帶有政治色彩指控，以李福兆等為代罪羔羊，殺雞儆猴。

不過辯證牽強，而且昧於事實。合併前後，交易所地位有變，理事責任也有別。合併前，各家交易所是私營公司，企業申請上市是私人商業交易，行規也許不合情理，也無不合法之處，政府實無法理依據干預。合併後，聯交所變身專營公共機構，受《防止賄賂條例》規管，舊日「行規」自然不能容於法。應留意兩宗官司皆涉及四會合併後之上市申請，此觀點不攻自破。

聯合交易所領導層聲稱決定停市之前，已知會政府主事官員，並獲得對方首肯。事後當局卻否認其事，將責任推得乾乾淨淨，未有追究官員問責，亦無人受到任何懲處。反觀，聯合交易所按照官員意旨行事，領導層則背上黑鑊，更遭秋後算帳，惹上官非，顯然是官官相衛，處事不公。聯合交易主席與政府官員各執一詞，而且當事人皆已作古，無從對質，停市決策內情，有待他日官方檔案解密或可窺端倪。不過聯交所始終是獨立機構，理事會不容推卸決策責任，政府若越俎代庖，實難以想像。

《戴維森報告書》對香港金融投資市場發展影響深遠，但內容並非沒有爭議。業界尤其反感者，是指責聯交所淪為小撮人「私人會所」；辯駁指控與現實不符，慨嘆「欲加之罪，何患無詞」。報告書批評嚴厲，是非自有公斷，但身為公共機構領導層，沒理由不提高警覺，避

免涉及利益衝突，授人話柄。瓜田李下，理應避嫌，以示廉潔清白。套用法律用語，大公無私，坐言起行，光明磊落，方振振有詞；屢屢以「行規」或「傳統」作藉口，掩飾涉嫌利益，難免招人話柄。

　　其實報告書建議之中，爭議最大者是延長交收期至三天（即T＋3）。此建議多從市場國際化角度出發，蓋因外地市場交收結算期或更長，但忽略香港銀行支付系統是隔夜結算，效率冠全球，不能相提並論。聯合交易所新領導層不同意改變，堅持沿用兩天交收，自有道理，因為信用風險擴大，最終財政司翟克誠（Piers Jacobs）一錘定音，維持不變。是次爭議意義重大，交易所領導層換血，主席深慶得人，處事公允，擇善固執，對當局並非言聽計從。

　　政府與證券經紀交鋒，已非首回合。早在百多年前，政府立法規管股票買賣，擾攘 12 個月始頒佈《股票合約條例》（*Share Contract Ordinance*），詳情見第三章。是回合角力實際始於 1973 年股災後，政府推動四會合併，前後拉鋸 13 年始成事，過程迂迴曲折，其間華洋經紀勢力此消彼長，形勢更錯綜複雜。聯合交易所原領導層錯判形勢，行事作風依然故我，未有正視積習流弊。政府心中有數，趁停市爭議此千載一時良機，撥亂反正，大刀闊斧整肅業內歪風，約束業界行為，加強行業監管，前後不過兩年。儘管各界意見分岐，未盡同意《戴維森報告》觀點、結論及建議，是次詳盡檢討對香港股票市場發展，尤其是完善和加強制度，有極為深遠影響，理應無人有異議。

＊　　　＊　　　＊

結語

　　從市場發展與制度演變角度看，六七十年代交接之際，股市迅速開放，既創新普及，亦承襲潛規則與陋習。不過該等流弊未有在 1973 年股災中暴露出來，而四會合併過程一波三折，夜長夢多，導致流弊積非成是。時移世易，聯合交易所啟業時，已是八十年代中葉，投資市場結構經已發生巨變，尤其是金融期貨也開業，生態愈趨複雜。更重要者，是聯合交易所地位已脫胎換骨，是公共機構，有專營權利也有社會責任。可是原領導層無論心態、處事作風，以至視野皆沒有跟上時代轉變，自然百弊叢生。1987 年停市決定，帶來災難性後果，凸顯問題癥結，招來政府干預整肅，一子錯滿盤皆落索。

　　殖民政府的管治哲學，向來是「積極不干預」，即是「還未出亂子，勿輕舉妄動」（If it ain't broke, don't fix it）。在四會時期，交易所是私營公司，監管模式與銀行相同，設定框架，信賴市場行業自律。若市場體制未臻完善，浮現這樣那樣問題，便即時修補漏洞，直至有系統性問題爆發，如銀行擠提等，影響社會民生，方大刀闊斧改革。1973 年股災後，政府推動四會合併，仍信賴市場行業可自律，可是進

度反覆，更一拖再拖，喚醒當局必須正視證券行業積習難改問題。1987 年停市股災震盪，與六十年代銀行擠提不相伯仲，動搖市場信心，影響公眾利益，不能坐視不理。政府改變初衷，「趁大雨洗屋頂」，借助社會輿論消除改革阻力，結合專家意見，整頓制度架構，提升監管效率，毫不拖泥帶水，也毫不留情，甚至殺雞儆猴。

塞翁失馬，焉知非福，1987 年股災突如其來，各方措手不及，但卻催化香港金融體制蛻變，朝更健康方向發展。1988 年《戴維森報告》（證券監管）與 1962 年《湯金斯報告》（銀行監管，詳見第五章）是異曲同工，對行業日後健康發展至為關鍵。報告提出過百項建議，皆切中時弊，對症下藥，既能煞停業界陋習，亦可堵塞制度漏洞，更可促進市場效率，注入活力，以及提升市場公正性與透明度。《戴維森報告》加快香港股票市場國際化進程，制度與歐美成熟市場看齊，鞏固香港國際金融中心地位及基礎，功不可沒。

世事如棋，十年後股票市場再次遇上風潮，是回源頭與本身無關，而是早前港元恢復正式掛鈎美元時制度有缺失，聯繫滙率實質變異為管控浮動滙率制度，被游資看透漏洞，借艇割禾，虛招炒賣港元脫鈎貶值，實招拋空指數期貨圖利，詳情且留待下一章論述。

1998

游資聲東擊西
政府背城借一

引言

　　環球金融市場互相扣連，即使政治經濟的脈絡體系有別，也牽一髮動全身。香港金融產業自由開放，國際機構雲集，外圍任何風吹草動，皆有直接間接影響。七十年代石油危機拖累環球經濟衰退，香港投資市場及整體經濟低迷多年，是例子之一。1987 年交易所停市，源於美國華爾街股市大跌，觸動環球股市下瀉，是例子之二。不過十年後，香港回歸祖國懷抱翌日，亞洲金融驟起風暴，多隻貨幣遭受狙擊，相繼大幅貶值，港元原可倖免，股票、期貨及外滙市場竟受到衝擊，應該是另有蹺蹊。

　　經濟學大師、前美國財政部長薩默斯（Larry Summers）評析九七亞洲金融風暴，點出金融危機有個共通點，「借貸過度而融資未能用得其所」（Summers, 1998:34），可謂一語中的。有西方學者更批評，亞洲社會政治腐敗，制度缺失及「裙帶資本主義」（crony capitalism），乃必然導致惡果；又有論者指「亞洲四小龍」（南韓、台灣、香港及新加坡）及「亞洲四小虎」（泰國、馬來西亞、印尼及菲律賓）深受儒家思想影響，發展模式突出，成績驕人，其實金玉其外，並不

足恃（Fukuyama, 1995; Patten, 1998）[1]。香港剛回歸中國，特別行政區政府履新，尤其惹來各方關注，正好考驗新班子管治能力。政府主動迎擊「金融大鱷」，阻截投機炒作，有人擊節讚賞當機立斷、靈活變通、敢作敢為；也有人責難其背棄自由市場，偏離奉行個多世紀之圭臬。

事實上，那場跨市場期股滙風潮乃前所未見，既急且猛，對香港財金官員及社會大眾是極重大考驗，對金融貨幣制度更是巨大挑戰。香港金融紀律向來嚴謹，貨幣局聯繫滙率制度理應固若金湯，況且港元、美元、人民幣組成貨幣鐵三角，游資熱錢即使來犯也無從入手。當初借勢投石問路，窺探港元虛實，不料政府恐防有失反應過敏，兵慌馬亂變相自暴缺陷，投機者正中下懷。翌年捲土重來，聲東擊西借艇割禾，政府本可冷靜應對，從容招架，四兩撥千斤化解投機

1　最能反映西方人士對亞洲經濟在戰後崛起的負面看法與偏見，莫如自詡「資深中國事務觀察家」的傳媒人 Joe Studwell（中文譯名「周博」）所著《亞洲教父：透視香港與東南亞的金權遊戲》（*Asian Godfathers: Money and Power in Hong Kong and South-East Asia*）一書，既以「教父」一詞稱呼華人巨富，顯示並非正派，還以揭秘方式介紹彼等致富過程及其複雜性。周博寫道：「所討論『亞洲教父』之中，確實有人曾參與走私活動，包括各式各樣民生必需品，甚至偶爾販賣人口、毒品和武器等等，其中少數還與賭博業有深厚淵源。此等活動顯示，教父與亞洲黑社會地下組織有頻繁接觸，包括中國三合會、洪門、天地會，及印尼地下幫會等。這確實是東南亞大亨生活真實一面，但不表示他們就是黑社會老大。相反地，大部分亞洲犯罪組織和商賈巨擘有一定平行相連關係。」（周博，2010：20）

於無形，卻捨易取難，本末倒置，採用迂迴途徑捍衛港元，擾攘半個月動用過千億元公帑，媒體稱為「官鱷對決」。

從理論上說，1989年那場「期股滙風潮」原是可避免，可惜政府大意失荊州，錯失多次矯正滙率制度缺陷的機會，甚至在游資熱錢投石問路之際，也未醒覺山雨欲來，及時變陣抗敵，令對手知難而退。「官鱷對決」中政府雖勝猶敗，聯繫滙率原封不動，投機者順勢平盤獲利離場，政府卻背負干預市場惡名，賠了夫人又折兵。本章勾劃這場風暴來龍去脈，分析當中錯綜複雜的脈絡和潛在問題，探討當局亡羊補牢完善體制之道，令香港金融產業腳步更為穩固，踏上更康莊闊大之國際化和現代化大道。

*　　　　*　　　　*

亞洲金融起風暴　游資試探港元虛實

古今中外諺語有云：「水能載舟，亦能覆舟」，說明凡事有利也有弊。力量用得其所，可以發揮龐大而正面作用；若不得其法，則產生災難性反效果。所謂民心向背，可以左右政權強弱安危，甚至衝擊政府管治威信，就是此道理。事實上，金融市場資金聚散，也是異曲同

工。資金用於建設民生，可推動工商百業發展經濟，物阜民安，產生「載舟」作用；用於投機倒把，則影響生產貿易，窒礙經濟，還衝擊民生，禍延社會，導致「覆舟」局面。若外滙存底資不抵債，更產生災難性後果。

現今社會屬「後物質主義」（post-materialism）時代[2]，科技日新月異，金融體系發達，資金及資訊皆自由流通，調動轉移交易全球化，彈指間無遠弗屆，且不受約束，加上高槓桿高風險金融衍生工具千變萬化大行其道，迴避市場常規監管，游資熱錢影響力和衝擊力，不容小覷。社會財富積累極龐大，實際超乎想像，公營私營僱員公積金或退休保障基金、社會保障基金、國家主權基金、私募投資基金等，名副其實「富可敵國」。若游資熱錢窺破某地貨幣金融體系缺陷，不約而同衝擊圖利「發大財」，不論體系皆難以招架。

眾所周知，現代資本主義經濟社會發展最大動力，是不囿於傳統及創新精神，無論是學術上的熊彼得式，從無到有的創新精神（Schumpeterian entrepreneurship），或是實用上的卻士拿式，依樣葫蘆而把握市場信息與空間不對稱機會，套戥差異的創富精神（Kirznerian entrepreneurship），力量同樣巨大，能促進經濟發展（鄭宏泰、黃紹倫，2004）。衍生工具被推崇為全球化年代「金融創新」佼佼者，為投資對沖套戥風險，為市場注入力量。但凡事有利也有

2　何謂後物質主義的定義與深入論述，可參考美國政治社會學家 Ronald Inglehart (1977)，本書並非聚焦此點，不作深入介紹。

弊，創新既可載舟也可覆舟。對沖基金立足歐美、俯視全球，擁有極為豐厚的財力，加上專業的知識視野和專長，活用日新月異的資訊科技，擅長尋租覓利（rent-seeking）。

換言之，金融市場無風無浪，從中取利其實不易，所以尋租覓利，圖謀「賺大錢」是經濟行為，也是人之常情，但另闢蹊徑突圍而出，又談何容易。1997 年亞洲金融風暴，就是對沖基金興風作浪，游資熱錢乘虛投機，狙擊貨幣牟利，驟起於香港九七回歸之際，擾攘經年，更需國際貨幣基金會援手始可平息。

掀開帷幔者，是泰銖（Thai Baht）在 1997 年 7 月 2 日突然浮動，連鎖反應，波及其他新興經濟，滙率大瀉，外滙流失，外資撤離，經濟倒退。「四小虎」及韓國是受影響最大者，只有中國能獨善其身，即使日本及新加坡也受拖累，不能倖免（表 8.1）。

表 8.1：1997 年 6 月—1998 年 3 月間區內主要市場滙價、
**　　　利率及股市變動 (%)**

國家／地區	滙價（兌美元）	短期利率變動	股市	
			以本地貨幣計	以美元計
香港	-0.03	-8	-24	-24
台灣	-14	-28	+1	-15
日本	-9	+10	-20	-31
新加坡	-11	+25	-18	-27
菲律賓	-31	+72	-20	-45
馬來西亞	-31	+48	-33	-45
南韓	-36	+75	-35	-59
泰國	-37	+55	-13	-45
印尼	-72	+222	-25	-79

資料來源：香港特別行政區政府財經事務局，1998：7。

回顧亞洲金融風暴，其實是典型的貨幣外滙危機轉化為零售銀行風潮，拖累經濟。遭受衝擊者有多個共通點，計有經濟改革開放、貨幣「掛鈎」美元、引進外來投資、出口加工代工帶動增長、外銷歐美日等市場，金融發展尚未成熟、政權更迭頻繁等特徵。對外收支賬，連年盈餘，貨幣備受升值壓力，有賴利息偏軟紓緩。政府趁機爭取有利條件向外舉債，大興土木加強基礎建設，提升工業科技水平。此外，銀行信貸寬鬆，內地消費投資熾熱，資產通脹隱憂大，招引游資熱錢覬覦，資產外滙低買高賣。反過來，投機泡沫爆破，趁好套現撤離，引發貨幣貶值，資產跌價，呆壞賬驟升，外滙流失，通貨收縮等連鎖漩渦效應，一發不可收拾。

上世紀八十年代，東亞地區經濟發展蓬勃，改革開放吸引外資湧入，促進投資建設，房地產市場及資本市場尤其活躍，資產價格屢創新高。至九十年代初，更一片熾熱，經濟浮現泡沫，反過來凸顯經濟及金融制度先天缺陷，惹來游資熱錢垂涎「尋租」。總結八九十年代，東南亞國家聯盟（Association of Southeast Asian Nations，簡稱 ASEAN）諸國經濟增長驕人，整體年率從 8% 至 12% 不等，被譽為「奇蹟」也不為過，然而外債也不低，可見基礎並不穩固。就以「四小虎」為例，在 1993 年外債合計等於生產值總和 100%，比率在 1996 年更上升至 167%。

正如美國麻省理工大學商業經濟學者克魯文（Paul Krugman）所

質疑，其經濟發展只屬「神話」，甚至辛辣地批評不是建基於民族智慧，而是人民血汗而已。即是未脫離原始資本積累層次，仍舊以廉價勞力及土地換取增長，技術或體制（例如金融）層面有待提升（Krugman, 1994 and 1998）。正如本章開首所引述《亞洲教父：透視香港與東南亞金權遊戲》一書，勾劃出亞洲政經社會面貌，是資源幾乎壟斷、政商二界交往頻密形影不離、走私漏稅和黑幫朋黨交纏，政治和社會制度禮崩樂壞等，乃變革失敗範例（周博，2010）。

有財經學者，如前香港證券及期貨事務監察委員會主席沈聯濤等，應用「網絡理論」分析環球及地區風暴，解釋金融市場實際互扣互連，而樞紐市場穩健至為重要，一旦受到外力衝擊，將產生漣漪，波及所扣連的財經系統，甚至所扣連的經濟系統。簡言之，游資熱錢趁火打劫，興風作浪，「赫然看到資產泡沫浮現，情況應難以持續，拋售估值偏高資產及關聯貨幣獲利，乃輕而易舉；況且國際大炒家，實力不下於竭力捍衛本國貨幣之中央銀行，甚至過之而無不及，贏面之高，猶如探囊取物」（沈聯濤，2009：216）。

游資熱錢在 1997 年初已蠢蠢欲動投石問路，「在遠期滙市拋空 6 個月至 1 年期泰銖和馬來西亞令吉（Malaysian Ringgit）」（沈聯濤，2009：215），而菲律賓披索（Philippine Peso）同樣遭受襲，是小試牛刀，屬連串衝擊的前奏。同年 7 月 2 日，即香港主權回歸翌日，形勢急轉直下，泰國宣佈泰銖自由浮動，滙率由 26 銖下跌至 30

銖兌 1 美元。數天後，菲律賓披索貶值，滙率由 27 披索下跌至 29 披索兌 1 美元，中央銀行即時實施外滙管制。印尼銀行亦放寬印尼盾（Indonesian Rupiah）兌美元波幅，由 8% 擴大至 12%。接着 7 月 14 日，馬來西亞政府也宣佈令吉貶值 2%，亦實施外滙管制。

香港金融體制向以穩健見稱，且經濟發展動力仍強，外滙儲備充足，更適值回歸喜慶，朝野對亞洲貨幣先後下滑掉以輕心，投資氣氛仍然熾熱。恆生指數節節上揚，更在 8 月 7 日創下 16,673 點歷史高位（香港特別行政區政府財經事務局，1998）。況且內地與香港貨幣皆掛鈎美元，而人民幣仍未完全自由兌換，資本賬仍受管制，游資熱錢應無從入手，而港元採用貨幣局聯繫滙率制度，照理也固若金湯。

隨着亞洲貨幣持續貶值利率急升，社會經濟金融遭遇衝擊，難免殃及香港投資市場。在外圍金融環境風雨飄搖、股票市場急跌影響下，同年 8 月 29 日，恆生指數單日下跌 634 點，跌幅高達 4.3%。大多數投資者仍然相信是獲利回吐現象，屬技術性調整，而非大市轉向。不過內外金融形勢不斷惡化，恐慌情緒蔓延，恆生指數持續下滑，到 10 月 15 日，更跌至 13,384 點水平，等於短短一個多月間蒸發掉近兩成市值（饒餘慶，2000）。

兩天後，台灣於 17 日突然宣佈放棄新台幣固定滙率，港元是下個目標已呼之欲出，即使貨幣局聯繫滙率制度穩固，亦非無計可施。時移世易，香港回歸後與內地經濟關係更趨密切，可借炒作港元試探

人民幣虛實，故難再獨善其身。若港元貶值以保持出口競爭力，而人民幣跟隨，投機者便可在外滙市場「不交收人民幣期貨」認沽盤獲利[3]。事後分析，游資熱錢顯然另有所圖，窺破港元滙率制度缺陷，跨市場投機買賣一虛一實，聲東擊西借艇割禾。

其實跨市場期股滙投機買賣並不複雜，借入本地貨幣，再在遠期市場沽出，一買一賣，善價平盤獲利。不過拋空貨幣要支付利息，若同時拋空股票或賣出指數期貨認沽權，即使貨幣不貶值，也可在股市或期市圖利，因為利率提高，股價相應下跌，竅妙是左右逢源，提高成本效益（沈聯濤，2009：218-219，230-231）。香港金融市場開放，資金可以自由進出，股票外滙現貨及期貨市場成熟，賣買外交易費用甚低，若聯繫滙率制度有後天失誤，天時地利人和俱備，完全切合炒賣客觀條件。

10 月份游資熱錢小試牛刀，利用外滙掉期安排，沽空遠期港元，拆入美元，再作押借入即期港元，支付按金，賣出認沽恆生股票指數期權，試探虛實。港元在 21 日突遭拋售，香港、倫敦及紐約三地市場合計約 50 億元，但已將現貨滙率驟然拖低至 7.8 官價，而 1 年期遠期滙率折算更低至 8.50（香港特別行政區政府財經事務局，1998）。無巧不成書，華爾街投資銀行摩根史丹利（Morgan

---

3　「不交外滙收期貨」是合約屆滿時，買賣雙方只可用美元折算平盤，不設原幣交收，實際上與對敲原幣滙率升跌無異。

Stanley）建議客戶減持亞洲股份，有如「唱雙簧」一呼一應，落井下石。金融管理專員惶恐情況失控，出手干預，阻嚇投機者，港元隔夜頭寸緊張，拆息升上 9 厘。專員更公開警告銀行慎用「流動資金調節機制」，並向濫用者徵收懲罰性利息，以免港元百上加斤。言猶在耳，港元及港股繼續被拋空，恆生指數在翌日（22 日）急挫 765 點（跌幅 6.2%），外滙基金也繼續承接港元沽盤。

形勢比人強，銀行避重就輕，寧可在同業市場拆借周轉，再三推高拆息，而始料不及者，是兩日之後（23 日）隔夜拆息竟飆升至破紀錄的 289 厘，震動市場，招來非議[4]。當天恆生指數急挫 1,211 點（跌幅達 10.4%）至 10,426 點，比較 8 月 7 日歷史高位（16,673 點），在兩個多月間急跌逾 37%，傳媒稱為「黑色星期四」。

市場流傳游資聲東擊西，狙擊聯繫滙率是虛招，股市期貨沽空才是真章。政府干預外滙市場，股票市場應聲下跌，游資熱錢正中下

4　市場傳聞數家銀行重覆使用「流動資金調節機制」，遭徵收懲罰性利息高達 200 厘，空穴來風未必因由（馮邦彥，2002）。金融經濟學者饒餘慶解釋，大幅「挾高」拆息，確實傷害銀行體系，但也逼於無奈：「10 月 20 日開始，國際炒家瘋狂拋空港元，許多銀行不但貸款予炒家，還自己參與了投機。針對這炒風，金管局拋售了大量美元。10 月 23 日結算當天，銀行紛紛補倉，引致拆息飆升。金管局沒有注資予同業市場，確是事實。但在炒風猖狂之際，金管局為何要注資？難道要為炒家提供方便，推翻聯滙制嗎？」（饒餘慶，2000：52）不過銀行是商業機構，金融市場買賣是正常業務，受到風險管理約制及規管。無疑外滙買賣先天有投機成分，總不能因噎廢食，寓禁於徵。若市場效率高，投機者難有用武之地。外滙基金是市場最後貸放者，應否注資是政治決定，饒餘慶立論難以成立。

懷，平盤期貨收割。過猶不及，干預反而露出馬腳，原來港元聯繫滙率制度表裏不一，實際仍然是「操控浮動滙率」，倚賴市場操作維持穩定，套戥機制自動調節是紙上談兵而已。翌日（24 日）拆息回落，恆生指數反彈 718 點（升 6.9%），市場秩序漸次恢復正常。游資熱錢見好即收，偃旗息鼓，但風潮餘波未了。

政府反應可謂十分迅速，自 10 月 25 日起擴大流動資金，藉以調節機制存貸利率差距，由 4.25 厘及 6.25 厘改為 4 厘及 7 厘，可惜作用不彰。全球股市報跌，恆生指數在 27 日及 28 日，連續下挫 646 點（跌 5.8%）及 1,438 點（跌 13.7%），跌穿 10,000 點心理關口，至 9,060 點水平。翌日（29 日）指數大幅反彈 1,705 點（升 18.8%），重越 10,000 點水平，收報 10,765 點（香港特別行政區政府財經事務局，1998）。誰料 10 月 30 日美資國際信貸評級機構穆迪（Moody's）也調低香港銀行前景，由穩定降低為負面，令市場信心變得忐忑。政府隨即發表聲明反駁，重申香港銀行體系健全，但恆生指數仍下挫 402 點（3.7%）。

金融環境風高浪急，冒進投資者失利虧損甚大，暴露流動性斷裂問題。踏入 11 月份，區內金融體系包括日本和南韓等，同時出現嚴重股滙失跌問題，不但投資氣氛惡化，金融壓力亦大增。而 11 月 10 日港基國際銀行遭擠提，隨後 11 月 24 日山一證券（Yamaichi Securities）破產，則顯示金融體系正面對嚴峻挑戰（香港特別行政區

政府財經事務局，1998）。

踏入 1998 年亞洲貨幣跌勢未止，泰銖和新加坡元（Singaporean Dollar）在 1 月 7 日再下挫 2.6% 及 2.4%，印尼盾和馬來西亞令吉更大跌 8% 及 6%。同日恆生指數急挫 597 點（跌 5.9%），收報 9,539 點，再跌穿 10,000 點心理關口。投資銀行百富勤集團（Peregrine International）風險管理不善，一子錯滿盤皆落索，在 1 月 12 日突然倒閉[5]，股票市場雪上加霜，恆生指數曾低跌至 7,909 點，收市方反彈，報 8,121 點，全日跌幅達 8.7%，可見跌勢之劇。數日後（19日），證券行正達集團（C A Financial）也周轉不靈，資不抵債，相繼清盤。事件暴露華資證券行陋習，擅自挪用客戶寄存股票向銀行抵押融資周轉，甚至槓桿放貸，監管條文形同虛設，引起軒然大波。不過農曆新年假後 2 月 2 日復市，恆生指數反彈，急升 14.3%，重上10,000 點水平，而接着數個月，期股滙市場恢復平靜，其實是暴風雨前夕。

政府干預市場，直接間接推高同業拆息，引發各界爭議，學者眾說紛紜。政府在 11 月 14 日邀請各家大學共 10 名財經學者聚首一

5　花旗集團（Citigroup）香港投資銀行主管杜輝廉（Philip Tose）及梁百韜離巢自立門戶，集資在 1988 年成立百富勤集團，雄心勃勃，矢志與華爾街巨擘摩根士丹利齊名，不料被亞洲金融風暴淹沒。百富勤在印尼貸放及外滙業務損手，虧蝕數以億美元計，禍及集團，形勢急轉直下，在 1998 年 1 月倒閉清盤。

堂，與財金官員交流，集思廣益，改進聯繫滙率制度。席上意見紛陳，香港科技大學陳乃虎提出「美元流動資金調節機制」、「港元認沽期權」及「貨幣美元化」等多個方案。香港浸會大學曾澍基對貨幣局制度研究有素，提出禮失求於野，借鏡阿根庭、立陶宛及拉脫維亞等三國所採用之現代聯繫滙率版本（三國模式），銀行清算結餘與發鈔儲備看齊，同樣有官價兌換保證（香港特別行政區財經事務局，1998）。其實學者意見殊途同歸，恢復官價市價套戥機制，借力打力，四兩撥千斤，運用市場力量化解投機衝擊於無形，方為上策。

　　陳乃虎團隊所提出者，操作繁複，所以理論大於實用。曾澍基所提出者，返樸歸真，所謂「三國模式」，其實就是恢復港元掛鈎英鎊時期運作模式（詳見下文），因時制宜。此外外滙基金早在1996年接管銀行同業清算，各銀行也在基金開立清算戶口，若即時實施官價兌換保證，游資熱錢即使來犯，也無從入手，應可避過九七亞洲金融風暴一劫，可惜又平白錯過機會。

　　政府在1998年4月發表《香港金融市場檢討報告》，詳盡分析游資熱錢來犯，衝擊港元事件，並且評析銀行系統、滙率制度、資金市場、證券市場、期貨市場等系統得失。《報告》是財經事務局統籌，分別由金融管理專員負責銀行貨幣部分，及證券交易所、期貨交易所與證券結算所等負責股票期貨市場部分，卻不約而同否定跨市場期股滙投機之關鍵問題，遑論實際應對策略。

　　《報告》重申香港經濟基礎紮實，不過資產價格急劇上漲，高處不勝寒，難以持續，暴露金融產業弱點，招惹國際炒家肆意炒作攻擊。政府並不認同聯繫滙率制度有重大缺失，重申利率調節、市場干預及銀行監管皆發揮功能，維持滙率穩定；也未有認真考慮學者意見，正視制度缺陷，再錯失補救機會，因為朝野雙方從對立角度看問題。

　　貨幣局聯繫滙率制度以銀根（貨幣基礎）為本，包括鈔票發行及銀行清算結餘，雙方皆無異議。不過官員認為香港沿用制度有別於傳統，鈔票由私營銀行發行，同業清算本來由私營銀行主理，所以自動調節機制需倚賴美元港元利息套戥，而非官價市價滙率套戥。故此市場操作（干預）是潤滑劑，令自動調節更暢順，事半功倍。換言之，套戥是被動，干預是主動。所謂「優化」制度，是以美國聯邦儲備局為師，加強調控利率及流動資金等，事半功倍。不過官員所認識之聯繫滙率運作，其實是港元浮動時期，調控利率維持滙率穩定的手法，而恢復固定滙率原意，是返回傳統滙率機制，理應以自動調節為主，干預操作為副。

　　學者看法恰好相反，認為香港制度與傳統異曲同工，自動調節機制是滙率及利率套戥並行，四兩撥千斤，令投機者知難而退。滙率套戥癱瘓，皆因銀根一分為二，發鈔儲備有官價兌換保證，而清算結餘則無保證，當務之急是矯正缺陷，全面發揮自動調節機能，利用市場力量抗衡投機者。套戥是主動，干預是被動，始是貨幣局聯繫滙率制

度真諦，因為干預市場旨在矯正偏差，令自動調節機制運行暢順，而非喧賓奪主。不過官字始終是兩個口，8月份「官鱷對決」後，政府推出七項「優化」措施（所謂「任七招」），首項即是曾澍基所提議者，變相默認學者有先見之明。

　　至於投資市場檢討部分，焦點有二，買空賣空及槓桿融資借貸。斯時市場不設買空賣空交易，但並非不合法，關鍵是賣方可以借入股票周轉，合乎交收結算規定。政府擔憂此機制被濫用，擾亂市場秩序，建議增強透明度，並推出中央系統記錄股票借出借入，供投資者查閱。正達集團倒閉，暴露證券商股票槓桿融資及借貸缺乏規管，百病叢生。問題分為兩個層次，證券商給予客戶槓桿融資買賣股票，及證券商向銀行槓桿借貸自用，互相關連但皆欠規管。癥結是圍內放債財務公司不受銀行法例管轄，所以客戶寄存股票及槓桿融資無法可依，無規可循。政府建議由證券及期貨事務監察委員會統一監管，制定資本充足、風險管理、業務營運等守則。此外，證券商「借用」客戶寄存股票作押，向銀行借貸用作營運流動資金，習以為常卻有乖誠信。銀行公會跟進，隨後制定同業營運守則，約束股票借貸，撥亂反正。

　　《報告》兩部分異口同聲，不認同跨市場投機操作，指出並無實證支持滙率及利率波動與股票市場及期貨市場起跌有關連。不過，《報告》也未有提出實證否定兩者沒有關連。相反，拆息飆升創新高與滙

率遭到狙擊息息相關乃事實，股票現貨市場「借貨」拋空與指數期貨
沽空盤息息相關也是事實。若兩者乃獨立事件全無關連，而聯繫滙率
也固若金湯，則如何解釋游資熱錢明知不可為而為？其實游資熱錢是
有備而來，看破港元恢復掛鈎美元時，百密一疏有機可乘。

扼要地說，踏入九十年代，美國減息刺激經濟，香港亦步亦趨，
加上受惠於內地經濟持續增長及主權回歸亢奮，吸引多方資金滙聚把
握商機，更有精明資金押注港元升值，令港元滙率長期偏強。至於吸
納資金停留，當然是股票市場和房地產市場，況且回報不錯。表 8.2
綜合九十年代香港房地產市場及股票市場數據摘要。回歸前，經濟金
融暢旺，資金湧入，房地產市場及股票市場熾熱，資產價格大幅飆
升，令不少投資者笑逐顏開。

> 風暴來臨前，香港經過一段異常繁榮期，加上對前景高度樂
> 觀，香港的樓市及股市均被推至偏高水平。舉例而言，住宅物業
> 價格於短短兩年間上升了約 80%，至 1997 年 10 月達到最高點。
> 恆生指數在 1997 年 8 月攀至歷史高峰，兩年半內增值 1.4 倍。
> 高峰期間藍籌股的市盈率急升至平均 17 倍，而紅籌股及 H 股則
> 更驚人，分別達 52 倍及 30 倍。（香港特別行政區政府財經事務
> 局，1998：viii）

表 8.2：1990－1998 年資產價格變動摘要

	1990	1991	1992	1993	1994	1995	1996	1997	1998
股票市場指標									
恆生指數（年底）	3025	4297	5512	11888	8191	10073	13452	10723	10049
市值（10 億美元）	83.4	121.9	172.0	385.0	269.5	303.7	449.2	413.3	343.6
交易所市盈率	9.9	13.0	13.1	21.6	10.7	11.4	16.7	12.1	10.7
房地產市場指標（私人）*									
整體房地產市場	47.3	73.2	85.7	100.8	110.1	103.9	134.5	155.0	104.6
住宅市場	54.1	75.0	101.7	119.1	129.8	125.9	144.5	165.3	102.7
辦公室市場	102.9	109.7	149.2	184.1	235.2	183.8	217.2	173.3	106.6

註：*1999=100

資料來源：沈聯濤，2009：223。

　　綜合分析，香港主權回歸後，亞洲旋即爆發金融危機，游資熱錢更在 10 月份衝擊港元。嚴格而言，事件並不顯示香港經濟基礎及金融基礎有問題，因為香港經濟充滿活力，基調良好，本地生產總值持續增長、失業率極低；金融方面則沒有外債，美元外滙儲備雄厚（Sheng, 2010）。即使回歸過渡期，房地產市場及股票市場出現泡沫，也不致招惹炒賣港元貶值，因為理論上並無勝算。反證游資熱錢洞悉滙率制度缺陷，投石問路，摸透虛實，圖謀後計。

聯繫滙率名不副實　政府百密一疏誤事

　　貨幣局聯繫滙率制度，原是英國屬土貨幣制度，建基於宗主國與屬土密切財經關係，設計簡單實用。核心之一是貨幣基礎或銀根（即現鈔發行及銀行清算結餘），具有十足外滙（英鎊）支持；核心之二是貨幣局與銀行交易須以官價外滙結算，兩者是聯繫滙率制度支柱。貨幣銀根有十足外滙支持，若市價外滙偏離官價，銀行可套戥賺取差價，眾志成城，糾正偏差。故此維持滙價穩定，以自動調節機制為主力，滙率及利率套戥相輔相成，市場干預是非常措施，旨在矯正偏差，重納自動調節於正軌。香港所採用者是改良版本，現鈔由私營銀行發行，銀行清算結餘原來也是由私營銀行管理，但無損制度功能完整。經多番演變後，外滙基金（即貨幣局）現今管控發鈔外滙儲備及銀行清算結餘，並保證官價買賣美元。

　　在港元掛鈎英鎊年代，環球採用固定滙率制度，英國實施外滙管制，所以英鎊官價及市價幾乎一致。香港跟隨實施管制，只有「外滙銀行」可直接買賣英鎊，而「非外滙銀行」須經外滙銀行買賣（詳見第五章）。同業票據交換所由滙豐銀行（外滙銀行）管理，為配合外滙管制，直接清算銀行（Clearing Bank）須在滙豐開設賬戶，間接清算銀行（Sub-Clearing Bank），須在清算銀行開設賬戶。故此英鎊外滙買賣必須通過同業清算系統，而清算賬戶結餘總計（總清算結餘）

每日增減，實際是各外滙銀行與滙豐官價買賣英磅外滙結果。通過外滙銀行與交換所管理銀行之間官價英鎊買賣，及外滙銀行與非外滙銀行之間議價買賣，聯繫滙率制度幾乎自動操作，無需政府干預，市場也能自行糾正偏差。

　　八十年代初，中英兩國展開香港前途會談後，開局不順，人心忐忑不安，滙率波動。港元卒在 1983 年恢復固定滙率，原意是回復舊制，穩定局面，來龍去脈前章已有詳述，在此不贅。不過，時移世易，客觀條件變遷，環球已改用美元本位浮動滙率，香港亦已撤銷外滙管制，再不區分外滙及非外滙銀行，變成在環球浮動滙率大環境之中採用固定滙率，技術上不能依樣葫蘆。港元改為掛鈎美元，而且明文規定銀行提存現鈔須以官價外滙結算。不過百密一疏，聯繫滙率制並未回復原狀，種下 1998 年期股滙風潮禍根。

　　外滙管制年代，香港英鎊市場實際分為官價及議價兩個市場。官價市場與環球市場接軌，由英倫銀行、外滙基金、外滙銀行等組成，議價市場是本地市場，由所有銀行（包括外滙銀行及非外滙銀行）組成。外滙基金發鈔儲備及外滙銀行存款儲備（包括總清算結餘），須以官價折算英鎊存放英倫銀行，其中發鈔儲備及總清算結餘就是港元銀根（即貨幣基礎）。應留意者，是外滙銀行可以兩邊遊走，左右逢源，買賣英鎊外滙套戥，成本效益高，故此聯繫滙率機制能夠有效自我調整。非外滙銀行不能儲備英鎊外滙，需改用美元代替，而美元是

完全自由兌換，香港只有議價市場，乃題外話[6]。

恢復固定滙率以後，香港美元市場實際也是官價（管制）市場與議價（自由）市場並存。官價市場是本地市場，由外滙基金及發鈔銀行組成，只限於鈔票發行儲備提存。議價市場與環球市場接軌，由所有銀行組成，進行其他交易。應留意者，只有滙豐及渣打兩家發鈔銀行能兩邊遊走，理論上可以左右逢源，利用發鈔機制套戥，但實務上交易成本高，成本效益甚低。至於其他銀行，利用現鈔提存套戥更是紙上談兵，因為交易成本更高。故此，聯繫滙率自動調整機制無從發揮，與掛鈎英鎊時期有天壤之別。

在環球滙率浮動下恢復固定滙率，理論與實務頗複雜，不容易釋疑。不過，政府公關手段高明，借助美元穩定民心，反覆強調港元發行有充足外滙儲備支持，令市場疑慮一掃而空，對制度先天缺陷反掉以輕心。

港元恢復固定滙率後，首回合考驗是 1987 年美元由高位回落，皆因美英德法日等五大國早前協議重整滙率，以矯正環球貿易失衡。

6　根據解密檔案，六十年代非外滙銀行紛紛申請轉為外滙銀行，背後盤算是趁英鎊積弱之際，遊走官價市場及議價市場之便，套戥滙價圖利。英鎊卒在 1967 年大幅貶值。此外，恆生易手後，仍保留非外滙銀行資格，但在英鎊貶值前夕，存放倫敦英鎊外滙達 2 億元等值，佔非外滙銀行 92% 或全港銀行 12% 之多，耐人尋味（Commissioner of Banking memo to Financial Secretary, 24 November 1967）。同參考 Jao（1974）及 Schenk（2003）的論述。

美元貶值，即是日元等亞洲貨幣相對升值，引發熱錢流入，憧憬港元跟隨升值。政府恐防有失，連忙推出「負利率」應變，正好印證抗衡升值壓力是聯繫滙率制度盲點，也錯失矯正制度缺陷機會。銀行公會在 1987 年底修訂存款利率規則，加入「存款徵費」條款備用，可是負利率有如核武備，動用後果是兩敗俱傷，阻嚇大於實用。

踏入九十年代，港元固定滙率再度遇到考驗。美國減息刺激經濟，香港須亦步亦趨，惟經濟受惠於內地的增長動力，其實無減息條件，導致實質利率下跌，資產通脹壓力日增。在 1994 年初，三個月期港元同業拆息是 4%，但扣除通脹後，實質利率是負 5%。美元偏軟，港元偏強，吸引游資重臨，投機港元升值，拉闊港美息差。在聯繫滙率制度下，銀行回籠現鈔時，先以官價兌換美元外滙，再以市價兌回港元存款，蒙受滙兌損失，遂向存入現鈔客戶徵費彌補，引來市民不滿，尤其是商販。

其實拆解困局有法，只要讓各銀行在官價市場及議價市場兩邊遊走，恢復套戥官價與市價功能，便能借助市場力量消弭壓力，簡單而直接。政府早在 1988 年已實施「會計安排」（Accounting Arrangements），從滙豐接管銀行總清算結餘，應當機立斷，實施官價外滙兌換保證[7]，將其納入官價市場，即可恢復自動調整機制治本，消除滙率偏差，化

---

7   即是後來在 1998 年 9 月份緊急推出七項改進聯繫滙率措施（所謂「任氏七招」）的第一項。

解港元偏強於無形。萬事俱備，只欠東風，政府卻捨易取難，以為技術調整便可解決矛盾，反其道而行，作繭自縛。自 1994 年初起，同業在發鈔銀行提存現鈔，改用市價外滙結算治標，變相封閉官價市場，拒非發鈔銀行於門外，完全癱瘓套戥機制，種下禍根。游資看透玄機，四年後借艇割禾，期股滙三邊投機套利。

「會計安排」名不副實，一非新猷，二非會計，而是金融貨幣措施。朝野評析大多數聚焦於外滙基金角色轉變，從貨幣「發行局」實質變身「管理局」，能直接干預外滙市場及同業拆息市場，穩定港元滙率、調節利率、調控貨幣供應，儼如中央銀行。經濟分析師祈連活（John Greenwood）對港元素有研究，評論新猷是「干預取代套戥」乃一語中的（Greenwood, 2008）。弦外之音，聯繫滙率今非昔比，須倚賴市場干預穩定港元，而非貨幣局自動調節機制。自港元恢復固定滙率後，兩度遇到升值考驗，也暴露制度缺陷。政府粗心大意，只見樹木不見森林，但求治標，兩度錯失機會，未及矯正偏差治本。其後政府再錯失兩次矯正機會，始被游資熱錢有機可乘，借艇割禾，自亂陣腳。

游資投機滙虛股實　政府硬撼背城借一

《三國志》的馬謖有云：「用兵之道，攻心為上，攻城為下；心戰

為上，兵戰為下。」「金融大鱷」具國際視野和頭腦，乃全球金融精英中的精英，手握游資熱錢，擁有進攻主動權，背後有高端財技團隊支援，既不會打沒把握的仗，亦不會錯失時機，當然亦深悉「知己知彼、百戰不殆」。

1998 年「期股滙風潮」不可能是即興，是策劃周詳行動，包括商借股票拋空、安排港元頭寸、物色證券商及期貨商入市等，所以不可能沒有風聲，也無蛛絲馬跡。不過政府似乎漫不經心，即使 6 月份風雲再起，日元大幅貶值，游資趁機再試探虛實，港元再受狙擊之傳聞四起，利率應聲上揚，隨即拉緊市場流動性，也似未警覺風吹草動，山雨欲來。更致命者，是社會流言蠭起，政府放棄聯滙率，人民幣亦大幅貶值，言之鑿鑿，政府束手無策。沈聯濤當時擔任香港證券及期貨事務監察委員會主席，親歷其境：

> 8 月初，日元滙率徘徊在 146 日元兌 1 美元水平上下，人心幾乎崩潰。同時謠言四起，中國人民幣即將貶值，香港也即將放棄聯繫滙率制度。是年 7 月和 8 月上半月，頗多媒體預測人民幣或將貶值，導致各個研究所皆預測香港聯繫滙率也即將終止。香港前景看來甚為黯淡。而在世界那邊，俄羅斯和拉丁美洲局勢動盪，也到了危急關頭，令人憂心重重。（沈聯濤，2009：230）

無論預測中國「面臨崩潰」（Chang, 2001; Shambaugh, 2015），

或推論回歸後香港「已死」或「快死」，各式各樣「末日論」（Kraar，1995；饒餘慶，2000），自上世紀八十年代以還，可謂一浪接一浪，而且大有市場，傳媒尤其樂此不疲，大肆報道，操弄者總能借題發揮，各取其所需。正如上文分析，是回「金融大鱷」伎倆不是老調重彈，而是炒作「港元脫鈎貶值」借艇割禾，在恆生指數期貨獲利，也讓市場揣測港元、人民幣、美元固定滙率鐵三角拆夥，在「不交收人民幣期貨」獲利，誰料政府反應過敏，自暴其短，被識破港元聯繫滙率「虛有其表」而不自知，掉以輕心。

政府《檢討報告》避重就輕，明顯並未正視跨市場投機，當然也許外弛內張是策略性。游資熱錢卻不為所動，重施故技，政府改弦易轍正面硬撼，變相承認跨市場投機不是空穴來風。若報告是故弄玄虛，欲擒先縱，則弄巧反拙，自食苦果。

8月初，對沖基金終於發難，沽空遠期港元及累積股票指數期貨淡倉，而且引來跟風。全月平均即期滙價為 7.748 港元，一年遠期滙價低至 8.249 港元。政府醒覺事態不妙，改變對策應變，在港元偏強至 7.75 時即入市干預，外滙基金承接美元沽盤，令拆息未至脫韁。股價卻拾級而下，更在 8 月 13 日跌至 6,660 點，是五年來最低點，印證游資熱錢跨市場投機圖利。假若政府當機立斷，採納學者意見，保證銀行清算結餘以官價兌換美元，與發鈔儲備看齊，消除銀根兩價（官價及市價）制，矯正制度缺陷，或可借用市場力量四兩撥千斤，及

時化解投機港元貶值於無形，游資熱錢無從借艇割禾，風潮也就無疾而終。

　　原來政府另有盤算，竟捨易取難。翌日，外滙基金突然入市，動用約 150 億美元大手吸納恆生指數成分藍籌股，指數反彈。其後外滙基金不時入市承盤，部署似是針對月底指數期貨結算或轉倉，試圖攔阻投機者藉推跌股價從期貨獲利[8]。指數期貨結算前夕，即 8 月 27 日，股市在 7,800 點喘定。翌日指數期貨結算，外滙基金入市對決全力反擊，以雷霆萬鈞之勢「掃貨」，力挽狂瀾，指數收市報 7,851 點，較月中低點高出 1,191 點之多。總計半個月干預，政府共動用過千億港元。事後外滙基金連忙全面實施兌換保證，但官價是由 7.75 起步，經 500 交易日始回復 7.8 水平，等於默認游資熱錢仍然持有港元長倉，等待機會結滙離場。既然政府可以因時制宜，事後微調官價滙率，何不及早全面實施兌換保證，不費分毫而化解危機於無形？

　　事隔多年，1998 年「期股滙風潮」已是歷史，而財金高官多已不在其位，但仍有不少迷團未曾解開。其中最為費解者，莫若當局好整待暇，擺開嚴陣以待姿態，卻讓人有招架不力之感。且回顧 1997 年及 1998 年銀行體系資金進出統計數字，分析追尋游資蹤影，從而嘗試拆解懸疑。

8　據悉游資熱錢持有 8 萬張指數期貨淡倉，恆生指數每下跌 1 點，賬面便多賺 4 百萬港元。

　　表 8.3 及表 8.4 拆解 1997 年及 1998 年按季港元 M3 數據，分析其變動。亞洲金融風暴發生在 1997 年第三季，而港元滙率風潮發生在翌年第三季，故此 8 個季度可劃分為三個時段。第一個時段是 1997 年首三季，第二個時段是 1997 年第四季至 1998 年第二季，第三個時段是 1998 年第三及第四季。港元 M3 變動可分拆為三部分，即是本地信貸增減、外資淨流入流出、其他資產（減負債）增減。亞洲金融風暴發生前（即第一個時段），港元 M3 增減是由本地信貸帶動，風暴後港元 M3 增減則由外資進出帶動。

表 8.3：1997－1998 年拆解港元 M3 增減（十億港元）*

（單位：十億港元）

	Q1/97	Q2/97	Q3/97	Q4/97	Q1/98	Q2/98	Q3/98	Q4/98
港元 M3 (=a+b+c)	+54	+135	+18	(-58)	+46	(-3)	+86	+41
= 港元信貸 (a)	+131	+166	+67	(-66)	+1	(-6)	+19	(-19)
政府借貸	+11	+66	(-16)	(-26)	+0	(-6)	(-5)	+2
私人借貸	+119	+100	+82	(-40)	+1	+0	+23	(-21)
+ 外資流入 (b)	(-16)	(-2)	(-41)	(-17)	+11	+28	+34	+71
銀行業務	(-26)	(-7)	(-36)	(-17)	+16	+30	+29	+63
貨幣銀根	+10	+5	(-5)	(-0)	(-5)	(-1)	+5	+8
+ 其他資產 (c)	(-60)	(-28)	(-8)	+26	+33	(-26)	+33	(-11)
發鈔負債	7	+2	(-5)	(-0)	(-1)	(-1)	+2	(-0.3)
儲備比率	21.6%	21.0%	17.4%	16.6%	18.7%	20.1%	25.7%	30.8%
貸 / 存比率	76.6%	77.4%	80.6%	82.0%	78.6%	79.0%	72.7%	69.5%
清算結餘比率	0.1%	0.1%	0.1%	0.1%	0.1%	0.1%	0.7%	0.5%

＊四捨五入後數據略有些出入

表 8.4：1997－1998 年拆解港元 M3 增減（%）＊

（單位：%）

	Q1/97	Q2/97	Q3/97	Q4/97	Q1/98	Q2/98	Q3/98	Q4/98
港元 M3 (=a+b+c)	+3.6%	+8.6%	+1.1%	-3.4%	+2.8%	-0.2%	+5.0%	+2.3%
= 港元信貸 (a)	+8.6%	+10.6%	+3.9%	-3.8%	+0.1%	-0.3%	+1.1%	-1.1%
政府借貸	+0.8%	+4.2%	-0.9%	-1.5%	+0.0%	-0.3%	-0.3%	+0.1%
私人借貸	+7.8%	+6.4%	+4.8%	-2.3%	+0.1%	+0.0%	+1.4%	-1.2%
＋ 外資流入 (b)	-1.1%	-0.2%	-2.4%	-1.0%	+0.7%	+1.7%	+2.0%	+3.9%
銀行業務	-1.7%	-0.4%	-2.1%	-1.0%	-1.0%	+1.7%	+1.7%	+3.5%
貨幣銀根	-0.6%	+0.3%	-0.3%	+0.0%	-0.3%	-0.1%	+0.3%	+0.4%
＋ 其他資產 (c)	-3.9%	-1.8%	-0.4%	+1.5%	+2.0%	-1.5%	+1.9%	-0.6%

＊ 四捨五入後數據略有些出入

　　在首個時段，即 1997 年首三季，本地私人信貸帶動港元 M3 增加，外資持續流出，主要來自銀行業務，包括出入口結滙等。此外，私人借貸佔份額，按季度拾級而下。股市由 1997 年初 13,451 點，上升至 7 月底的 16,365 點，及至 9 月底仍穩守 15,049 點水平。以此推斷，7 月回歸前後游資應陸續結算，獲利離場再圖後計，而銀行亦趁勢收緊放款，不過調整需時。期內銀行儲備比率仍下跌至 9 月底（第三季）17.4%，而貸存比率則升至 80.6%。

　　在次個時段，銀行收緊信貸已見成效，港元 M3 走勢反覆。1997年第四季，貨幣供應收縮 3.4%，主要是港元信貸減少，其次是外資

流出。故此，銀行儲備比率再下跌至 16.6% 之下，而貸存比率升至 82.0%。當游資 10 月底來犯，金融管理局「提示」，不單未收阻嚇之效，更引來市場混亂，導致拆息飆升股市下挫。金融界或許仍未意識到聯繫滙率有缺陷，但看來游資熱錢已心中有數。踏入 1998 年，銀行繼續收緊信貸，但外資回流重整旗鼓，並在 6 月先探虛實。首季港元 M3 增長全賴銀行其他（非金融）淨資產，而第二季減縮也是因其他淨資產減少而抵銷流入外資。不過資料有限，無從深入理解實情。期內，銀行儲備比率回升至 20.1%，而貸存比率則微降至 79.0%，顯示信貸已趨向謹慎。

在第三個時段，港元私人借貸與外資流入帶動港元 M3 回升。游資熱錢在 1998 年 8 月發難，期市股市滙市三線狙擊，與政府在股市正面交鋒，牛熊角力。該月份外資流入顯示外滙基金調返資金，而私人借貸增加顯示有跟風者。顧名思義，外滙基金資產幾乎完全是外滙，從海外調撥資金回港迎擊游資熱錢，需通過銀行系統交易結算[9]。所以政府應該在 7 月份始部署，因為該月份金融統計是在 9 月初始公佈，屆時已是明日黃花，不會引起市場注意。換個角度看，政府應有充分時間矯正聯繫滙率機制缺陷，先下手為強，卻捨此不用，而部署

9　政府調回外滙資產入市，指示外滙基金向銀行出售外滙兌換港元，本地銀行存外地同業外滙（資產）增加，客戶（外滙基金）港元存款（負債）增加。政府入市後，銀行向外滙基金出售外滙套取港元清算，存外地同業外滙（資產）減少，清算賬戶結餘（資產）增加，效應等同外資流入。

與游資熱錢對撼，實難以想像。

事過境遷，政府亡羊補牢，堵塞漏洞，9 月初推出貨幣改革措施，糾正聯繫滙率制度缺陷。所以，第三季統計，是反映新猷後情況。外滙基金實施港元貨幣基礎（銀根）官價兌換承諾，故銀行清算結餘是外資進出寒暑表。其內，銀行儲備比率回升至 30.8%，而貸存比率再下降至 69.5%。不過，清算結餘對港元活期存款（即支票加儲蓄）比率跳升五倍多至 0.5%，顯示游資熱錢仍手持港元善價而沽。所以擴大官價外滙兌換承諾由 7.75 起步，每日下跌 1 點子，待 500 交易日後始回復 7.8 正常水平，並非無的放矢，「懲罰」投機者意圖甚明顯。

七項改革優化措施在 9 月 5 日推出，即日起生效。其一，外滙基金承諾以 7.75 官價美元滙率兌換銀行（港元）清算結餘，並視乎市場情況，恢復正常（7.8）官價。其二，取消流動資金調節機制拆入息率，因為「存款」機制已名存實亡。其三，流動資金調節機制正名「貼現窗」，基礎利率按市場實際情況釐定。其四，取消限制，銀行可用外滙基金票據（及債券）作抵押，重覆借用隔夜資金周轉。其五，日後增加發行外滙基金票據及債券，須配合外資流入。其六，貼現息率實行兩級制，按銀行所持有票據及債券面值計算，基礎利率限於面值一半，超越此數後，息率是基礎利率加 5 厘或同業隔夜拆息計，以高者為準，以加強利率套戥調整機制成效。其七、限制以非外滙基金票

據及債券貼現，不再接受新債抵押。

綜合分析，政府與游資角力，以股票現貨對指數期貨，以現金對槓桿，並非上策高招。政府手握人力物力，沒理由忽視游資熱錢千里而來聲東擊西、滙虛股實的策略。最令人費解者是，為何當局不及早糾正貨幣制度偏差？若當局及早推出上述各項修正措施，游資熱錢便無機可乘，1998年期股滙風潮或許不會發生。正如上文分析，首項「優化」措施其實就是學者曾澍基所主張，政府兜大圈後再返回起步點，但已花上千億公帑。種種疑問，且留待歷史分析與評論。

干預得失爭拗不絕　股市期市分久必合

政府突然入市干預，引發疑問及爭議不休。當日金融管理專員公開交代，解釋干預乃非得已：

> 大家現在應該很清楚，投機者實際使用連串不正當手段，以破壞港元根基為目的。此等手段包括惡意散播港元與美元脫鈎、人民幣貶值及香港銀行欠穩健引發擠兌風潮等謠言。香港再三化解投機衝擊恢復元氣，也顯示決心維持聯繫滙率制度。投機衝擊令利率飆升，固然有損香港經濟及廣大公眾利益。

　　為阻截投機者及打破佈局，政府根據《外滙基金條例》賦予權力，指示金融管理專員局動用外滙基金，在股票市場和期貨市場適當反擊。本人經正式徵詢外滙基金諮詢委員會，提出行動網領，並取得支持，隨即在今早發動反擊……（Yam, 1998b; 引自沈聯濤，2009：231）。

當年商界流傳游資熱錢來者不善，並非唯利是圖，而是先拖跨金融，進而拖跨經濟，所以政府果斷入市截擊乃責無旁貸。是耶非耶，欠缺實質證據支持，屬以訛傳訛而已。不過輿論質疑政府是否改弦易轍，放棄一貫自由開放市場政策，並非捕風捉影。自由市場經濟大師佛利民（Milton Friedman），更批評此舉「簡直瘋狂」，不可謂不嚴屬（Yam, 1998a，引自沈聯濤，2009：233）。

十天後，金融管理專員不厭其詳，再撰文釋疑。

　　特區政府官員向以維護香港為全球最自由開放經濟體為已任。近日……正面臨「市場機制失衡」，也許令「經濟效能不彰」及「社會緊張不安」，故決定干預貨幣炒賣，防微杜漸，避免滙率市場大起大落，人心忐忑，消除利率偏高所帶來不必要及不公義痛楚，不再影響社會大眾，及防範調節市場矯正偏差時變異失控。……

政府絕無背離積極不干預政策，況且政策沿用多年，行之有效。撫今追昔，我翻查文獻，重溫政策真締……乃奠基者夏鼎基所言所述，而夏氏仍是大家肅然起敬之人物。(Yam, 1998)

文章選錄前任財政司夏鼎基（Philip Haddon-Cave）公開演說，解釋積極不干預政策哲理，為是次舉措護航。

即使在積極不干預之大前提下，干預或許有利於維持香港經濟穩定……政府若試圖規劃私營資源分配，而違背市場規律，將拖累經濟增長，尤其是開放經濟體，即使影響短暫也是不智。但我是用「積極」來形容「不干預」的，一般而言，政府且須衡量「得失利弊」始作決定。[10]

一石激起千重浪，社會上下及學術界激辯「干預問題」，或許正中政府下懷，轉移焦點，不再質疑有否考慮其他選擇。政府應否入市干預疑惑，變成理論辯證，而非實務爭議。其實文章承認有跨市場投機，可惜學者不單未有跟進，質疑為何不先發制人，「優化」匯率制度釜底抽薪，反而附和入市對撼，令人費解[11]。更莫名其妙者，是政府推

---

10 引自任志剛 1998 年 8 月 24 日刊登在《南華早報》的 "Intervention: True to guiding policy" 一文。

11 例如：曾澍基於 8 月 25 日在英文《亞洲週刊》撰文支持入市，認為可收立竿見影之效（Tsang, 1998）。不過政府在 14 日入市後，游資熱錢並無知難而退，曾文理據立論欠說服力，而且發表日期不遲不早，恰巧是金融管理專員撰文護航後翌日，讓人懷疑是為兩天後的對決造勢。

出七項「優化」措施善後，最關鍵者是承諾以官價兌換清算結餘，即是眾學者建議重點。政府本來不認同建議可行，《香港金融市場檢討報告》引述國際貨幣基金會專家高仕博（David Goldsborough）及倫敦經濟學院教授顧達（Charles Goodhart）等權威意見，支持該否定立場，事隔半年，卻取態完全相反，對學者建議更隻字不提。此外，「優化」措施是「官鱷對決」後八天即推出，絕非急就章者，可是學者也從未質疑何不及早推出，以柔制剛，避免對撼風險。種種疑團，且留待歷史交待。

風暴過後，金融市場回歸穩定，但元氣尚未恢復，股市低迷不在話下，樓市更跌勢未止，失業率持續攀升。不過政府昧於形勢，未有及時檢討房屋政策，每年新增供應目標不變，仍然是「85,000 個單位」，加劇樓市跌勢升，經濟雪上加霜，乃題外話。

推出「任七招」之際，政府也在盤算善後，先在 10 月註冊成立外滙基金投資公司，持有該批股票。斯時市值已漲升三分之一至 1,573 億元，賬面利潤可觀，但也帶來退市難題。政府共有三個選擇。其一，公開放售，但股價必然受壓，直至政府售清持股。其二，招標配售，價高者得，但股價也不免受壓。其三，轉入投資信託基金，化整為零，掛牌放售，對市場影響最小。最後政府決定保留小部分作長線投資，以外滙基金資產 5% 為上限，其餘組成單位信託基金，悉數公開發售，並且掛牌上市。不過，「盈富基金」（Tracker Fund of Hong

Kong）賣點是追蹤恆生指數，即是與恆生銀行推出多年之「恆生指數基金」競爭，有與民爭利之嫌，況且指數又是該銀行所編製，外界需申請特許使用權，陷銀行於兩難。最後恆生以大局為重，成全盈富基金「回饋」社會大眾。

盈富基金每手面值原是相等於恆生指數，分為 1,000 單位，即是每單位面值相等於指數除以 1,000，每點以 1 港元折算計價掛牌交易。基金在 1999 年 10 月 25 日面世，每單位認購價是 12.88 港元，掛牌買賣改為每手 500 單位。外滙基金 2001 年 4 月 21 日公佈，按售股套現（盈富基金單位）及股息收入合計，已悉數收回入市所動用資金，而且仍然持有股票組合面值約 1,100 億港元[12]。從投資角度看成績不俗，可是當日入市本是「救亡」，若有盈利，實屬僥倖，不足為恃。

外滙基金劃分三大成分：一、貨幣基礎（銀根），即發鈔儲備及清算結餘；二、政府庫房存款，即財政儲備；三、基金盈餘滾存，即資本賬；而絕大部分是外滙資產，與銀行系統隔離。是次政府動用財政儲備入市，等同「注資」入銀行系統，令銀行清算結餘增加，產生貨幣效應，一如游資熱錢流入（見本章註 8），而該季度銀行清算結餘跳升十倍至 29 億元。以政府所投入資金 1,181 億港元及當時銀行

---

12 饒餘慶（2000：153）統計，政府入市成本是 1,181.2 億港元，截至 1999 年 8 月底市值是 2,082.3 億港元，即賬面利潤為 901.1 億港元，與沈聯濤（2009：236）統計吻合。

儲備比率約 25% 推算，理論上貨幣效應可高達四倍或 4,724 億港元（1,181/0.25）之多，其實政府立於危牆下而不自知。不過 8 月份港元 M3 只增加 232 億元，包括本地信貸減少 43 億元，外資淨流入 259 億元，及其他淨資產增加 16 億元，顯示銀行自律取態謹慎，貨幣效應受控，而且游資熱錢且戰且退，信貸收縮。港元 M3 在 9 月份只增加 15 億元，其中本地信貸增 69 億元，外資淨流出 259 億元，其他淨資產增加 206 億元，反映外資趁機結算離場。

是回入市給政府補上一課，親身體驗證券期貨買賣及交收結算。學而後知不足，財政司司長在 1999 年 3 月宣讀來年度預算案時，明確提出證券期貨法規及體制須同步前進、相輔相成改革，藉以提高香港競爭力，迎接市場全球化所帶來嶄新而且巨大挑戰（《1999-2000年度財政預算案演辭》，1999）。

坐言起行，政府在 1999 年底提交新綜合條例草案，涵蓋證券、期貨、交易所、投資者保障、交收結算、監管等，一目了然。草案參考國際業界組織建議，清晰界定規管機構角色，提高監管透明度，及對公眾問責，藉以降低證券、期貨及相關金融市場系統性風險，從而強化公眾投資者信心和保障，有助維持香港貨幣及金融制度穩定和有效運作。

新條例草案建議設置獨立「市場失當行為審裁處」，加強規管市場中介機構、網上交易及自動交易設施，賦予執行部門足夠權力，調

查可疑市場失當行為及進行紀律聆訊，懲處包括暫停或吊銷中介機構註冊與牌照，從而更有效打擊市場操控或虛假陳述等失當行為，堵塞漏洞。又建議簡化中介機構發牌制度，以及設立證券及期貨事務上訴審裁處及程序覆檢委員會，提高企業管治水平，促進市場創新及公平競爭（財經事務局，1999）。

重整法規工程艱巨。新《證券及期貨條例》前後共花五年方完成，於 2002 年 3 月通過後頒佈。在新條例下，銀行從原來「豁免註冊經紀」地位升格為「註冊經紀」，成為全方位投資中介機構，但仍由金融監理專員監管，變成「一業兩管」，百病叢生，種下 2008 年「雷曼迷你債券風潮」禍根，詳情留待下章分解。

重整市場從公佈構思到完成改組，前後只花一年時間。重組方案是成立新「控股公司」，收購兩家交易所及附屬結算保證公司，精簡架構，提升協同效應，強化營運、提升效率。香港聯合交易所及香港期貨交易所，先後在 9 月及 10 月通過接納「收購」建議，原有會員變成新香港交易及結算所（Hong Kong Exchanges and Clearing）股東。新公司在 2000 年 3 月啟業，又在同年 6 月掛牌上市。政府其後在市場吸納股份，並在 2007 年 9 月超越通報門檻，依例公佈已持有 5.88% 股權。香港交易及結算所股權結構及管治架構，與原來香港聯合交易所大同小異，政府可嚴密控制董事局，其實無需入股，所以舉措別有所圖，應該是爭取在股東大會中有發言權及表決權。

　　重整市場與法規是相輔相成，但內裏應另有乾坤，關鍵在於改組交易所，分拆會籍與執業資格，跟進《戴維斯報告》批評，徹底解決交易所如「私人會所」的陋習。交易所制度脫胎換骨，變身上市公共機構，除證券期貨商外，投資大眾也可入股。政府手執尚方寶劍，理論上可平衡照顧三方利益，而且在互相制衡下，早前事故不會歷史重演。

　　風水輪流轉，個多世紀以來證券市場由合而分，也由分而合；由壟斷變為競爭，也從競爭回歸壟斷；由外資主導轉移本地主導，也從本地主導轉移外資中資主導；兜兜轉轉回到起步點，難怪本地證券業不勝唏噓。

＊　　　　＊　　　　＊

結語

　　俗語有云：「變幻原是永恆」，市場變化無端，風浪起伏無常，最佳應對之道，莫如完善體制，壯健體魄，方有力面對逆境、抵禦侵擾。每當市場失效，未能發揮自我糾正能力，陷於困境時，政府責無旁貸，須當機立斷直接或間接干預，扭轉局面，不能袖手旁觀，任由「叢林法則」肆虐。著

名金融歷史學家金度伯格（Kindleberger）評語，可謂一矢中的：

> 無論規定中央銀行可以隨時干預，抑或無論何時皆不得干預，一般來說總是不對……通常市場是有效率，但有時也會失效。當市場崩潰時，政府便應出手干預，維護公眾利益，保障市場穩定（Kindleberger, 1996: 2-3；中文翻譯引自沈聯濤，2009：223-234）

是回合香港政府毅然入市，爭議重點不是應否干預，而是否得其法。根據《外滙基金條例》規定，基金「須主要運用於財政司司長認為適當而直接或間接影響滙價的目的，以及運用於其他附帶的目的」，而司長亦「可為保持香港作為國際金融中心的地位，按其認為適當而運用外滙基金以保持香港貨幣金融體系的穩定健全」。所謂「其他附帶的目的」，是局限於與港元滙價有關連者。所以爭議點也不是應否動用外滙基金，而是以迂迴途徑干預，通過托高股票市場，以達到支持港元滙率目的，等於以行動否定《金融市場檢討報告》結論，承認跨市場期股滙投機威脅實在，也承認滙率制度有缺陷，自動調節機制癱瘓，游資熱錢方遂有機可乘。

根據客觀事實分析，亞洲金融風暴來勢洶洶，但香港有

美元、人民幣、港元固定滙率鐵三角護身，貨幣局聯繫滙率制度也固若金湯，投機者理應無機可乘，香港理應獨善其身。若非政府掉以輕心，未有及早矯正滙率制度缺陷，1998 年期股滙風潮災劫應可避過。項莊舞劍，志在沛公，游資熱錢志在借艇割禾，若無「艇」可借，那有「禾」可割？

多年前，某套膾炙人口電視連續劇有句對白：「人生有幾個十年？」發人深省觸動人心；最近有套電影「十年」獲獎，引起社會爭議。十年似乎是萬物重要里程，更是金融市場重要循環（Kindleberger, 1996）。近年香港金融產業發展，每逢十年必有大變：1987 年停市股災，驚心動魄；1997/1998 亞洲金融風暴，巨浪滔天；2008 年環球金融海嘯和迷你債券風潮，狂風暴雨。香港能逢凶化吉，並非倖存，更經一事長一智，不斷茁壯。

危機或災難過後，政府積極主動地深入研究得失，修訂法例，堵塞漏洞、完善機制，提升市場效率及透明度，也強化監管、彰顯市場公平公正，防止市場操控及干擾。正是如此，香港金融體系及市場才能不斷發展壯大，與紐約及倫敦並駕齊驅、分庭抗禮。

第
9
章

2008

金融海嘯餘波

政府顧此失彼

引言

　　冰封三尺非一日之寒，美國住房次級按揭拖欠成災，牽一髮而動全身，在 2008 年觸發金融海嘯波及全球，信貸收縮，市場流動性癱瘓，並非偶發而是有跡可尋。事件遠因可追溯至 1971 年環球貨幣轉制美元本位後，國內外連串錯綜複雜政治經濟發展；近由是市場生態變化，金融衍生槓桿泛濫，而複合債券結構欠透明，監管當局後知後覺，政府好整以暇等。香港銀行體系向穩建，經得起海嘯衝擊，但城門失火殃及池魚。美國投資銀行雷曼兄弟（Lehman Brothers）資不抵債面臨倒閉，所發行之「迷你債券」（Minibond）等複合投資不值一文，小存戶隔山買牛，血本無歸損失慘重，釀成政治風波，殊非意外。事件暴露證券投資「一業兩管」模式荒腔走板，監管疏虞，漏洞百出。客戶存貸是基本銀行業務，零售投資是理財服務，性質南轅北轍。銀行濫竽充數，外行權充內行，百病叢生，金融管理專員越俎代庖，外行監管外行，顧此失彼。

　　美國聯邦儲備局力挽狂瀾，再三放寬銀根，壓抑利率至零，穩定美國經濟，亡羊補牢。美元泛濫，游資熱錢四處流竄，興風作浪，香港更首當其衝，遭受無妄之災。內地與香

港經濟日趨密切，人民幣在 2005 年中改革滙率制度，脫鈎美元後連年升值，影響香港物價民生，港元備受升值壓力。游資看通看透政府進退維谷，捲土重來，湧入熱錢數以百億美元計，借勢推低利率，從資產膨脹中圖利，重演 1998 年借艇割禾（詳見第八章），只不過操作方向背道而馳。礙於聯繫滙率制度先天盲點，政府束手無策，如不改弦易轍，部署轉錨與人民幣併軌，無法消弭入口通脹壓力。啟動「負利率機制」乃下下之策，得不償失，局面更難收拾。

可惜政府及銀行也沒有正視「迷你債券」問題癥結，大刀闊斧治本，只左修右補治標，未能對症下藥。監管機構本末倒置，不認真檢討「一業兩管」模式的缺陷失誤，而將錯就錯，責成銀行整頓零售投資銷售，算作交代。其實禍根是理財與投資本質南轅北轍，「一業兩管」模式只適用於理財客戶，而非投資客戶。理財是投放閒資，爭取機會收益；投資是險中求勝，爭取最大回報，不能相提而論。同樣道理，理財及投資的性質與風險有別，故並非所有產品皆適合銀行客戶。理財產品是明碼實價，風險一目了然，例如：上市股票債券等；投資產品不一定公開買賣，風險披露也非鉅細無遺，例如：複合外滙掛鈎票據。銀行兼營理財方便客戶，是順理成章，若兼營投資則先天不足，力不從心。況且銀行既

是「分銷代理」，也是持牌「投資顧問」[1]，解釋箇中風險乃責無旁貸，卻乘虛修訂交易條文，變成客戶了解風險有責，顧問反可以「顧」而不「問」，實在荒天下之大謬。

此外，財金當局固步自封，面對港元聯繫滙率錨貨幣錯配，卻漠視現實，老調重彈，處處忌諱，未能開誠布公，集思廣益，朝野共同應對升值併軌壓力，找尋兩全其美方案，消除資產通脹泡沫，讓銀行專注存貸融資本業，不必再心存旁鶩，為向股東交代而周章。

$*$　　　$*$　　　$*$

美元後院失火　禍延環球經濟

美國次級按揭拖欠竟禍延全球，釀成大災難，是環球金融大勢與政經套戲縱橫交錯所造成（Sheng, 2010）。箇中關鍵是環球金融市場互相扣連，美國後院失火牽一髮而動全身。多年來各地相繼撤除貿易及金融屏障，環球經濟及市場，在美元本位浮動滙率制度下整合。商賈精於計算，捕捉跨地域成本、課稅、規管等套戲機會，將本土固有

1　銀行銷售證券等投資，經辦人員須依例向證券及期貨監察當局申領第 4 類（證券顧問）、第 6 類（企業財務顧問）或第 9 類（資產管理）等執照。

優越之處轉化為市場競爭優勢。國際市場趨向大一統，貿易盈虧帶動環球資金流轉，熱錢到處尋找套利機會。所謂金融創新乃應運而生，百花齊放百鳥爭鳴，各師各法謀取最大利益而承擔最低風險。不過，利益及風險總是零和，有人快活，也有人愁。

其實，2008 環球金融海嘯可分為兩個階段，先有美國次級按揭風暴，後有餘波蔓延全球有如海嘯，來龍去脈，可借助馬可夫鏈索（Markov Chain）定理解釋[2]。三位金融名宿言行，儘管時空不同，卻湊巧切合此定理，而與風潮扯上關係。第一位是貨幣經濟學泰斗佛利民（Milton Friedman），深入剖析貨幣、生產、物價關係，更新立論解釋宏觀經濟現象[3]，學術地位與需求經濟學大師凱恩斯（John Keynes）齊名。第二位是美國聯邦儲備局前主席（1986 年至 2006 年）格林斯潘（Alan Greenspan），活學活用佛利民貨幣經濟學，靈活微調利率，糾正突發宏觀供求偏差，而不愁刺激通貨膨脹，例如 1987 年 10 月 17 日黑色星期五紐約股市大瀉，隨即減息穩定經濟。第三位是美國前財政部長薩默斯（Larry Summers），經濟學者出身，任內推動撤消法規，於 1999 年解除分隔零售銀行與批發銀行限制，

2　俄國數學家馬可夫（Andrey Markov）以動態模式（Stochastic model）拆解事件所以發生，論證前因後果是連串獨立事件。換言之，若時序巧合排列，連串獨立事件將產生預期結果。

3　其中膾炙人口者，是從貨幣金融分析 1929 年美國華爾街股市崩盤，引發環球大蕭條，指出政府錯誤抽緊銀根，引發通貨收縮方是禍根。

不料放虎出山，遺禍無窮，因為格林斯潘多番重施故技，致利率長期偏低，房地產泡沫證券化，而且化整為零，散落環球大眾投資者。

格林斯潘不憂通脹重臨，皆因中國及東歐先後改革開放，釋放生產力，代工消費及耐用製品價廉物美，暢銷全球。新興工業經濟體相繼崛起，帶動環球貿易增長，美元儲備需求相應增加，投資工具層出不窮，衍生工具變化多端。環球金融市場生態轉變，環球統一監管應運而生，國際資本準則（俗稱「巴塞爾一期」）於 1991 年推出[4]，規定銀行資本賬（即股東權益）須不少於資產值（經風險加權調整）8%，原意是要求資本充足與信貸風險掛鈎。不過上有政策、下有對策，銀行索性重整風險資產以遷就既有資本，迎合規定，並拓展非信貸所得以補償淨利息所失，而衍生其他風險，見證一法立一弊生。巴塞爾二期於 2007 年推出，原意是對症下藥修補漏洞，可是時移世易，現貨期貨金融市場日趨成熟，反促使銀行運用對沖或套戥等衍生工具迴避規定。

美國次級按揭風暴的關鍵源頭，其實是 1977 年所頒佈的《社區投資回饋法》（*Community Reinvestment Act*），原意是鼓勵銀行支持社區服務及發展，以優惠條件融資回饋社會，福澤民生，與現今「企業責任」一脈相承。誰知社工團體趁機借勢，高舉平等機會大旗，

4　國際清算銀行（International Bank of Settlement）轄下銀行監管委員會所制訂，其總部設於瑞士巴塞爾（Basel），故俗稱「巴塞爾委員會」。

敦促銀行「依法」為基層提供基本服務，包括置業貸款，條件從優，乃意料之外。聯邦政府轄下按揭證券機構房利美（Fannie Mae）及房地美（Freddie Mac）[5]，也自 1992 年起承購優惠住房借貸，鼓勵銀行回饋社會。誰知銀行順水推舟，趁利率偏低而推廣置業按揭，再轉買「兩房」圖利，即使邊緣信貸評級也來者不拒，次級按揭泛濫，種下禍根。

美國在 1999 年解除跨業經營限制，零售銀行與投資銀行可互相合作，令原來置業按揭化身金融槓桿證券，通過層層「抵押」債券及衍生工具，化整為零，吸納環球閒資，信貸如雪球般愈滾愈大。套用日常用語，是「借債買債」及「賣期貨買期貨」，而所謂「抵押」其實是債權而非資產。投資銀行及基金規模龐大，在紐約及倫敦自成網絡，組成「影子銀行系統」，不受任何當局監管。按揭經多重證券化，信貸泡沫變異為槓桿泡沫，政府察覺事態不妙，於 2005 年擬修例限制「兩房」承購次級按揭，但法案最終未獲國會通過，錯失阻遏風潮的機會。

美國後院失火，餘波有如海嘯蔓延全球並非巧合，而是多個因素滙聚所致。影子銀行系統不受監管，槓桿借貸膨脹，幾近失控。信貸

5　房利美（Federal National Mortgage Association，簡稱 Fannie Mae）成立於 1936 年，從銀行購入按揭，間接為市場注入周轉資金；房地美（Federal Home Loan Mortgage Corporation，簡稱 Freddie Mac）成立於 1970 年，直接從市場購入按揭，注入周轉資金。

評級制度失誤，債務經重整包裝，化身複合投資工具，隱藏實際風險，無異誤導市場。監管制度失效，流動規定及資本準則與風險現實脫節，未能發揮效應。政府及官僚粗心大意，忽視環球金融新秩序及改變，未能因時制宜。簡言之，各地監管當局以為金融創新（複合及衍生工具等）及場外交易櫃台，是市場發展常態，而且發行機構信譽昭著，人才濟濟，遂掉以輕心，不以為然。實情是不論市場、工具、開盤、交易、莊家、記賬等，皆透明度極低。況且莊家財雄勢大，專業精練，玩弄財技出神入化，大戶散戶皆力有不逮，先天吃虧，處於下風，直至泡沫爆破，始如夢初醒，卻為時已晚（Luk, 2009）。

迷債非債禍港　政府方寸大亂

　　美國次級按揭拖欠問題，早在 2006 年聯邦儲蓄局主席更替之際已露出端倪，蓋因置業融資特惠期陸續屆滿，而經濟復甦乏力，財力不逮者未能負擔正常供款，比比皆是，形勢恍似山雨欲來。貸放呆壞賬飆升，是有循環周期，見怪不怪，例如：七十年代房地產按揭財務公司（Housing Societies）倒閉潮，只要處置得宜，不傷元氣，早有先例可援。是回合危機未有前科，因為按揭經過證券化，再衍生多層槓桿融資，五花八門，例如：局外對敲貸方違約，即「信貸違約掉期」（Credit Default Swap）買賣，與賭場外圍博彩無異。

　　雷曼兄弟投資銀行於 9 月份倒閉，引發骨牌效應，連鎖拖欠嚴重，更演變成環球金融海嘯，銀根收縮，因為所發行的「抵押債務承擔」（Collateralized Debt Obligation），通稱「債券」皆名不副實。「抵押」債券並無實質抵押品，「掛鈎」債券並不掛鈎實質投資，背後其實是複合槓桿或衍生投資（Leveraged Synthetic Debts），而且對手幾乎全是圍內子公司。樹倒猢猻散，母公司資不抵債，子公司豈能倖存。其實雷曼並非「孤家寡人」，其他金融機構也發行相類「債券」，形成龐大互相借貸存欠圈子，牽一髮而動全身。各地政府反應敏銳，紛紛注資市場，甚至直接入股銀行，始能穩定局面。香港外滙基金也向銀行清算系統注資千億元，防患未然，不過效應不同，弄巧反拙，且在下文交待。

　　雷曼倒閉，香港散戶驚覺「債券」不值一文，投資血本無歸，紛紛向銀行及監管當局興師問罪問責。當年適值立法會換屆，候任議員新貴破天荒召開臨時大會，「聽取」財金官員滙報。金融管理專員披露，雷曼索償個案約 55,000 宗，涉及金額達 210 億港元，即每宗平均不足 40 萬港元。至於其他外資機構所發行者，例如荷蘭銀行（ABN-Amro）及美林證券（Merrill Lynch）等，總值不詳，估算是數以倍計，可幸當地政府及時注資援手，力挽狂瀾於既倒，方避過拖欠危機。不過，官員矢口否認監管疏虞，更強調先知先覺，早已提示各方留意風險，引起社會輿論極大迴響（Sheng, 2009）。

其實歐美複合槓桿債券禍港，是先天不足後天失調所致。內地、美國、香港三方經濟貨幣關係實質轉變，而銀行業務發展與監管制度錯配，縱橫交錯所造成，當局責無旁貸。箇中至為關鍵者，是銀行兼營投資分銷，外行權充內行，而金融管理專員越俎代庖，外行監管外行，好比盲人騎瞎馬，夜半臨深池，焉不闖禍。

從某個層面上看，香港發生「迷你債券風潮」，也是陰差陽錯。來龍去脈，同樣可以借助馬可夫鏈索定理分析。三宗事件發生時空儘管不同，卻湊巧切合其定理，與風潮扯上關係。第一宗是 2001 年全面撤銷《利率規則》，矯枉過正，銀行趁勢推廣「綜合賬戶」，包括存款及投資，為分銷零售投資鋪路，配合證券法例重修。第二宗是 2002 年 3 月頒佈綜合《證券及期貨條例》（*Securities and Futures Ordinance*），取代所有關連舊法例（過渡期是 13 個月），並解禁准許銀行全面經營證券買賣及分銷投資，仍歸金融管理專員統一監管，實際監管效果卻是另一回事。第三宗是 2003 年內地與香港簽訂雙邊《更緊密經貿關係的安排》，正式界定兩地經濟關係，確認乃一國以內兩個關稅區域，互撤屏障，方便商貿往來，促進貨幣經濟整合。其後人民幣脫鈎美元，港元即備受升值壓力，利息長期偏低，客觀條件有利銀行推介投資服務，分銷基金債券等，追求業績達標，種下禍根。

《利率規則》是銀行公會法定規條，各家銀行必須遵守，前身是「銀行利率協定」（相關協訂及內容，參考本章末附件一），屬自律性

質，目的是避免大欺小，不公平競爭（詳見第五章）。法定銀行公會成立後，協議改稱「規條」並賦予法定地位，而且規定公會議息前必須諮詢財政司。時移世易，市民大眾對投資認識更深，選擇更多，不再局限於儲蓄定存生息，而且港元恢復掛鈎美元後，規條無需再分擔貨幣功能，早已名存實亡，理應整頓。當年消費者委員會認為規條屬合謀定價，違背公平競爭原則，大力倡議撤銷。銀行公會本無異議，但財金當局矯枉過正。根據協議，往來支票賬戶不設存款息但服務免費，儲蓄賬戶劃一存息也不徵費，此兩項規條雖對存戶有利，亦堅持一併撤銷，忽視箇中玄妙，弄巧反拙。支票賬戶及儲蓄賬戶是日常生活不可或缺者，銀行克己自律捨易取難，在提升服務質素上競爭，大存戶變相補貼小存戶，對市民大眾百利而無一害。一併撤銷後，銀行即恢復大小徵費，甚至增設最低存款等條件，基層存戶首當其衝，因為每月收支相比後餘錢已不多，難逃徵費網。銀行更順勢推廣綜合存款及投資賬戶取代，鋪路銷售基金及債券等投資，賺取佣金收費，彌補利率競爭所失。

舊證券法例給原來予銀行「豁免註冊經紀」（Exempted Dealer）身份，除出市買賣交易外，可以代客落盤、交收、轉名、收息等，一如註冊經紀，方便處理股票抵押融資，歸銀行監理專員監管。新法例保留此安排，更准許銀行升格與註冊經紀看齊，因為交易所已改組為公司體制，並且也掛牌上市，出市交易權與交易所股權已分拆（詳見

第八章）。表面看來是新瓶舊酒，內裏是實質改變，因為新法例涵蓋投資服務甚廣，原來需另設公司分業經營者，銀行現可直接兼營，不必再與證券監察當局打交道。草案諮詢期間，證券經紀反響強烈，卻不得要領。股票買賣早已普及而且資訊透明，投資者有能力分辨是非，銀行分行網絡廣大，提供上市證券服務，方便市民大眾，應是互惠互利。不過銷售基金及債券是另一回事，產品變化多端，無論銀行從業員抑或銀行監管人員，常識與經驗不足者眾多，一知半解者比比皆是，不出事才怪。

內地與香港簽訂雙邊《更緊密經貿關係的安排》之時，人民幣與港元皆掛鈎美元，所以兩地經濟與貨幣是相輔相成。其後人民幣脫鈎改掛貨幣籃，兌美元浮動升值，港元錨貨幣錯配現象便日益明顯，因為香港與內地經濟日趨密切，理應與人民幣同步兌美元升值。面對升值壓力，聯繫滙率端賴港美息差維持，而在美元利率低跌近零的政策下，港元存款息似有若無，變相鼓勵投資投機圖利。眼見機不可失，五花八門投資工具乃應運而生，而且化整為零，迎合存戶期望需求。所謂「迷你債券」及「掛鈎債券」等複合槓桿投資，收益遠較存款高，本小而利大，自然吸引力大。

雷曼倒閉引發金融海嘯，餘波殃及香港，刺破複合「債券」泡沫並非偶然。此等債券是環球大型銀行所發行，以「債權抵押債務」，結構錯綜複雜，並不保證本息歸還，實際上即是無抵押借貸，但包裝

變成「抵押債務承擔」，分銷予香港散戶，替代傳統定期存款。借用古代哲學大師公孫龍名句：「白馬非馬」，伸引出商業操守道德問題。

其一，分銷銀行既是債券代理，也是投資顧問，角色糾纏不清，利益衝突不在話下。其實銀行是對存戶有道德責任，行為操守不能有損其利益及破壞互信基礎。是次事件，即使銀行是無心之失，而非疏虞，也不可推卸責任。

其二，買賣雙方先天地位及資訊不對稱，銀行是賣方，始終佔上風。況且「債券」推出時往往只有簡介單張，前線也一知半解，語焉不詳，交易過程是否公開、公平、公正成疑，難下結論。天下從無不勞而獲，也無低風險而高收益投資，此乃客觀現實。此等複合投資隱藏多重衍生債權，對手違約風險不容忽視，散戶投資者難以看透，即使銀行身為分銷商也未必了解，何況監理官員是局外人。

其三，監管銀行與監管投資，南轅北轍。銀行業務以存款貸放為本，銀行與客戶關係是債權人與債務人，須欠債還錢。投資服務以交易為本，經紀與客戶關係是買方賣方，須貨銀兩訖。銀行監管基本上是靜態審查，核心是保障存戶權益，以賬目為經，文件為緯，重點是資產質素、資本充足及流動周轉靈活，預防周轉不靈而擠提或資不抵債而倒閉。所謂萬千交易全歸一賬，掌握賬目來龍去脈，便一目了然。投資監管則是動態監察，核心亦是保障客戶權益，以合約為經，以賬目為緯，重點是整個交易過程公平、公開及公正。因此設置審裁

機制，處理爭拗，維持紀律並懲處徵戒行為失當失德者。沿用銀行業務監管手法於投資服務，蕭規曹隨，怎會不顧此失彼？若銀行跨業「兼營」投資服務應該統一監管之立論言之成理，那麼券商經紀「兼營」買賣融資存貸服務為何不可以統一監管？

其四，政府未從歷史汲取教訓。前事不忘、後事之師，七十年代利獲家（Slater Walker）單位信託基金倒閉、八十年代德羅素（Drexel Burnham Lambert）高收益（垃圾）債券泡沫爆破及八十年代美林按揭證券本息分拆失誤等歷史，應記憶猶新。回顧各宗事件，發行商皆資不抵債而倒閉，也涉及欺詐，鬧出滿城風雨，前車可鑑，其中利獲家事件，香港更是重災區，不過多牽涉專業人士而非大眾市民（Luk, 2009）。

茲事體大，立法會換屆後立即成立專責小組跟進，更動用「特權法」研訊，傳召證人宣誓作供。不過雷聲大而雨點小，前後共花上四年研訊始完成調查，直至 2012 年 6 月臨近再度換屆之際方呈交報告，但事件已臨近尾聲。報告嚴厲批評銀行失信及官員失職，有如明日黃花，而所提出改善建議皆老調重彈，也錯失時機。

雷曼苦主自求多福，自發組織，集體向銀行索償，向政府問責，爭取輿論支援。擾攘多時後，終有突破，證券商凱基（KGI）於 2009 年 1 月與客戶和解，雙方協議原價回購所分銷債券，並永久終止索償。同年 4 月證券商新鴻基也以相同條件與客戶和解。銀行客戶則欠

運氣，同年 7 月份，分銷銀行始與長者客戶（65 歲及以上）和解，以 60% 至 70% 折讓價回購部分「迷你債券」，代客索償，並承諾若最終贖回價高於折讓，也悉數歸還客戶。直至 2011 年 3 月，銀行始再與部分客戶和解，以 80% 至 90% 折讓價回購債券。其實銀行只是有條件墊支預計可收回債務，取代客戶集體追討，以交換撤銷索償，與證券商無條件回購有別。同年 7 月星展銀行亦與客戶和解，回購獨家分銷之「星宿債券」，與證券商看齊[6]。

銀行是次處理投訴令人詬病者，是借技術性理由推搪塞責，或搬出合約條文諉過於客。即使願意和解了結，又拖泥帶水，找尋藉口排除部分客戶，有欠風度，例如所謂「專業投資者」，其實只是個人存款及投資合計高於零售客戶監管門檻（800 萬元），而非本身投資知識達到專業水平。

值得留意者，是政府善後態度，與六五銀行擠提及八七停市股災迥異，未有設置獨立委員會檢討事件，或借助海外專家及借鏡發達地區的市場經驗撥亂反正。更令人費解者，是放手立法會研訊拖拉四年，遠水難救近火，緩急輕重判斷失準，莫名其妙。此外監管機關不同，而客戶待遇有別，實難以令人信服。證券商客戶總較銀行存戶投資經驗多，證券商總較銀行對投資產品認識深，是次證券商同意和

6　星展銀行（Development Bank of Singapore）總部設於新加坡，政府是大股東。是次香港分支處置「債券」投訴索償方案，反映新加坡政府立場。

解，顯示抗辯並無勝算，悉數回購了結事件，總勝於對簿紀律審裁公堂師老無功。所謂「富不與官爭」，就是此道理。不過銀行推搪卸責，當局似乎厚此薄彼，未見認真責成嚴肅處理存戶相同投訴，更無意啟動紀律審裁程序施壓，招來「官商相衛」之話柄。`

投訴銀行投資服務不當成立，依例也可召開紀律審裁，給予雙方申訴答辯機會，並懲處失職失德者，促使銀行平日檢點自律，但礙於「一管兩制」有先天矛盾，實際難以啟動。銀行本業法例並無相同審裁安排，客戶若投訴不果，只能訴諸法院仲裁解決，夜長夢多花費龐大。當年金融監理專員力爭「一業兩管」，立論是銀行本業與投資服務相輔相成難解難分，若投資服務投訴可以分拆獨立處理，依照證券法例啟動紀律審裁，豈非自打嘴巴？投鼠忌器，對銀行存戶來說，紀律審裁途徑即使不是空文，也變成紙上談兵。

2008債券風潮之關鍵問題，完全是商業操守及道德。其一，銀行審核所分銷產品及其發行商，是例行公事不求甚解。其二，發行商、分銷商（銀行）及客戶三方資訊完全不對稱，尤其是客戶無從印證其真確性。其三，監管機關審批促銷文件，雖無苟且也因循依章。其四，監管機關審查銷售管理，按本辦事而事倍功半。

亡羊補牢，證券及期貨監察委員會與金融管理專員，分別提出多項改革措施，不過全是技術性修補以治標，包括加強資訊披露，尤其是產品詳情及風險細節等關鍵資料、更清晰提示警惕投資風險、更嚴

格管理銷售、設置交易「冷靜期」讓客戶無條件取消交易、銀行分行須劃分為銀行服務區及投資服務區等。至於監管改革治本，則意見分岐。金融管理專員不單堅持「一業兩管」現狀，更提出銀行投資服務應完全歸其監管。證券及期貨監察委員會則提出重組架構，按營運監管（Prudential Supervision）及客戶保障（Consumer Protection）分工。立場南轅北轍，結果不問而知。

銀行卻借機減少自家營運風險，順勢大刀闊斧修改合約文章，聲明是發行商與投資者之間「媒人」而已，實際責任甚至不如股票經紀，存戶投資須責任自負。此舉措令金融管理專員進退為谷，因為其職責是保障存戶為先，銀行積極減低零售投資分銷營運風險，令存戶間接受惠無可非議，若出手干預變得自相矛盾。不過銀行實在有店大欺客之嫌，若不出手又恐怕難自圓其說。證券及期貨監察委員會在分權安排下，也無從插手糾正偏頗。其實銀行操守及道德問題並未解決，而且對散戶更形不利，因為銀行只願承擔舊制「豁免註冊經紀」責任，卻不肯放棄新制全責「證券商」地位，權責不對稱。

「一業兩管」模式原是務實安排，基於銀行提供全面零售金融服務，包括存款、貸放、理財、保險、外滙等。理財（Wealth Management）涵蓋投資（Investment），但不等同投資。理財是投放閒置資金保本生利，機會收益是抉擇重點，不涉及融資借貸。投資是盤「生意」，風險與收益是抉擇重點，可以小本大利，甚至無本生利。

若銀行能認清服務對象是理財客戶，而非投資客戶，不動員全行追求銷售成績，也不為賺取豐厚佣金而分銷零售複合槓桿債券，事態發展將不一樣，也不會鬧出滿城風雨，顯然是外行充內行之禍。監管機關粗心大意，忽視銀行兼營投資服務荒腔走板，「一業兩管」偏離中軸與現實脫節，百病叢生，顯示出外行監管外行之弊。直至金融海嘯爆發，各方始意識到事態不妙，卻為時已晚。

香港金融市場向來採用分業監管模式，但不應固步自封、因噎廢食，而需因地制宜配合環球大趨勢。證券及期貨監察委員會早前提出，按營運監管（Prudential Supervision）及客戶保障（Consumer Protection）分工乃對症下藥，而英國等地現正採用，並非新猷，值得各方認真研究借鑑。況且證券及期貨監察委員會前主席韋奕禮（Martin Wheatley）被挖角，應聘返英掌管新設客戶保障機關，正是映任內處置雷曼債券投訴索償得宜，贏得賞識。

美元量化寬鬆　港元首當其衝

在貨幣局聯繫滙率制度下，官價與市價滙率波動，短期偏差倚靠套戥修正，長期穩定端賴自動操作機制輔以干預操作維持。所謂自動操作機制，是港元供求失衡，港美息差會相應調節，帶動資金流向，直至恢復平衡。干預操作即是當局入市買賣外滙或加息減息，以達至

相同效果。金融管理專員在 2005 年中推出 7.75/7.85 強弱方兩邊承兌保證，原意是反客為主，爭取最大干預空間，避免重蹈 1998 年覆轍。誰料 2008 年 9 月環球金融海嘯後，美國再三推行寬鬆貨幣政策，美元泛濫，港元首當其衝，游資流竄，一再來犯試探虛實，強方承兌保證變成作繭自縛，箇中矛盾是自動操作機制。

圖 9.1：2004—2015 年美元與人民幣兌港元走勢

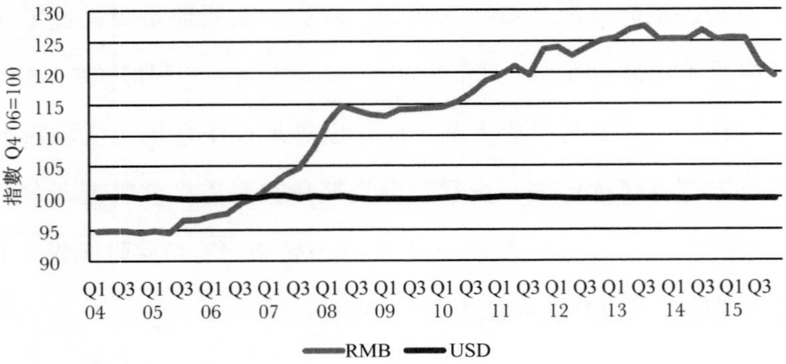

資料來源：香港金融統計

　　若游資湧至，在強方承兌保證下，外滙基金別無選擇，須不斷吸納，結果是港元銀根會同步擴大。壓低港元利率，拉闊港美息差，有助紓緩壓力，但零息始終是底線，低無可低。如若硬要再下調，啟動 1987 年制定之負利率機制，則肯定弄巧反拙，自毀長城。據金融管理專員推算，在 2008 第四季及 2009 全年，共有 6,400 億港元等值

游資流入，威力不言而喻。外滙基金曾一再增發票據，轉移及凍結銀行清算結餘，是換湯不換藥，銀根並無實質改變，只是減低隔夜流動資金，暫時紓緩升值壓力。

圖 9.2：按季遊資淨出入估算

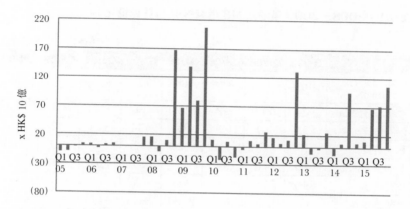

資料來源：香港金融統計

十年人事幾番新，1997 年亞洲金融風暴後，游資衝擊港元貶值脫鈎，來勢甚洶，香港有驚無險之餘，也亡羊補牢。時而世易，2008年環球金融風暴後，游資變陣，反其道而行衝擊港元升值脫鈎，實在不難理解。人民幣仍未實現自由兌換，而客觀環境有利投機脫鈎，游資乃聞風湧至，港元依舊受到困擾，只是壓力不同。況且，在環球貨幣寬鬆政策下，利息似有若無，投機港元升值，幾乎無本生利。

且拆解 2008 年及 2009 年銀行貨幣統計數字，分析港元 M3 數據（表 9.1），按季追尋游資蹤影。無巧不成話，過程似曾相識，與 1997 年亞洲金融風暴後，游資來犯一役異曲同工，只是目標及操作截然不同。

表 9.1：2008－2009 年港元 M3 增減拆解（10 億港元）*

（單位：十億港元）

	Q1/08	Q2/08	Q3/08	Q4/08	Q1/09	Q2/09	Q3/09	Q4/09
港元 M3 (=a+b+c)	(-103)	(-109)	+81	+91	+41	+198	+116	(-12)
= 港元信貸 (a)	+23	+16	+2	(-136)	+1	+104	+18	(-96)
政府借貸	(-5,)	(-1)	(-9)	(-9)	+14	+28	(-13)	+19
私人借貸	+27	-17	+11	(-128)	(-13)	+77	+31	(-115)
+ 外資流入 (b)	(-92)	(-71)	(-14)	+227	(-35)	+284	+98	+185
銀行業務	(-99)	(-65)	(-32)	+67	(-100)	+147	+6	(-22)
貨幣銀根	+7	(-7)	+18	+160	+65	+137	+93	+207
+ 其他資產 (c)	(-33)	(-53)	+93	+1	+75	(-190)	(-1)	(-100)
儲備比率	39.1%	37.5%	37.4%	39.0%	39.3%	42.2%	41.9%	43.4%
貸 / 存比率	45.2%	47.9%	48.0%	44.6%	43.2%	42.2%	42.0%	41.6%
清算結餘比率	0.3%	0.3%	0.7%	10.0%	8.7%	11.1%	8.2%	11.8%

＊四捨五入後數據略有些出入

參考環球金融風暴爆發前奏及善後，此八個季度，可劃分為三個時段。第一個時段是 2008 年首三季，第二個時段是 2008 年第四季及 2009 年第一季，第三個時段是 2009 年第二季至第四季。

在第一個時段，首兩季港元 M3 減少，其中港元私人借貸增加，外資流出，此消彼長。本港股市自 2007 年 10 月創下 31,958 點新高後回落，年底已跌至 27,812 點。外資在 2008 年初「提款」結算離場，可謂順理成章。及第三季，美國房地產次級按揭拖欠惡化，外資繼續流出，據聞是返美救火，不難理解。統計 2008 年第一至第三季，外資共流出 1,770 億元（即 920 億元＋ 710 億元＋ 140 億元），而本地私人借貸亦回升，令貨幣銀根擴大，而其他淨資產也增加，令港元 M3 反彈。同年 9 月底，美國投資銀行巨擘雷曼兄弟倒閉，引發環球金融海嘯，香港不敢怠慢，密切留意美國一舉一動。其間銀行儲備比率由 39.1% 降至 37.4%，而貸存比率由 45.2% 升至 48.0%，數據變化並無反常，顯然銀行取態穩健。值得留意者，是銀行清算結餘比率低於 1%，不受客觀環境變遷影響，顯示此水平已足應付日常周轉。

在第二個時段，港元 M3 持續增加，主要來自外資流入，銀根擴大，而港元私人信貸大幅下跌。同年第四季最富戲劇性，美聯邦儲備局減息之餘，更在 11 月推出寬鬆銀根政策，市場流動性大幅增加。外資流入填補港元信貸收縮，貨幣增長 2.9%，其中港元信貸減少（佔 -4.3%），而外資流入（佔 +7.2%），此消彼長（見表 9.3）。外滙基金臨時注資千億元，佔外資流入統計約半，加強銀行系統流動資金，擴大銀根防患未然。銀行系統其他外幣負債及清算戶口結餘同步增加，

清算結餘比率即跳升十多倍至 10.0%。翌年首季，市況喘定。期內銀行儲備回升至 39.3%，而貸存比率則回落至 43.2%，顯示銀行態度日趨謹慎。

在第三個時段，港元 M3 在 2009 年第二及第三季急升，港元信貸增加及外資流入，而其他淨資產減少。美國聯邦儲備局在同年 3 月延續寬鬆貨幣及低息政策，為期半年[7]，游資大量湧入香港，連翻觸動強方承兌保證，外滙基金源源接盤。及至同年 11 月美國再推出寬鬆貨幣措施，外資流入不斷，但港元信貸趨緊。其間，外資淨流入共達 5,670 億港元（即 2009 年第二季至第四季外資流入總和：2,840 億元＋ 980 億元＋ 1,850 億元），銀行儲備再升至 43.4%，而貸存比率則徘徊在 41.6%，顯示銀行未有半點鬆懈。清算結餘比率在 8% 至 12% 之間徘徊（圖 9.3），而其他外幣負債回落，反映外滙基金收回臨時注資之際，流入外資填補空檔，而且流連不退。清算結餘比率在高位徘徊多年，反映游資熱錢守株待兔，靜候人民幣撤銷外滙管制，港元滙率改革方罷休（表 9.2）。

7　有論者以此為「量化寬鬆一波」(Quantitative Easing I)，其實早於上年 11 月已啟動，若再追溯源頭，2007 年起連續十多次大幅減息，即利率推向零水平時，其實已走上「量寬」之路。

圖 9.3：2005—2015 年清算結餘對活期存款比率

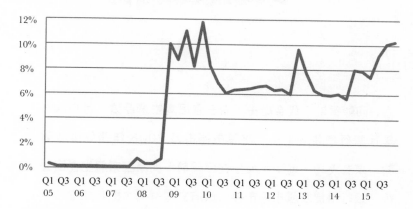

資料來源：香港金融統計

表 9.2：2008—2009 年港元 M3 增減拆解 (%)*

（單位：%）

	Q1/08	Q2/08	Q3/08	Q4/08	Q1/09	Q2/09	Q3/09	Q4/09
港元 M3 (=a+b+c)	-3.1%	-3.4%	+2.6%	+2.9%	+1.3%	+6.0%	+3.3%	-0.3%
= 港元信貸 (a)	+0.7%	+0.5%	+0.1%	-4.3%	+0.0%	+3.2%	+0.5%	-2.7%
政府借貸	-0.2%	-0.0%	-0.3%	-0.3%	0.4%	0.9%	-0.4%	+0.5%
私人借貸	+0.8%	+0.5%	+0.4%	-4.0%	-0.4%	+2.3%	+0.9%	-3.2%
+ 外資流入 (b)	-2.8%	-2.2%	-0.5%	+7.2%	-1.1%	+8.6%	+2.8%	+5.1%
銀行業務	-3.0%	-2.0%	-1.0%	+2.1%	-3.1%	+4.4%	+0.2%	-0.6%
貨幣銀根	+0.2%	-0.2%	+0.6%	+5.1%	+2.0%	+4.2%	+2.7%	+5.7%
+ 其他資產 (c)	-1.0%	-1.7%	+3.0%	+0.0%	+2.3%	-5.8%	-0.0%	-2.8%

＊四捨五入後數據略有些出入

*　　　　*　　　　*

結語

　　回顧香港近代金融史，有三宗風潮影響深遠，包括六十年代銀行擠提、1987 年股市停市及 2008 年迷你債券醜聞。事有湊巧，前兩宗發生在回歸前，而第三宗發生在回歸後。銀行擠提及股市停市後，政府立場鮮明，即時成立法定調查檢討委員會善後，更委任海外專家主其事，並且於事發後一年內呈遞報告。政府接納全盤建議，坐言起行大刀闊斧改革，頒佈新法例，整頓市場及改進監管，撥亂反正，前後相隔不超過兩年。可是 2008 年迷你債券醜聞後，善後卻未見同樣高效率，實有天壤之別。政府態度曖昧，處事拖泥帶水，面面欠圓，各方不討好，擾攘多年仍未落幕。

　　迷你債券醜聞突如其來，金融監管制度盲點暴露無遺，尤其是銀行操守及道德，和監管是否得其法。政府措手不及，顧此失彼方寸大亂。不成立法定調查檢討委員會是失策，更遭輿論批評官官相衛，失信天下，政府百詞莫辯。

　　涉事三方事後各自表述，獨欠仲裁，是非難辨。苦主指責銀行濫銷，資訊不盡不實，誤導客戶，有違誠信。銀行信誓旦旦，強調銷售過程公平、公開、公正，而且交易經客戶簽認作實，絕無背信棄義。監管機關矢口否認失職，再三申

辯按本子依例審查，並無疏虞。銀行不認賬，政府又卸責，苦主只好自求多福，各施各法討回公道，有的更採取激烈手段，爭取輿論支持，引起爭議不在話下，更擾攘多年仍餘波未了。

金融海嘯以後，歐美大國痛定思痛，皆腳踏實地還原基本步。銀行本業在於融通資金，審計誠信在於堅守公正，監管職責在於執行法紀，政府問責在於維護公義。例如：美國整頓金融機構，將摩根大通（J.P. Morgan Chase）、高盛（Goldman Sach）及摩根士丹利（Morgan Stanley）等三大證券商兼投資銀行，皆納入銀行監管系統，但原來證券期貨、企業上市、收購合併等業務，仍歸證券交易委員會（Securities and Exchange Commission）全權管轄。相比之下，香港有斯人獨憔悴之嘆。當初若設立法定調查檢討委員會，幾乎肯定會嚴肅批評「一業兩管」荒腔走板，銀行外行權充內行，當局外行監管外行，百病叢生。撥亂反正改革整合，在所難免，機關權責此消彼長也可預期，結局卻不一定是官僚所樂見。是非得失，且留待歷史公斷。

此外，環球金融爆發海嘯，風高浪急。香港銀行體系向來穩健，幸可獨善其身，元氣無損，卻吸引游資重臨，三番四次投機港元脫鈎升值。其實港元聯繫滙率機制經反覆改良，已經成熟先進，化解貶值投機游刃有餘，但抵禦升值投機事倍功半，甚至無功而還，乃制度先天盲點。金融管理專

員疲於招架之餘，苦無妙計良策反客為主先發制人。形勢比
人強，政府不能固步自封，應面對現實，集思廣益尋求過渡
良方。人民幣邁入國際市場，自由兌換可期，已是不歸現
實，港元若不未雨綢繆，屆時再亂陣腳，又自尋煩惱。

＊　　　　　＊　　　　　＊

附件一：銀行港元存款利率協議

　　銀行港元存款協議《利率規則》自 1964 年 7 月生效之後，經過
多次重整分類及分組，最終劃分為外地及本地兩大類。外地銀行類包
括被外地行收購或控制之本地銀行，及滙豐銀行；本地銀行類包括中
國內地銀行及馬來西亞和新加坡銀行，再細分為四組。

　　此外政府在 1965 年擠提平息後，實施禁令，暫緩審批新銀行
執照，唯一例外是在 1972 年批准英國巴克萊國際銀行（Barclays
International Bank）來港開業，因為巴克萊是倫敦四大清算銀行之
首，但限制不得開設分行。所以 1973 年分類分組狀況是塵埃落定
（下表），第一組數目最多，控制大部分存款，單是滙豐集團（包括有
利、滙豐財務及恆生）已控制過半[8]。

8　根據銀行監理處公佈，以銀行控股地區分類存款統計推算。

1973 年 7 月 1 日銀行存款利率協議分組表

第一組（外地 31 家）			
荷蘭銀行	美國運通銀行	泰國盤谷銀行	印尼國家銀行
美國信孚銀行	廣東銀行 *	印度銀行	華比銀行
法國東方滙理銀行	法國國巴黎銀行	渣打銀行	美國大通銀行
道亨銀行 *	建南銀行	歐亞銀行	遠東銀行 *
萬國寶通銀行	恆生銀行 *	香港上海滙豐銀行 *	印度海外銀行
國際商業銀行	韓國外換銀行	廣安銀行 *	有利銀行
巴基斯坦國民銀行	三和銀行	住友銀行	友邦銀行
滙豐財務公司 *	永亨銀行 *	巴克萊國際銀行	
第二組（本地 10 家）			
中國銀行	東亞銀行 *	廣東省銀行	廖創興銀行 *
南洋商業銀行 *	海外信託銀行 *	上海商業銀行 *	新華信託儲蓄銀行
永隆銀行 *	永亨銀行 *		
第三組（本地 13 家）			
交通銀行	浙江第一銀行 *	崇僑銀行	香港商業銀行 *
大新銀行 *	四海通銀行	恆隆銀行 *	香港工商銀行 *
嘉華銀行 *	馬來亞銀行	華僑銀行	華聯銀行
大華銀行			
第四組（本地 9 家）			
中南銀行	國華商業	集友銀行 *	香港華人銀行 *
金城銀行	浙江興業銀行	友聯銀行 *	中國聯合銀行 *
鹽業銀行			
第五組（本地 9 家）			
香港京華銀行 *	康年銀行 *	華僑商業銀行 *	寶生銀行 *
大生銀行 *	大有銀行 *		
陳萬昌財務 #	利成銀行 #	明泰財務 #	

資料來源：馮邦彥，2002。

* 香港註冊銀行

非有限公司註冊

其後政府在 1978 年恢復審批銀行執照，幾乎所有新開業者皆是外地銀行，無意爭奪存款，唯一例外是本地新鴻基財務升格為銀行。所謂強者愈強，存款分佈並無實質改變。時移世易，銀行業務已多元複雜，即使沒有利率協議，本地中小型銀行也不能不顧成本效益，純以高利率搶奪存款。其實利率協議最重要功能，是港元浮動年代（1974 年至 1983 年）利便政府有效調節港美息差，維持港元滙率穩定。港元恢復掛鈎美元後，功能已日漸式微。

此外香港銀行公會在 1981 成立，乃法定機構，接管利率協議，納入公會規條之內，協議也改稱《利率規則》。規條在 2000 年至 2001 年分階段撤消，功成身退。

第一章

第10章

結論

天下分久必合

重整大中華平台

引言

　　中國四大名著之一，羅貫中的《三國演義》卷首開宗明義：「天下大勢，分久必合，合久必分。」這歷史規律萬世不移，無論政治、經濟、金融皆逃避不過之自然循環。香港百多年金融沿革，就是一部與中國內地體制分合之歷史。

　　香港開埠伊始定位為「自由港」，各方貨物、貨幣、人民及資訊進出自由，吸引華商洋商滙集。英國人綢繆建立對華貿易「國際基地」，架空廣州，擺脫清廷官僚制肘，而關鍵是華商肯移船就磡，故開埠伊始已頒佈中國貨幣合法流通，方便華商交易結算，又引進西洋銀行服務洋商，左右逢源。西洋銀圓通行華南，香港銀行發行銀圓鈔票替代流通，方便攜帶，交收便捷，是連接華洋貨幣之橋樑，利便轉移華洋滙兌來香港交收結算。

　　香港元脫胎於西洋銀行的銀圓鈔票，原與中國貨幣同屬白銀本位。中國在 1935 年放棄沿用數百載之貨幣制度，轉制為信用發行，香港元也隨即改制，轉用貨幣局聯繫滙率制度，先後掛鈎英鎊及美元。不過，中國內地與香港貨幣的雙邊關係並無實質改變，港元依舊是中國貨幣外滙兌換版，並充分發揮此獨特功能，不受內地政局及地緣政治改變所影

響，兩蒙其利。直至七十年之後，內地人民幣再改革滙率制度，邁步國際化，港元也轉換角色，變身「影子離岸人民幣」。在「一國兩制」優勢下，人民幣他日全面自由兌換，晉身國際結算儲備貨幣以後，香港及港元所擔當之離岸貨幣中樞角色，將與倫敦及歐洲美元看齊，其影響不容低估。

＊　　　　　＊　　　　　＊

連結華洋中外貿易　發展區域國際金融

　　其實開埠伊始，香港的流通貨幣，無論實物或鈔票皆有充足儲備支持，而且因時制宜，並非一成不變，而每次轉制也是順應客觀形勢。香港元原與內地白銀貨幣互通，因為兩地經濟唇齒相依，而香港是華洋貿易「離岸」樞紐要塞，即使內地改朝換代也不受影響，更是亂世之時內地資金的避難所。直至上世紀三十年代，中國內憂外患，戰雲密佈，日本覬覦神州大地，蠢蠢欲動，外圍國際白銀市場波濤洶湧，直接衝擊中港貨幣。香港跟隨中國放棄銀本位貨幣制度，分道揚鑣，港元改掛鈎英磅，鈔票發行儲備轉用外滙，即從白銀本位轉身英鎊外滙本位，與國際金融市場接軌，是走向現代化的轉捩點。

　　當然無人可洞悉天機，預知六年後香港淪陷，遭日本軍事佔領，

而四年後重光，英國人恢復管治，再四年後地緣政治劇變，華洋貿易一落千丈，影響生計。值得留意者，是淪陷後日軍急不及待，強逼滙豐銀行簽發庫存備用鈔票，數以千萬元計，趕往鄰近地區搜購補給，見證港元有價，流通地廣，在烽煙亂世更是搶手。面對殘酷政經現實，香港須自力更生，轉型生產工業製品出口歐美，若非港元早已回歸英鎊外滙區，則無緣受惠歐洲戰後的重建商機，日後金融業騰飛也無從說起。內地政權易手，碰上美蘇冷戰對峙，與西方經貿斷裂，香港得天獨厚，擔當金融滙兌管道，人民幣借道港元套滙，兌換英鎊美元。所以港元每遇到制度調整，也不會忽略中國利益，盡力減低對人民幣套滙影響。英鎊在 1967 年大幅貶值，港元先跟隨後升值，前後計僅貶值幾個百分點，便是最佳例證。

　　香港經濟是外向型，貨幣欠缺獨立自主條件，需緊貼主要經濟貿易夥伴。所以英鎊在 1972 年浮動時，港元只好轉錨掛鈎美元；美元在 1974 年正式與黃金脫鈎，港元別無選擇，也跟隨浮動，但仍非正式掛鈎以維持滙率穩定，以免有損中國套滙利益。八十年代，中英就香港回歸展開會談，開局不順，雙方膠着拉鋸，港元借勢大瀉，政府連忙重返固定滙率，正式恢復掛鈎美元，以免節外生枝，不利於會談，也影響中國改革開放及出口創滙。不過忙亂中「百密一疏」，未有將銀行清算結餘納入官價外滙範疇，無端製造機會予游資興風作浪，鑽空漏洞，借炒賣港元貶值，聲東擊西圖利。在港元掛鈎英鎊年

代，銀行同業票據交換所成員資格限於外滙銀行，其他銀行需經外滙銀行清算，滙豐銀行是交換所經理及同業清算銀行，以官價買賣英鎊，所以銀行清算結餘悉數備有英鎊外滙支持。

內地自八十年代改革開放，勵精圖治，香港重拾華洋商貿橋頭堡地位，更是內地吸納外資僑資的樞紐。在回歸前後，內地與香港轉口商貿已恢復頻繁，出口工業生產也北移，早前兩地簽訂「更緊密經貿關係的安排」，進一步鞏固經貿夥伴關係，休戚與共。此消彼長，歐美與香港經貿關係不再密切，經濟循環也不再同步，港元掛鈎美元之優勢早已褪色。

認清港元三角關係　檢討貨幣未來路向

人民幣在 2005 年中與美元脫鈎，貨幣局部開放，邁出國際化步伐，令港元陷入經濟現實與貨幣掛鈎錯配之矛盾。況且人民幣連年升值，脫鈎時每美元兌 8.26，十年後共約上升三分之一，最高至 6.2 上下，直接影響香港民生物價。不過，香港藉此開拓人民幣離岸外滙市場，現已成為環球人民幣樞紐，各地報價概以香港為依歸。無論從政治或經貿角度，港元與人民幣滙率理應固定，而對美元浮動，始合乎現實。歷史上，一國之內有兩個貨幣區，而雙邊滙率長期浮動，是從未見過之先例。游資熱錢看透此錯配局面，先投石問路，試探虛實，

再投機港元與人民幣併軌升值，而且在環球金融海嘯後變本加厲，至今仍有數千億等值港元外滙滯留在港，伺機而動。環球銀根寬鬆，游資泛濫，到處流竄，扭曲利率物價，導致港元面對龐大的升值壓力。其實貨幣局的聯繫滙率制度也先天不足，拆解貶值投機綽綽有餘，消弭升值壓力則束手無策。

踏入 2016 年，日本及瑞典等先後推出「負利率」措施，即是中央銀行向商業銀行清算結餘徵費，變相拒游資於門外，紓緩貨幣升值壓力，並且增加國內資金融通，促進經濟增長。其實港元早在三十年前已制訂「負利率」規則，一直備而不用，非不能也，是不為也。老一輩銀行家或許已印象模糊，新一輩銀行家及財金官員甚至可能一無所知。與日元等浮動滙率貨幣不同，港元一旦啟動負利率抗衡升值壓力，無異宣告放棄聯繫滙率制度，反會招惹更多投機熱錢流入，弄巧反拙。

在 2005 年中人民幣滙率改革升值前夕，港元推出強弱兩邊兌換保證，原意是增加聯繫滙率制度的靈活性，讓外滙基金因時制宜，視乎市況在 7.75 至 7.85 之間入市干預，反客為主，令投機者措手不及。道高一尺、魔高一丈，環球金融海嘯後，游資泛濫流竄，一浪接一浪般湧入，港元直上 7.75，反制外滙基金，是始料不及。

銀行也心中有數，凍結滯港游資熱錢，未有運用作借貸融資，令清算結餘對活期存款比率跳升至正常水平數倍，而且多年來居高不

下。經濟現實與貨幣掛鈎錯配，港元是有實無名之「影子離岸人民幣」，大家心中有數，轉錨併軌是時間問題，但礙於人民幣仍未完全自由兌換，時機尚未成熟。外滙基金再三增發票據吸納滯留的清算結餘，減低市場流動及削弱槓桿效應，是治標不治本，也默認結餘長年偏高，游資守株待兔，政府束手無策。

中國在 2015 年提出「陸上絲綢之路經濟帶及 21 世紀海上絲綢之路」（簡稱「一帶一路」）的國際政治、經濟、財金策略，既打開經濟增長樽頸，與鄰合作、共謀發展，也推動貨幣國際化，一箭多雕。經過三十多年改革開放，勵精圖治，發揮人力及土地優勢，引進資本與技術，中國已躍升為世界製造業強國。以 2014 年統計，生產全球 80% 電冰箱，84% 智能手機、60% 運動鞋等消費品。環球金融海嘯後，歐美消費市場一落千丈，中國外貿內外交困。主要出口市場需求裹足不前，國內製造產能過剩、地價高漲、勞工成本飆升及貨幣升值，此消彼長，影響經濟增長。東南亞新興諸國正迎頭趕上，生產配套日漸成熟，與中國競爭代工承包合約；而美日德等發達國家增加對創新科技的投資，提升本土製造業成本效益，減低對中國等外地代工的倚賴。

不過，中國代工承包無地能出其右，穩坐世界製造業強國地位。經多年銳意經營，藉沿海省份經濟開發區之利，發展綜合供應鏈，主力是私營（個體）中小企業，可靈活配搭，既有質量成本效益，也有

轉換產出彈性，解決兩者矛盾。千禧年前後，歐美廠商專注產品開發，外判生產製造，中國佔盡天時、地利、人和，發揮獨特優勢，承包外判代工，暢銷品牌滙聚，而且精益求精，甚至轉判工序予周邊新興工業國，擴大供應鏈半徑。千禧新紀元伊始，中國適時加入世界貿易組織（World Trade Organization），更如虎添翼。

眾所周知，「一帶一路」是古代東西方陸路及海路貿易途徑。最早開發者是內陸路線，東起長安（今日西安），西止君士坦丁堡（今日伊斯坦布爾），途經中亞與中東諸國，始於秦漢時代，而在唐宋元三朝最繁盛，商旅絡繹不絕。貨物以中國絲綢為主（原因是便於運輸和價值較高），故統稱「絲綢之路」。明清兩代，中東地緣政治變遷，成為伊斯蘭鄂圖曼帝國疆域，絲綢之路中斷。歐洲航海強國，幾番波折開闢遠洋貿易路線替代，西起英國及西班牙，東止華東以至朝鮮及日本，途經歐非二洲、阿拉伯、印度、東南亞等地沿岸港口。

中國與「一帶一路」沿途諸國商貿淵源深厚，是次牽頭重建緊密經濟往來，兩蒙其利。中國借出資金，輸出裝備，與人為善，協助發展中亞諸國提升科技及經濟產能，也開放內地市場吸納製品，滿足國民消費需求，帶動經濟轉型，各得其所。中國在提升製造業科技之餘，亦可分判工序與沿途新興工業國，連成出口代工鏈，加強集體討價還價能力，與環球品牌周旋，避免鷸蚌相爭，漁人得利，鞏固製造業大國的地位。

中國發起成立亞洲基礎設施投資銀行，與「一帶一路」策略相輔相成，是跨地域項目融資平台，撮合借貸雙方供求，而且交易使用人民幣計算，藉此擴大中國貨幣流通疆域，提升國際地位。其實中國藉此推動人民幣外滙合縱分區，外貿結算及儲備以其為主，個別外地貨幣甚至與其掛鈎，目標並非與環球美元本位制度分家，而是形成人民幣本位區域，相輔相成。順帶一提，美國之前主推「跨太平洋夥伴關係協定」(Trans-Pacific Partnership) 乃異曲同工 [1]，其實也是在環球體制下，推動美元外滙合縱分區，貨幣掛鈎美元。言歸正題，人民幣外滙合縱分區之資金循環，以中國為主軸，所以中國左右逢源，外貿在環球美元循環中舉足輕重，貨幣也可自成一系分庭抗禮。香港是亞洲美元外滙中心，也是離岸人民幣樞紐，自可受惠而左右逢源。

人民幣晉身國際結算及儲備貨幣，需要「公認」離岸樞紐作橋樑，轉換國內外人民幣資金，有如倫敦歐洲美元市場。從倫敦經驗所得，離岸樞紐需要具備多種條件。第一，外滙資本市場發達，交投成熟，營運效率高，制度健全。第二，離岸與在岸市場，文化習俗相通兼容，互信互賴。第三，外幣資金進出自由，不受管制。第四，離岸市場不受在岸當局規管，無需遵從存款儲備金比率、流動資金比率等規定。第五，外來存款可享稅務減免，而且受離岸地的法制保障。其實

---

1 此貿易安排在特朗普上台後有重大變化，他於 2017 年簽署行政命令，正式退出該協定。

歐洲美元市場只是銀行同業交易平台，客戶存貸實際在原英國屬土之外圍金融中心記賬，包括開曼群島、英屬處女島、百慕達群島等，既受英國法制保障，也享有稅務寬免。

香港實施一國兩制，既是中國特別行政區，但又和內地政經制度有別，同時與環球主流財金系統接軌，與倫敦相似，應是人民幣離岸樞紐的最佳選擇，不作他想。其實離岸人民幣滙價以香港為指標，外滙市場代號 CNH，有別於上海交易之在岸人民幣（代號 CNY），顯示香港交易已具規模。倘若人民幣可完全自由兌換，滙價便再無離岸（香港）及在岸（上海）之分，一如美元在倫敦及紐約滙價統一。存放香港人民幣不受國內條例監管，變身國際資金，有如歐洲美元，自由流動自成一系。屆時或許各地皆設有地區性人民幣離岸中心，但無損香港樞紐地位，有如亞洲美元市場在新加坡是倫敦樞紐之分支。

建立人民幣離岸樞紐　推動大中華金融聯通

故此香港需克服三大挑戰，方能充分發揮人民幣離岸樞紐功能。其一，內地與香港貨幣分久必合，港元遲早回歸人民幣區，滙率固定是客觀現實，但重整過程必定曲折，不可能一蹴而就。其二，建設港滬統一金融交易平台，證券債券期貨可兩地同步上市，同步交易，擴大香港市場。其三，整頓銀行監理政策及實務，抓大放小，去蕪存

菁，聚焦宏觀框架，放權微觀實務，撥亂反正。

一、港元回歸中國貨幣區。香港回歸前夕，人民幣正式掛鈎美元，與港元組成「貨幣鐵三角」，促進兩地經濟金融更緊密合作，相輔相成。其後亞洲金融起風暴，游資藉機發難，聲東擊西，虛招衝擊港元，推高同業拆息，實招沽空股票現貨期貨圖利，是看穿港元聯繫滙率名不副實。事關國家利益，特區政府不能坐視不理，所以別無選擇，硬接招捍衛港元滙率，但捨易取難，令人費解。寧可動用千億托市，在股票現貨市場與炒家正面交鋒，也不即時堵塞滙率制度漏洞，制敵於無形。箇中苦衷及功過，且留待歷史評論。

時移世易，美中港「貨幣鐵三角」已是明日黃花，變相解散。人民幣脫離美元轉用外滙籃訂價，反客為主，邁向全方位國際貨幣。港元角色也從中國貨幣「外滙版」轉身為「離岸版」，遲早回歸母體，但需克服兩重障礙：人民幣全面自由兌換，及港元有秩序轉錨升值。前者決策權在中央政府，香港完全被動，不能左右時機抉擇。後者是香港份內事，應該未雨綢繆。拙文《港元處於十字路口》（Zheng and Luk, 2012）提出按部就班構想，港元每日兌人民幣升值一點子，直至兩幣併軌，乃拋磚引玉，冀帶動各界積極探討轉錨良方，免得屆時措手不及。

其實環球金融海嘯後，美國再三放寬銀根並壓低利率至零，通貨泛濫，滙率長年偏軟，中國幸好獨善其身，人民幣連年升值，港元也

備受升值壓力。香港面對入口通脹，推高輸港民生食品等物價，反映經濟現實與貨幣掛鈎錯配，滙率矛盾影響民生。政府數度推出紓困措施，包括減免公營房屋月租，減免住房差餉稅，代繳家居電費等，減輕基層生活重擔。據拙文《港元回歸人民幣以紓社會下層生活之苦》分析，紓困措施降低通脹幅度，和港元升值併軌人民幣效果相約，不應該是巧合，但始終非治本之道（鄭宏泰、陸觀豪，2013）。

二、港滬金融交易平台。現代經濟建基於自由資本市場，融通資金供求，釋放經濟潛力，是提升發展效益之關鍵。香港及上海證券市場合作，在 2014 年底推出「滬港通」交易聯網，投資者可互相在對方股市買賣，不受內地資本進出管制規限。啟動後各方寄望甚高，冀能貫通滬港股市，帶動兩地金融緊密合作，反應卻強差人意，但確認跨境投資有需求，只要手續化繁為簡，交投定必日趨活躍。

其實，滬港通只是技術性質安排，兩地交易所系統聯網，簡化交易，寬免外滙規管，方便跨境買賣。內地投資者可豁免正常外滙手續兌換港元，直接投資港股。同樣，香港投資者也可通過相同安排兌換國內人民幣（CNY），直接投資 A 股。日後售股套現，若不再購買其他股份必須結滙，兌回原始貨幣並滙返原地。除方便投資者，刺激交投外，滬港通更可提高套戥效率，消除 A 股與 H 股之差價。此外，計劃有實驗性質，試行撤銷資本賬外滙管制，觀察影響。其實，滬港兩地股市，法制不同，規管有別，即使同股同類，在兩地同步買賣也

是知易行難。況且，內地以稅務等優惠，吸引香港投資者，只是暫行政策，厚此薄彼，難以持久，需要長遠安排，方能貫通滬港市場，強化大中華的金融實力。故此，內地撤銷外滙管制後，滬港通便應功成身退。

中港台三地（大中華）經濟，本是一家，金融產業互補性強，潛在協同效應巨大。近六十多年各自發展，乃客觀形勢使然。內地改革開放三十多年，經濟總產值已超越日本，追趕榜首美國，成為大中華經濟重心，凝聚三地經濟。不過三地政治、法規、制度等有別，由分而合，不能一蹴即就。況且資本市場與貨幣各自獨立，跨地交易有如跨國，手續繁，收費雜，成本偏高，妨礙商貿整合，難以釋放經濟潛力，提升實力。若能借鏡歐洲經驗，金融合作跨越地緣政治，可推動經貿發展，收事半功倍之效。上世紀七十年代，貨幣制度由固定滙率轉為浮動。歐洲共同市場諸國，訂立貨幣聯盟，推動金融合作，提高生產力，與美國分庭抗禮，振興經貿實力，值得借鏡。

所謂分久必合，各方應把目光放得更遠，打通大中華經濟體的「任督二脈」，為財經商貿發展注入更強勁動力。所謂「任脈」是貫通資本市場，融通各地資金。所謂「督脈」是聯盟貨幣，固定兌換率，消除三邊外滙風險，減低交易成本。港元與人民幣自始已是聯盟，分別只是官式或非官式，而新台幣則有待時機成熟。

上海、台灣及香港三地金融市場應該攜手合作，構建金融聯網，

提升資本累積之能量，推動經濟結構升級，互惠互利。若要貫通三地金融平台，尋求突破，可從股票市場切入，滬港通與拙作所倡議的跨越三地「大中華企業板」不謀而合（鄭宏泰、陸觀豪，2013）。所謂「大中華企業板」，乃證券市場聯網，即是一板三地，貫通滬港台，企業可同步買賣，融通三地資金。

其實金融平台聯網，不會取代三地原有體制及市場，各地主板副板仍獨立運作，亦各有定位和面向。「大中華企業板」是新平台，三地共用互通，讓具備條件之企業（例如有跨地業務發展者）上市集資、交易買賣。最簡單直接之運作機制，是三地交易所簽訂「合作協議」，成立聯合管理局立案法團，制訂上市審批程序、市場運作機制、統一會計制度準則及監管規章等。香港奉行普通法，制度完備，是立案法團之首選基地。

滬港台時區相同，「大中華企業板」運作機制統一，掛牌股份可同步在三地市場買賣，用當地貨幣交易結算，而且報價劃一。其實，此掛牌及交易模式，技術上並不複雜，其性質及操作與現時滙豐控股在倫敦、香港、紐約三地掛牌交易之安排大同小異；而貫通三地市場之關鍵，是設立地區股東名冊，而股權又可在各地區之間自由轉移。現代先進科技和資訊網絡無遠弗屆，更有利解決各種諸如即時交易及結算等技術問題。

此外，「大中華企業板」是獨立於當地主板，有助解決同股應否同

權的政治爭議。內地科網股阿里巴巴，曾投石問路，試探香港同股同權之既定政策是否有彈性，無功而回，但已引發激烈辯論，而當局也跟進檢討，最終決定維持現狀。香港兩難之處，是收購合併屬上市監管項目，若貿然容許同股不同權，變相自廢武功，削弱對投資者之保障。若效法倫敦或新加坡，豁免境外公司，則怡和集團遷冊，是前車可鑑。怡和集團借九七問題，遷冊百慕達，名義上變成海外公司，且修訂公司章程，變相解除收購威脅，一石二鳥。

香港監管當局堅拒豁免，以儆效尤，結果怡和集團轉到倫敦及新加坡掛牌。「大中華企業板」可借鑑紐約證券交易所，只管交易結算，買賣秩序。至於股權變動，結構重組，收購合併等公司事務，一概依從國內外企業註冊所在地法規處理。合資格掛牌者，皆屬超級企業，規模龐大，即使有同股不同權問題，風險也可留交投資者自負。

此外，企業、政府、國際金融機構等更可利用「一板三地」之獨特優勢，發債集資。債券在三地市場同步交易買賣，流通必然更大更廣，既有助開拓當地資金市場，亦可擴闊集資圈子，促進大中華經濟體債券市場之長遠發展。「一帶一路」是長遠政策計劃，未來開發資金需求，每年以百億元人民幣計，「大中華企業版」（即使初期只限於滬港共通金融平台），正好是亞洲基礎設施投資銀行、金磚開發銀行等中國牽頭之國際融資機關之主力集資平台。

三、整頓銀行監理政策及實務。上世紀六十年代銀行起風潮後，

政府禮聘英倫銀行顧問湯金斯檢討得失，大刀闊斧整頓監管，推行三角架構，即是銀行監理專員、銀行業諮詢委員會、外滙銀行公會。監理專員執行條例，確保經營合規穩健，市場公平競爭，保障存戶權益。業界諮詢委員會反映社會聲音，讓政府知悉法規利弊與監管得失，及時調整政策，因時制宜。銀行公會由發鈔銀行領導，反映業界聲音，讓政府知所進退，妥善立法及有效執法，平衡各方利益。此獨特架構經得起時間考驗，往後三十年經歷 1965 年擠提、1967 年暴動、1973 年股市崩塌，1983 至 1986 年中小型銀行倒閉潮，1987 年股市停市等重大事故，皆化險為夷。

綜合發達經濟體的經驗，金融監管實務有三個重點。其一，因時制宜，以穩健為綱，抓大放小。其二，放眼未來，洞察發展方向，及時糾正偏差。其三，提綱挈領，掌握課題重點及問題機構。大前提是防範未然及防微杜漸，若形勢比人強，則眾害取其輕，採取非常措施保障公眾利益為先。當年湯金斯高瞻遠矚，改革建議切合香港實情，為金融業國際化打下紮實基礎。例如：現今規管環球銀行集團，是採用主客制，總行所在是主方，分支地點是客方，而主方對所監管之集團有最終責任。英雄所見略同，半世紀前湯金斯報告已提出相類主客安排，建議採用特定流動資金代替傳統存款儲備金，而計算時豁免扣減三十天以上集團同業存款，等於容許分支向總行商借流動資金，符合規管要求，但總行須事先向銀行監理專員呈交責任承擔書（Letter of Comfort），效果異曲同工。不過香港往後卻固步自封，落後環球大勢，發達地區的經濟已脫離人治監管，走進問責機關體制，香港仍跳不出官僚系統，百病叢生。

踏入七十年代，環球轉用美元本位浮動滙率制度，市場多變莫測，政府 1976 年在財政司麾下增設「金融事務司」，分擔貨幣金融職責。官僚系統演變成四個層級，頂層是港督會同行政局，批核發牌及審議上訴，覆核官員執法。下一層是財政司，主管財政金融系統，兼任銀行業諮詢委員會主席。再下一層是金融事務司，分管貨幣金融，包括監管銀行及其他金融機構。底層是銀行監理專員，執行銀行業條例，保障存戶權益。在政府主導下，外滙銀行公會於 1981 年改組為香港銀行公會，成員擴大至所有持牌銀行，地位提升，令三方架構更為鞏固。

1997 年回歸在即，政府在 1993 年再改組貨幣金融系統，以維持港元貨幣獨立，設立「金融管理專員」（Monetary Authority），隸屬財政司，管理外滙基金兼監管銀行[2]。為彰顯權力下放與獨立行事，專員辦公室採用機關組織編制，對外稱為「香港金融管理局」（Hong Kong Monetary Authority），本人使用「總裁」職銜，轄下官員也捨棄公務員編制薪級。外滙基金諮詢委員會亦調整職能，變身「金融管

2　金融事務司改稱財經事務司（Secretary for Financial Services）。

理局」之非正式董事會，轄下設立若干專責小組，負責貨幣政策等事務。外滙基金也在回歸過渡期，陸續從滙豐及渣打兩家發鈔銀行收回代行之中央銀行功能。

　　無獨有偶，滙豐與渣打也先後改組集團架構，香港業務及人事本土化，銀行公會代表席位也改由地區主管出任，而非集團級別主管，因為對口官員降格，從財政司司長變成金融管理專員之副手。此消彼長，銀行公會及主席地位大不如前，監管權力向官僚系統傾斜，缺乏有效制衡，三方架構褪色，影響深遠。[3]

　　1997 年 7 月 1 日回歸後，金融專員推出多項配套，包括按揭證券、按揭保險、存款保險等，與發達地區看齊，冀加強體制穩健，卻引發頗大爭議，因為此等措施與監管人角色衝突，理應避嫌交由業界或政策局主導。金融專員又因利乘便，擴展外滙基金之「非貨幣」功能，統攬財政儲備投資、接管官方借貸融資（如大學生貸款）等，更招爭議。況且「金融管理局」編制日益臃腫，官員眾多，架床疊屋，監管手冊汗牛充棟，鉅細無遺輕重難分，業界實無所適從。箇中癥結是「金融管理局」採用浮動薪酬制度，論功行賞。儲備管理部門與私營投資機構無異，按回報所得而獎賞，乃無可厚非，若其他部門尤其

3　早年公會主席如：滙豐之雷興悟（Peter Wrangham）、施偉富（Paul Selway-Swift），渣打之麥堅時（John Mackenzie）、賈世德（Ronald Castair）等皆一時俊傑，享譽國際。

是銀行監管也同科，則問題叢生。打個比喻，若球證出場費與執法評分掛鈎，必然寧枉毋縱，球員動輒得咎，打亂比賽節奏，影響球賽可觀性。所以監管部門為爭取政績，執法必矯枉過正輕重不分，甚至越俎代庖，主催發展新服務及產品[4]。

特區政府在 2002 年推行「主要官員問責制」，財政司司長脫離公務員行列，改為政治任命，與金融專員簽訂作業備考，明文下放權力，確保專員獨立行事，不受政治左右。不過，監管架構先天缺陷，官僚過度集權卻制衡不足，而且變本加厲，窒礙業界發展創新。金融專員現今集多元職權於一身，計有貨幣管理、銀行監管、按揭融資、按揭承保、存戶保障、產品開發、儲備投資、官方借貸人等，有具爭議性者，也有角色衝突者，更不言而喻。

住房按揭便是過度監管實例，亦反映金融專員集權之弊端。九七回歸後，先後遇上亞洲金融風暴及「沙士」瘟疫，房地產價格大瀉，物業市道萎縮，住房按揭更浮現大批負資產個案（即市值低於貸款），在 2003 年最高峰時達十萬宗之多，事過境遷，官僚仍猶有餘悸。金融專員主辦的官辦按揭證券公司無用武之地，原先估算按揭市場短缺數千億資金之數落空，乃變身按揭保險公司。所謂按揭保險，原來是銀行投保按揭壞賬，俾計算監管資本充足比率時，能享用特惠（50%）

4　電子支票是典型個案，推出後反應冷淡，聊備一格。

風險系數。實務上銀行防範未然，也要求個別借款人單獨投保，將成本轉嫁客戶。香港卻用作監管工具，一刀切指定借額高於估值 70% 者必須投保。為人詬病者，是官辦保險基本上壟斷市場，保費變相是向「額外按揭成數」徵稅。更甚者是異變為政策工具，按揭成數已收緊至 60%，以配合政府加強「住房需求管理」，令初次置業者百上加斤，無所適從。

　　環顧發達國家，貨幣管理與銀行監理分家乃大勢所趨，取其制度獨立和公開透明等優點。英國在霸菱（Baring）商人銀行醜聞後徹底改革監管[5]，在 1998 年成立獨立金融機構監管局（Financial Services Authority），統籌監管銀行、證券、期貨、保險等業務。其後更在 2013 年分拆為二，即金融機構監管局（Prudential Regulation Authority）及金融業操守監管局（Financial Conduct Authority），與英倫銀行轄下金融政策委員會（Financial Policy Committee），組成監管鐵三角。機構監管局是執法機關，監察銀行、證券、保險等穩健經營。操守監管局也是執法機關，監察金融服務產品銷售，接受投訴，保障客戶權益。其實中國人民銀行亦早已分拆銀行監管職能，另行設立銀行監察委員會。此外，美國最早設立存款保險制度，公營存款保險公司是獨立機構，間接制衡銀行監管機關。美國兩家公營按揭

5　霸菱新加坡分行內部管理不善，在 1995 年被揭發造假賬掩飾期貨炒賣虧損，瀕臨倒閉。

證券公司也是獨立機構，同樣具備間接制衡監管功能。

　　礙於客觀現實，香港貨幣管理及金融政策需交官僚系統負責，但機構監管及客戶保障等實務，可成立專責機關執行，既提高公信力，也提升國際形象，事半功倍。當局應借鏡歐美經驗，檢討金融系統監管，重整各項配套，讓金融專員專注外滙基金及貨幣政策，分拆非貨幣功能，轉交獨立機關，互相制衡於無形。香港先天條件優越，是中國牽頭之亞洲基礎設施投資銀行、金磚開發銀行等國際融資機構的理想基地（不需是法團註冊地），吸引成員國的公營私營銀行分支來港開業，成敗取決於後天因素。故整頓銀行監管架構，以機關取代官僚執法，增強公信力是關鍵性的後天因素。早前獨立證券及期貨事務監察委員會取代官僚系統監理專員，令市場監管脫胎換骨，洗脫八七停市矛盾後遺症，提高公信力，便是現實例子。

　　香港開埠源於華洋貿易，伊始已與內地貨幣一脈相承，利便四方交易結算。華南通用西洋銀圓在香港衍生銀圓鈔票，連接華洋雙方，沿用本身商貿習慣文化，通過中介（買辦）交易，是原始香港元。銀圓鈔票其實是西洋銀票，較傳統錢莊銀票優勝，而且經政府核准銀行發行，所以廣受華商歡迎，與銀圓交替使用，流通日廣。中國放棄白銀本位制度後，兩地貨幣金融分家，而港元與英鎊掛鈎，進入國際主流市場，青出於藍，更獨當一面。體制分離並無影響實質關係，地緣政治從未影響兩地貨幣兌換，所以香港有如古希臘雙面門神珍納斯

（Janus），背靠內地，面向世界，是華洋商貿金融樞紐。

＊ ＊ ＊

總結

　　本書揀選的八個貨幣金融里程碑，表面上與內地風馬牛不相及，實際千絲萬縷，香港每次抉擇皆仔細衡量對內地之影響，大前提是保持雙向管道暢通，互惠互利。時移世易，中國金融市場已日漸開放，與環球市場多邊連接，但無損香港獨特功能及地位。港元遲早與離岸（外滙）人民幣併軌，回復原始（開埠）雙邊關係，屆時香港將是環球離岸人民幣樞紐不二之選。他日滬港台組成大中華金融平台，貫通三地貨幣資金市場，與紐約及倫敦較高下爭長短，香港亦是共通平台基地不二之選。天時地利俱在，成敗得失乃事在人為，且拭目以待。

後記

　　正如本書不同章節中反覆強調，古今中外，社會深刻體會金融體制的重要性及複雜性，西方著名金融政治學者（如波蘭尼）如是，共產黨人（如鄧小平）也如是。正因金融體制複雜，所發揮作用又舉足輕重，所以大家對其起落跌宕，不敢掉以輕心。然而，由於金融體制的運行不能在真空狀態下進行，所以必然會受到內外政治、經濟、金融、社會、文化及科技等波動及變遷所左右，產生各種各樣的問題與挑戰。政府、業界，乃至普羅社會，能夠認清問題或挑戰所在，作適切應變，通過考驗，才能令制度逐步建立起來。

　　然而，要掌握問題真像，找到恰當的解決方法，並非易事。即如中國小說四大名著之一《紅樓夢》名聯所言：「假作真時真亦假，無為有處有還無。」放在香港金融業面前的問題，其實一直不少。扼要地說，香港開埠定位自由商港，而金融產業是經濟骨幹，百多年來冠蓋雲集，不斷發展茁壯，全賴監管有道。其實監管是門藝術多於教條，能掌握虛實借力打力，往往事半功倍；反之則事倍功半。所謂「積極不干預」政策真諦，就是看似無為實有為，似若有為卻無為，監管虛實軟硬兼施，令以身試法者無從捉摸，知難而退。

　　從監管得失看本書所選擇的八個里程碑，前六個充分體現積極不

干預精粹，掌握全局，活學活用無為有為，於關鍵時刻撥亂反正，事半功倍，納金融產業發展於正軌。後兩個則顯示官僚處處被動，「無為有為」及「虛實軟硬」皆無用武之地，即使最終能重掌局勢，但元氣已傷，賠上夫人又折兵。

　　無獨有偶，前六宗事件發生在回歸前，後兩宗在回歸後，而政府取態及手法迥異。回歸前，政府從不否認疏虞，也無推搪塞責，更虛懷若谷，延攬獨立專家檢討得失，對症下藥，亡羊補牢，有為無為發揮淋漓盡致。十九世紀六十年代關閉造幣廠止蝕，壯士斷臂，變相推動貨幣制度現代化。九十年代立法管制證券買賣，撥亂反正，與財雄勢大經紀鬥智鬥力。二十世紀三十年代中跟隨中國放棄銀本位的貨幣制度，改掛鈎英鎊，未雨綢繆，臨危不亂。六十年代銀行擠提，大刀闊斧整頓監管架構，雖然節外生枝，一切盡在掌握中。七十年代股市崩塌，整合證券交易所，過程一波三折，但也水到渠成。八十年代股票市場停市，大刀闊斧改組交易所，又整頓監管制度，革除業界陋習流弊。大眾所詬病者，是政府好整以暇，非到最後關頭也不出手，避免干預罵名，錯失時機，不能防患未然。

　　回歸後，政府往往左顧右盼，即使檢討得失，也忠言逆耳，避重

就輕，遑論承擔責任。九十年代末亞洲金融風暴，多國貨幣先後貶值，若肯禮賢下士及時矯正滙率制度缺陷，港元應可獨善其身，避過跨市場期股滙投機衝擊，政府不必背上干預自由市場罵名。新世紀一零年代美國後院失火，釀成環球金融海嘯，國際投資銀行雷曼兄弟倒閉，若非證券投資「一業兩管」不得其法，香港存戶應可避過「迷債非債」一劫。而且官僚面子攸關，投鼠忌器，追究銀行銷售失誤不力，好整以暇夜長夢多，弄到民怨沸騰。亞洲金融風暴及環球金融海嘯，先後暴露香港金融管理體系各自為政，有如諸侯割據，欠缺默契協作，未有互相包抄，事故發生後卻互相推搪責難。1998 年期股滙風潮及零八迷債非債風潮後，金融管理當局與證券及期貨監察當局競相卸責，便是活生生實例。

美國次級住房按揭風潮釀成環球金融海嘯，問題根源是早前國會修例，容許商業（零售）銀行與投資（批發）銀行混業經營，打開「潘多拉盒子」，造就「超級機構」崛起，跨國經營，監管當局鞭長莫及。汲取零八金融危機教訓，香港若不正視證券投資「一業兩管」之深層矛盾，徹底治本，「迷債非債」危機難免歷史重演，防患未然始終勝於亡羊補牢。經一事、長一智，其實政府是上了寶貴也昂貴之一課，在

2005 年設置法定獨立機關，提升保險業監理效能時，不再提出「一業兩管」。今後銀行經營個人保險（Bancassurance）業務，須依例成立專營公司，由保險業監理局統一監管。

踏入千禧年代，資訊科技一日千里，金融服務出現翻天覆地的變化，自助交易日益普及，客戶與銀行的互動關係也變化多端。不過萬變不離其宗，金融服務本質是「跨期價值交換」，誠信是產業根基。銀行角色始終未變，仍然是收付中介人，但服務形式多元化，不再局限於行所及自助櫃員機等設施，而擴展至網絡電子平台。網絡銀行不受時空限制，保安及保密要求更嚴格，交收更直接更快捷更妥當，革新商業銀行服務，影響深遠。

智能電話及平版電腦普及，有利發揮網絡平台優勢，推廣「個人對個人」（P2P）[1] 直接收付便利，尤勝傳統現金或轉賬，表面上可以取代銀行功能，其實只是輔助性質，因為款項實際從未離開銀行系統，

1　P2P 即是 Peer-to-Peer 的簡稱。

有所改變者，只是轉賬指示收發途徑。即使是網上購物「個人對商業」（P2B）[2] 交易，其實最終也是在銀行系統內轉賬結算。全面開放網絡平台，引入競爭，能否促進金融創新，降低成本增加效益，攸關政策甚至政治。箇中要害，乃非銀行營運者能否給予客戶相同保障，監管成本效益是否更勝銀行法規。

香港是電子交易設施先驅，地下鐵路在 1979 年通車，推出儲值磁卡車票，開「電子錢」整存零付先河。1997 的回歸年鐵路夥拍巴士，合作推出八達通，取代儲值磁卡，覆蓋公共交通及鐵路車站商店服務。如果儲值磁卡是「類電子錢包」，那麼八達通是「真電子錢包」，可以重複增值，一如實物錢包，所以不是簡單預繳（先錢後貨）設施，而是嶄新自動化繳費系統，取代現金錢幣收付。

當年政府有先見之明，納八達通入《銀行業條例》監管，因為市民實際是存款入八達通公司備用，與存款入銀行無異，即使他日營運

2　P2B 即是 Peer-to-business 的簡稱。

方式有變，也無需修改法例。一如預期，大約 20 年後，八達通推出網上賬戶「好易俾」(O! ePay)，針對市場需求，擴大服務範圍，提升服務層次。新服務「好易俾」等同電子儲蓄賬戶，原有儲值卡等同電子現鈔，兩者可以互通，與傳統銀行服務異曲同工。市民既可沿用儲值卡乘車消費購物，更可使用「好易俾」享用網上轉賬購物的方便，與第三者直接收付結算。其實八達通主軸依舊，只是更新應用方式，配合市場發展及迎合市民需求，全無偏離沿用銀行監管法規範疇，可見當年官員眼光獨到兼遠大。

近年互聯網社交群組盛行，網上 P2P 收付應運而生，商人見獵心喜，推出應用平台，欲分杯羹。此外，跨境網絡購物蓬勃，商人推出按金及退款暫存平台留客，等同兼營銀行存款。「非銀行」金融科網交易興起，政府恐防有失，修訂《交換及結算系統條例》，擴大範圍至儲值設施，改稱《支付系統及儲值支付工具條例》，既開放市場競爭，鼓勵金融創新，也加強監管交易平台，保障大眾市民，兩全其美，實際是政策與現實脫節。多用途儲值設施，不論形式皆與銀行存款無異，遵從銀行法規並不為過，也無充分理據降低入門檻。若私人群組平台不開放予公眾參與，或收付雙方不在香港交易，任何法規也無用

武之地。況且科網不受時空地域限制，跨境網購商無需落戶香港，大可通過環球滙款系統收付貨款，本地監管機構鞭長莫及。換言之，科網金融平台屬非商業性質，或不招攬本地消費零售商，本地監管制度無從發揮。正如經營銀會公司是非法，但組織私人銀會則豁免規管，大眾也許記憶猶新。

積極不干預知易行難，無為有為拿捏不易。特別行政區第四屆政府（2012 年至 2017 年），採用「適度有為」施政方針，冀收立竿見影之效，重中之重是矯正房地產市場失衡錯配，穩定地價樓價，成敗得失且留待歷史評價。不過，若房地產市場進入「下行周期」是政策催生，樓價下滑演變成政治風險。金融管理專員似未汲取往昔干預教訓，堅守「球證」角色維持秩序，讓按揭市場先自行調整，而是以監控銀行系統風險為名，實施房地產按揭配給制度為實，美其名曰：「逆周期措施」，積極配合政府壓抑住房需求政策，根本偏離積極不干預理念，扭曲市場機制，對香港金融影響深且遠。

況且干預市場事與願違，稅務限貸雙管齊下也未能抑壓升勢，樓價大漲小回，亦未能扭轉市民大眾預期，樓價易升難跌，皆因物業定價權已從市場轉移至發展商。其實住房按揭（風險系數 0.5）佔銀行

貸放約 15%，與房地產發展貸放（風險系數 1.0）比重相約，也低於境外貸放（風險系數 1.0）所佔約 20%。所謂住房按揭風險偏高，構成系統性風險云云，乃言過其實[3]。

自上世紀六十年代推出住房按揭以來，銀行業經歷多少政經風浪，汰弱留強，但從未有被按揭呆壞賬拖累而倒閉先例，顯示按揭信用風險管理成熟。反之，官僚插手按揭市場，往往弄巧反拙，節外生枝。1997 年香港回歸，特別行政區新政府躊躇滿志，冀扭轉房地產供求失衡。「安得廣廈千萬間，大庇天下寒士盡歡顏」（〔唐〕杜甫），無疑是政治理想，即使變成現實，銀行融資也綽綽有餘。金融管理專員卻錯判形勢，催生按揭證券公司，推動按揭證券化，應付融資估算，但客觀環境轉變，市道急轉直下，慘淡收場。公司入不敷支，轉

3　監控房地產按揭風險之道，是審核個別銀行按揭風險水平，包括多重壓力測試，未達標者需投購按揭保險始可享有優惠風險系數 0.5，銀行自然收緊按揭條件，並轉嫁保費予客戶，雙管齊下，促使房地產市場調整，無需政府直接干預，達到壓抑樓價政策目標。

型接做政策（強制）按揭保險，並統籌官方政策貸款（例如：擔保中小企業融資），業務已面目全非，乃後話。回歸後亞洲金融風暴及「沙士」（Severe Acute Respiratory Syndrome, SARS）呼吸道疫症先後肆虐，房地產市道一落千丈。假若按揭證券化真是大行其道，不知如何善後。政治歸政治，金融歸金融，各有生態規律，佛偈有云：「菩提本無樹，明鏡亦非臺，本來無一物，何處惹塵埃」，金融管理專員何必庸人自擾？

近年來，證券及銀行業有個共通點，監管當局地位膨脹，有喧賓奪主之嫌。自從八七停市後，政府重組監管架構，整頓交易所，實際已全盤掌控證券業，能左右業務創新及市場發展。若欠缺政府推動，內地與香港跨市場證券買賣便利「滬港通」，肯定不易成事。不過推出後成效卻強差人意，與各方期望落差甚大，也顯示市場客觀規律不以個人主觀意志為依歸，而香港交易及結算所也應檢討，如何準確掌握市情和實際需求。

銀行業隱憂是官民互信低落，遑論同舟共濟。曾幾何時，政府與發鈔銀行合作無間，推動金融產業日益茁壯，應對內外危機逢凶化

吉[4]。銀行公會向由發鈔銀行領導，地位舉足輕重，但權威已不如前，一來發鈔銀行改組集團架構，香港管理層換班本地化，社會地位褪色；二來財政司司長轉政治任命官員，須下放中央銀行功能執行實權，金融管理專員地位相應提高，彰顯其獨立性。官民地位原已不對稱，此消彼長，專員儼如中央銀行行長，而且權力欠有效制衡，監管矯枉過正風險不容忽視[5]。金融反恐反黑雷厲風行，官僚唯恐有失，已達到杯弓蛇影地步，對銀行信任低落，監管寧緊勿寬，窒礙正常交易，便是實例。

所謂「大眾創新、萬眾創業」，是紙上談兵多於市場現實。況且官僚又熱衷於推陳出新，爭取政績，彰顯權力，市場需求或成本效益是另一回事。電子支票是典型個案，推出後反應冷淡。若客戶市場有

4　財政司與發鈔銀行（滙豐、渣打）原組成香港貨幣銀行金融核心，自委任金融管理專員接管各項中央銀行功能，發鈔銀行與政府夥伴關係不再，銀行公會地位也大不如前。
5　外滙基金諮詢委員會及銀行業諮詢委員會，並無法定權力，金融管理專員也不需向其交代，也不受其制約。

實質需求，公會那會欠積極，官僚動用公帑越俎代庖，吃力不討好更欠明智。同樣道理，監管歸監管，市場歸市場，也各有客觀規律，金融管理專員何必自尋煩惱？

監管與干預只是一線之隔，香港崇尚自由市場經濟，非不得已不應輕言干預，政府若然出手，旨在消弭系統性風險，倘若矯枉過正，則監管及干預反變異為系統性風險，後患無窮。

附錄

香港金融發展
歷程大事記

年	月	事件
1842 年	3 月	頒佈中外銀錠銀圓可以流通。
1845 年	5 月	確立英鎊為法定貨幣,並規定其比值。
	4 月	東藩滙理銀行在港成立,翌年(1946)開始發行鈔票,面額由五元至一千元不等。
1857 年	8 月	有利銀行在港成立,翌年(1958 年 9 月)獲頒英國皇家特許狀(Royal Charter)經營銀行業務,並開始在港發行鈔票。
1859 年		渣打銀行開始在香港開展業務,1862 年發行港元鈔票。
1862 年		政府預算及結算改為「港元」,盈餘及儲備購買英鎊存放倫敦。
1863 年		發行官鑄錢幣,刻有「香港」字樣。
1864 年		頒佈稅收開支須以英鎊結算。
1865 年	1 月	政府頒佈《公司條例》。
	3 月	香港上海銀行(即滙豐銀行)依例註冊成立。
	3 月	滙豐銀行成立,並發行鈔票。
		股票經紀開業,並籌劃成立公會。
1866 年	5 月	官辦香港造幣廠開業。
1868 年	6 月	香港造幣廠結業。
1872 年		香港經紀會成立,但其後解散,原因不詳。
1888 年		股市波動,股價大起大落,訴訟頻生,引發業界自律與立法規管之爭。
1890 年	7 月	立法局非官守議員凱瑟克提出私人法案,規管股票買賣;《股票合約條例草案》首讀,並押後審議;正反兩派在英倫及香港角力不斷。

年	月	事件
1891 年	3 月	香港股票經紀協會成立，發起人共有 21 人。
	6-7 月	《股票合約條例草案》恢復審議，通過二讀程序。
		《股票合約條例草案》通過三讀，完成立法程序；反對派上書英倫，呈請女皇行使否決權，廢除法案。
	9 月	英倫最終決定維持法案不變，一年後再檢討，結果不了了之。
1892 年	6 月	有利銀行繳還發鈔權。
1897 年		香港外滙銀行公會成立。
1898 年		政府修訂滙豐銀行發鈔規條，分為授權發行額及逾限發行額，前者維持 2/3 白銀儲備，後者須有十足儲備。
1902 年		新發鈔條例適用於渣打銀行，與滙豐銀行看齊。
1911 年		政府立法恢復有利銀行發鈔權。
1913 年	8 月	政府頒佈《禁止外國紙幣流通條例》。
		政府頒佈《外國銀幣鎳幣條例》。
1914 年	2 月	香港股票經紀協會易名香港證券交易所。
1921 年	10 月	香港證券經紀協會成立，與香港證券交易所分庭抗禮。
1924 年	6 月	香港股票物業經紀社成立，形成三足鼎立。
1925 年	6 月	香港工人響應上海反帝反殖工潮，開展省（廣州）港跨地大罷工；股市暫停交易，復業一再延期至 10 月。
	8 月	政府成立「股票股市檢討委員會」，檢討市場制度、運作、停市安排等
	10 月	股票股市檢討委員會在 10 月呈交報告，建議加強交易所職能，間接收緊經紀資格、行為及規管，又建議經紀會合併。
1928 年		香港證券交易所與股票物業經紀社合併。

年	月	事件
1929 年		美國股市暴瀉，引發環球經濟蕭條。
		政府委託香港華商總會研究貨幣改制利弊。
1930 年		華商總會呈交報告，建議以不變應萬變。
1931 年		英倫銀行派遣專家訪港，商討貨幣若需改革之應變。
1933 年		美國放棄黃金本位，並立法購入白銀，建立儲備，導致銀價暴升。
1935 年	11 月	中國放棄白銀本位，香港跟隨，轉為英鎊滙兌本位。
		政府頒佈《貨幣條例》，港元轉掛鈎英鎊，成立外滙基金，實行貨幣發行局（即聯繫滙率）制度，官價滙率，定為 1 英鎊兌 16 港元。
		政府修訂《銀行紙幣發行條例》，規定滙豐銀行、渣打銀行和有利銀行為法定貨幣發鈔銀行。
1941 年	12 月	香港淪陷，日本對香港實行軍政管治。
1942 年		日本軍政府發行「軍用手票」取代港元，又強迫滙豐銀行簽發庫存之備用港元鈔票。
1943 年	6 月	日軍廢止原有貨幣制度，全面禁止港元流通。
1945 年	8 月	香港重光，恢復原有貨幣制度，港元恢復流通，又恢復為英鎊外滙區，並跟隨英國本土實施外滙管制，劃分銀行為「核准外滙銀行」及「非外滙銀行」。
1946 年		政府與滙豐銀行攜手解決戰時「迫簽鈔票」遺留問題，補回儲備。
1947 年	3 月	香港證券交易所與香港證券經紀協會合併，組成香港證券交易所有限公司（「香港會」）。
1948 年	1 月	政府頒佈《銀行業條例》。
1961 年	6 月	廖創興銀行遭擠提，事件迅速平息。
		外滙銀行公會協調商討港元存款「利率協議」，避免利率戰失控。

年	月	事件
1962 年	2 月	英倫銀行專家湯金斯應邀來港，研究修訂銀行法例。
1964 年	7 月	核准外滙銀行與非外滙銀行達成利率協議，設立定活期存款利率上限。
	11 月	政府頒佈新《銀行業條例》，設立銀行監理專員。
1965 年	1 月	明德銀號遭擠提，由監理專員依例接管。
	2 月	廣東信託銀行遭擠提，由監理專員依例接管。
	3 月	市面謠傳華資銀行周轉困難，星火燎原，實力較強的恆生銀行亦受波及，政府及外滙銀行公會先後採取措施，緩和形勢，風波暫息。
	4 月	謠言再起，恆生再遭擠提，被迫接受滙豐銀行收購。
1967 年	6 月	地區工潮蔓延全港，股市停市兩週。
	11 月	英鎊貶值 14.3%，港元原同步貶值，但三日後再升值 10%，來回計貶值 5.7%，新滙率是 1 兌 14.551，折合 1 美元兌 6.061 港元。
		政府修訂銀行法例，堵塞漏洞，並停發新銀行執照。
1969 年	9 月	恆生銀行編製之恆生股票指數發表，每天收市計算一次。
	12 月	遠東交易所（「遠東會」）啟業，打破「香港會」多年壟斷，分庭抗禮。
		新鴻基證券公司成立，發展為金融投資集團，引入歐美合夥人。
1971 年	3 月	金銀證券交易所（「金銀會」）啟業，三分天下。
	7 月	美國停止官價兌換黃金的安排，「布雷頓森林協議」之黃金滙兌本位固定滙率制度名存實亡。
		英國商人銀行施羅德夥同渣打及嘉道理家族，成立寶源投資，經營批發銀行業務，開財務公司先河。

年	月	事件
1972 年	1 月	九龍證券交易所(「九龍會」)啟業,四雄割據。
	6 月	英鎊自由浮動,港元改掛鈎美元。
	11 月	美元自由浮動,港元跟隨浮動,仍非正式掛鈎美元。
	12 月	置地公司公開收購牛奶公司,前後只花兩個月。
		滙豐銀行成立獲多利公司,加入批發銀行市場。
		香港解除外滙管制,同時撤消核准外滙銀行。
1973 年	1 月	政府成立「證券事務諮詢委員會」。
	2 月	政府頒令,公司申請上市,招股章程等須向公司註冊處備案。
	3 月	政府頒佈《證券交易所管制條例》,限制開設新交易所。
		恆生指數連日上為升,在 9 日創下 1774.96 點歷史新高。
		市場發現偽造合和股票,觸發大市連續滑落,長達 20 個月。
	8 月	政府頒佈《禁止開設期貨交易所條例》,防範未然。
	10 月	埃及與以色列再開戰,中東石油國聯手減產,並抵制美國,引發環球石油危機。
1974 年	2 月	政府頒佈《證券條例》及《保障投資者條例》,監管市場,維持秩序。
	4 月	香港證券登記公司總會依例成立,統一交收、結算、過戶等事務。
	7 月	香港證券交易所聯會依例成立,探討市場發展及交易所合併等事宜。
	8 月	政府成立股票投資者賠償基金。
	12 月	恆生指數在 10 日下跌至六年低位 150.11 點。
		政府成立「證券事務監察委員會」,並委任證券監理專員。

年	月	事件
1975 年	8 月	政府頒佈「公司收購合併守則」。
1976 年	8 月	政府頒佈《商品交易條例》，證券監理專員兼管商品交易。
	12 月	香港商品交易所成立。
		政府將財政盈餘存入外滙基金，統一外滙管理。
		政府頒佈《接受存款公司條例》，監管財務公司。
1977 年	4 月	「香港會」與「遠東會」公佈達成合併共識，但內外迴響頗大，計劃最終告吹。
	5 月	香港商品交易所啟業，推出棉花期貨合約。
		四家交易所成立聯合工作組，展開實際工作，籌劃合併。
	12 月	政府成立內幕人士交易審裁處，懲處違規行為。
1978 年		政府恢復增發銀行執照予外商銀行。
1979 年	12 月	港督麥理浩訪問北京，為香港主權問題談判摸底，香港前途問題進入了中英兩國談判議程。
1980 年	7 月	香港聯合交易所成立，四會合併正式展開。
	8 月	政府頒佈《證券交易所合併條例》。
1981 年	1 月	政府頒佈《香港銀行公會條例》，改組外滙銀行公會，將港元存款利率協議變為法規，由公會執行。
	7 月	政府修訂《銀行業條例》及《接受存款公司條例》，確立金融三級制。
	12 月	銀行公會正式委任滙豐銀行為同業結算銀行及交換所經理。
1982 年	11 月	大來信貸財務倒閉，引發財務公司倒閉潮。

年	月	事件
1983 年	9 月	中英會談欠順，港元虛怯，兌美元滙率一度低跌至 9.6。
		恆隆銀行倒閉，政府依法接管。
	10 月	政府全面恢復聯繫滙率制度，港掛鈎美元，官價滙率是 7.8；銀行同業間買賣港元現鈔，亦須按官價以美元結算，以穩定民心。
		新鴻基銀行易手。
1984 年	4 月	四家交易所公佈，已達成合併方案。
	9 月	英倫銀行專家法蘭德應邀來港，檢討規管銀行法例。
	12 月	中英兩國簽署聯合聲明，確定香港主權在 1997 年 7 月 1 日回歸中國。
1985 年	1 月	香港商品交易所改組為香港期貨交易所，開拓金融期貨買賣。
	5 月	海外信託銀行及附屬香港工商銀行倒閉，政府依法接管。
		香港期貨交易所推出恆生指數期貨買賣。
	12 月	嘉華銀行易手。
1986 年	3 月	友聯銀行易手。
	4 月	香港聯合交易所啟業，採用自動化電腦報價交易系統。
	5 月	永安銀行易手。
		政府頒佈新《銀行業條例》，合併原來兩條法例。
	9 月	康年銀行易手。

年	月	事件
1987 年	7 月	滙豐銀行與政府達成「會計安排」，每日銀行清算結餘須轉存外滙基金。
	10 月	16 日外圍股市急挫，紐約道瓊斯指數下跌 91 點 (4%)。
		19 日香港股市全日急瀉，收市指數下跌 420 點 (11%)；指數期貨跌停板。
		19 日紐約股市亦急瀉，收市指數下跌 508 點 (22%)。
		20 日聯合交易所公佈停市四天，期貨交易所亦同步停市。
		25 日政府牽頭，動用外滙基金挽救期貨保證公司。
		25 日期貨交易所主席請辭。
		26 日股市重開，收市指數下跌 1120 點 (33%)。
		26 日銀行減息，兩日後再減，前後計共 2 厘。
	11 月	政府成立「證券業檢討委員會」，委任戴維森為主席。
	12 月	聯合交易所理事會改選，主席李福兆退任，冼祖昭接替。
1988 年	1 月	廉政公署拘控李福兆、辛漢權、曾德雄等三人，涉嫌審批新股上市時，串謀受賄。
	6 月	證券業檢討委員會呈交報告，政府接納建議，改革市場。
	7 月	聯合交易所通過修章，重組理事會。
	8 月	政府成立臨時證券及期貨事務監察委員會。
		廉政公署拘捕冼祖昭、王啟銘、湛兆霖、鍾立雄、馬清忠、胡百熙等六人，涉嫌串謀李福兆等受賄。
	10 月	聯合交易所新理事會選出主席及委任行政總裁。

年	月	事件
1989 年	1 月	銀行公會制訂「徵收存款費制度」,即負利率,應付港元偏強。
	3 月	中央結算公司成立,建立中央交收結算制度。
	4 月	政府領布《證券及期貨事務監察委員會條例》。
	5 月	證券及期貨事務監察委員會正式成立。
1990 年	3 月	外滙基金發行 91 天期票據,以美元結算,利便新會計安排操作。
	7 月	政府頒佈《證券（內幕交易）條例》。
1991 年	2 月	政府設立外滙基金管理處。
	7 月	英國政府接管國際商業信貸銀行,其環球分支亦被當地政府接管。
		政府未及時勒令香港國際商業信貸銀行停業,進退失據。
		聯合交易所理事會建議改組,擴大為 30 人,但未獲會員大會通過。
	9 月	證監會依例指令聯合交易所改組,也未獲會員大會通過。
	10 月	證監會與聯合交易所達成改組共識,修正方案卒獲會員大會通過。
1992 年	2 月	政府修訂聯繫滙率制度,回復 1935 年舊安排,發鈔銀行官價買賣港元現鈔,其他銀行可用市價。
	3 月	香港國際商業信貸銀行最終未能易手,清盤了結。
	6 月	中央結算公司推出電腦化結算系統。
		外滙基金設立「流動資金調節機制」,即非正式貼現窗。
1993 年	4 月	政府委任「金融管理專員」,隸屬財政司,負責向貨幣管理及銀行監理;對外職銜是香港金融管理局總裁。
	11 月	聯合交易所推出全自動對盤交易系統。

年	月	事件
1994 年		人民幣滙率改革，掛鈎美元，官價滙率是 8.26，局部放寬外滙管制。
1995 年	5 月	香港銀行公會與外滙基金合資，成立香港銀行同業結算公司，佔股各半；外滙基金取代滙豐銀行成為「結算銀行」及公司經理。
1996 年	12 月	金融管理局推出實時支付結算系統。
1997 年	7 月	香港回歸，人民幣與港元在一國兩幣體制下並行，固定滙率是 1:0.9443。
		泰國銖遭游資狙擊，亞洲貨幣紛紛兌美元貶值，阻截外滙流失，掀起亞洲金融風暴；中國仍嚴格管制外滙，因而倖免。
	10 月	港元遭狙擊，同業隔夜拆息曾飆升至年率 280 厘。
1998 年	1 月	百富勤倒閉，正達證券清盤。
	4 月	政府發表《金融市場檢討報告》，並未正視跨股滙投機操作。
	8 月	游資重來，即期美滙偏強而遠期滙率偏軟，股市現貨連日低跌，指數期貨「低水」；外滙基金入市干預，動用資金過千億元。
	9 月	政府推出七項措施，改良聯繫滙率制度。
1999 年	3 月	政府發表《證券及期貨市場改革政策》文件。
	10 月	政府推出盈富基金，在交易所掛牌，放售早前入市干預所吸納股票。
2000 年	3 月	聯合交易所及期貨交易所合併，成為香港交易及結算所，並由會員制公司轉為公眾股份公司，在交易所上市。
	7 月	修訂利率協議，撤消七天起之港元定期存款利率上限。
2001 年	7 月	撤消利率協議，港元存款利率不再設限。
	9 月	美國紐約發生恐怖襲擊，聯邦儲備局減息以穩定市場。

年	月	事件
2002 年	3 月	政府頒佈新《證券及期貨條例》，取代舊條例。
		科網熱潮減退，泡沫爆破，美國再減息。
2003 年	6 月	內地與香港簽訂雙邊《更緊密經貿關係的安排》。
2005 年	5 月	政府實施聯繫滙率強弱雙邊承兌保證，是 7.75/7.85。
	7 月	人民幣滙率改制，改掛貨幣籃，每日公佈官價滙率。
2007 年		港元備受升值壓力，美港利率差距長期拉闊。
2008 年	9 月	美國雷曼兄弟投資銀行倒閉，引發骨牌效應，連鎖拖欠嚴重，演變成環球金融海嘯；本地散戶因雷曼「債券」名不副實血本無歸。
		外滙基金即時注資千億港元入銀行系統，以防萬一。
		立法會候任議員召開非正式大會，聽取官員滙報雷曼事件。
	10 月	立法會成立專責小組聆訊雷曼事件。
	11 月	美國採取長期超低息及放寬銀根措施，維持經濟增長，香港亦步亦趨。
		美國推出「寬鬆銀根」第一波。

年	月	事件
2009 年	1 月	證券商「凱基」與客戶和解，原價回購雷曼系列債券。
	4 月	證券商「新鴻基」與客戶和解，原價回購雷曼系列債券。
	7 月	分銷銀行（16 家）與長者（65 歲及以上）客戶和解，以 60% / 70% 折讓價回購部分雷曼系列債券。
		游資又再湧港，投機港元升值。
	7 月	星展銀行與客戶和解，原價回購雷曼星宿系列債券。
	11 月	美國推出「寬鬆銀根」第二波。
		政府加強監管銀行分銷零售投資，包括過程、文件等；行所須分隔「銀行服務區」及「投資服務區」。
2011 年	3 月	分銷銀行與部分客戶和解，以 80%-90% 折讓價回購部分雷曼系列債券。
2012 年	6 月	立法會專責小組呈交雷曼事件調查報告。
	9 月	美國推出「寬鬆銀根」第三波。

參考資料

（中文）

《1999-2000 年度財政預算案》（1999）。香港：香港政府印務局。

《大公報》。各年。

《工商日報》。各年。

《中華人名錄》（1922）。香港：香港南華商務傳佈所。

《文滙報》。各年。

《星島日報》。各年。

《香港證券業的運作與監察：證券業檢討委員會報告書》（簡稱《戴維森報告書》）（1988）。香港：政府印務局。

《華僑日報》。各年。

上海市銀行博物館、香港歷史博物館（2007）。《從錢莊到現代銀行：滬港銀行業發展》。香港：康樂及文化事務署。

中國人民銀行總行參事室（編）（1991）。《中華民國貨幣史資料》。上海：人民出版社。

沈聯濤（2009）。《十年輪迴：從亞洲到全球的金融危機》。上海：上海遠東出版社。

冼玉儀（1994）。《與香港並肩邁進：東亞銀行，1919-1994》。香港：

東亞銀行。

周亮全（1997）。〈香港金融體系〉，載王賡武（編）《香港史新編》（上冊），頁 324-370。香港：三聯書店（香港）有限公司。

周博（2010）。《亞洲教父：透視香港與東南亞的金權遊戲》，劉盈君（譯）。台北：天下雜誌股份有限公司。

林秉輝（1983）。《香港貨幣》。香港：香港市政局。

林森池（2007）。《平民資本家：市場錯價與股市泡沫》。香港：天地圖書有限公司。

香港特別行政區政府財經事務局（1998）。《金融市場檢討報告》。香港：政府印務局。

香港特別行政區政府財經事務局（1999）。《證券及期貨市場法例改革：1999 年證券及期貨條例草案》。香港：香港政府印務局。

徐滄水（1924）。《民國鈔券史》。上海：銀行週報社。

莊太量、何青、薛暢（2012）。《歷史視角看資本流動與人民幣國際化》，研究專論第七號。香港：香港中文大學全球經濟及金融研究所。

許行（1987）。《鄧小平開放時代》。香港：開拓出版社。

郭廷以（1979）。《近代中國史綱》（上下冊）。香港：香港中文大學出
　　版社。

陳耀紅（1987）。〈港股暴跌前後的風風雨雨〉，《信報財經月刊》，總
　　第 129 期，頁 18-24。

陳鏸勳（1894）。《香港雜記》。香港：中華印務總局。

馮邦彥（1999）。《香港商戰經典：企業收購兼併個案實錄》。香港：
　　明報出版社有限公司。

馮邦彥（2001）。《香港地產業百年》。香港：三聯書店（香港）有限
　　公司。

馮邦彥（2002）。《香港金融業百年》。香港：三聯書店（香港）有限
　　公司。

新陳（1948）。《幣制改革聲中談紙幣膨脹政策》。鎮江：江南印書館。

趙永佳、呂大樂（1997）。〈當工廠北移之後〉，載高承恕、陳介玄
　　（編）《香港：文明的延續與斷裂》，頁 231-263。台灣：聯經出
　　版事業股份有限公司。

劉詩平（2010）。《洋行之王：怡和》。香港：三聯書店（香港）有限
　　公司。

鄧小平（1993）。《鄧小平文選》（第三卷）。北京：人民出版社。

鄭宏泰（2015）。〈恆生擠提：利國偉的奔走與斡施〉，載鄭宏泰、周
　　文港（編）《危機關頭：家族企業的應對之道》，頁 54-82。香港：
　　中華書局（香港）有限公司。

鄭宏泰、周振威（2006）。《香港大老：周壽臣》。香港：三聯書店（香
　　港）有限公司。

鄭宏泰、陸觀豪（2013）。《滙通天下：香港如何連結中國與世界》。
　　香港：中華書局（香港）有限公司。

鄭宏泰、黃紹倫（2004）。《香港華人家族企業個案研究》。香港：明
　　報出版社有限公司。

鄭宏泰、黃紹倫（2005）。《香港米業史》。香港：三聯書店（香港）有
　　限公司。

鄭宏泰、黃紹倫（2006）。《香港股史 1841-1997》。香港：三聯書店
　　（香港）有限公司。

鄭宏泰、黃紹倫（2014）。《商城記：香港家族企業縱橫談》。香港：
　　中華書局（香港）有限公司。

魯平（2009）。《魯平口述香港回歸》（錢亦蕉整理）。香港：三聯書店

（香港）有限公司。

魯言 (1981)。《香港掌故》（第 3 集）。香港：廣角鏡出版社。

蕭國健 (1982)。《清代香港之海防與古壘》。香港：顯朝書室。

謝永光 (1995)。《香港抗日風雲錄》。香港：天地圖書有限公司。

濱下武志 (1997)。《香港大視野：亞洲網絡中心》。香港：商務印書
　　館（香港）有限公司。

關禮雄 (1993)。《日佔時期的香港》。香港：三聯書店（香港）有限公
　　司。

饒美蛟 (1997)。〈香港工業發展的歷史軌跡〉，載王賡武（編）《香港
　　史新編》，頁 371-417。香港：三聯書店（香港）有限公司。

饒餘慶（2000）。《亞洲金融危機與香港》。香港：三聯書店（香港）
　　有限公司。

（英文）

Barrie, R. and Tricker, G. (1991). *Shares in Hong Kong: One Hundred Years of Stock Exchange Trading*. Hong Kong: The Stock Exchange of Hong Kong Limited.

Census and Statistics Department. (1969). *Hong Kong Statistics: 1947-1967*. Hong Kong: Government Printer.

Census and Statistics Department. Various years. *Hong Kong Monthly Digest of Statistics*. Hong Kong: Government Printer.

Chan, W.K. (1991). *The Making of Hong Kong Society: Three Studies of Class Transformation in Early Hong Kong*. Oxford: Clarendon Press.

Chang, G.G. (2001). *The Coming Collapse of China*. New York: Random House.

Chen, E.K.Y. (1977). *The Growth Experience of Developing Economies: A Comparative Study of Hong Kong, Japan, Korea, Singapore and Taiwan*, Ph. D. dissertation. Oxford: University of Oxford.

Chung, S.P.Y. (1998). *Chinese Business Groups in Hong Kong and Political Change in South China, 1900-25*. Basingstoke: MacMillan Press Limited.

CO.129.135. (1868). *The Ninth Report of Master of Royal Mint on Hong Kong*, 7 August 1868.

CO.129.246. (1890). "Sales of stocks and shares", *Dispatch of the Acting Governor F. Fleming to Lord Knutsford*, 12 September 1890.

CO.129.250. (1891). "Ordinance No. 15 of 1891: Sales of Shares", *Dispatch of the Acting Governor G. D. Barker to Lord Knutsford*, 7 August 1891.

CO.129.251. (1891). "Petition against the Sale of Shares Ordinance: Further respecting", *Dispatch of the Acting Governor G. D. Barker to Lord Knutsford*, 7 September 1891.

CO.129.262. (1891). *Despaches relating to the Sale of Shares*.

CO.129.256. (1892). "Working of the Sale of Shares Ordinance No. 15 of 1891", *Dispatch of the Governor W. Robinson to Lord Knutsford*, 2 September 1892.

CO.129.411. (1914). "Gambling in company shares", *Dispatch of the Governor F.H. May to L. Harcourt*, 16 June 1914.

CO.129.426. (1915). "Dealing in companies shares in China",

Dispatch of the Foreign Office to Secretary of State, 24 March 1915.

CO.129.96. (1863). "Currency: Establishment of mint", *Dispatch of the Governor Robinson to Duke of Newcastle*, 20 March 1863.

Commissioner of Banking memo to Financial Secretary. (1967). "Net Balances with Banks in U.K. as at 31st October 1967", 24 November 1967. HKRS1 63-1-3275.

Crisswell, C.N. (1981). *The Taipans: Hong Kong's Merchant Princes*. Hong Kong: Oxford University Press.

Daily Press. Various years.

Directory and Chronicle for China, Japan, Korea & etc. (1914-1941). Hong Kong: Hong Kong Daily Press.

Elliott, M. (2008). "A tale of three cities", *The Time*, 17 January 2008, URL: http://www.time.com/time/magazine/article/0,9171,1704398,00.html.

Friedman, M. (1980). *Free to Choose: A Personal Statement.*

Harmondsworth, Middlesex: Penguin Books .

Fukuyama, F. (1995). *Trust: The Social Virtues and the Creation of Prosperity*. London: Hamish Hamilton.

Goodstadt, L. (2006). "Painful transitions: The impact of economic growth and government policies on Hong Kong's Chinese banks, 1945-70", *HKIMR Working Paper Series*, no. 16, November 2006.

Greenwood, J. (2008). *Hong Kong's Link to the Dollar: Origin and Evolution.* Hong Kong: Hong Kong University Press.

Hong Kong Blue Book. (1844-1940). Hong Kong: Government Printer.

Hong Kong Government Gazette Supplement. Various years. Hong Kong: Government Printer.

Hong Kong Government Gazette. Various years. Hong Kong: Government Printer.

Hong Kong Legislative Council. Various years. *Hong Kong Legislative Council Sessional Papers.* Hong Kong: Government

Printer.

Hong Kong Telegraph. Various years.

Hong Kong Trade and Shipping Returns. (1921-1941). Hong Kong: Government Printer.

Inglehart, R. (1977). *The Silent Revolution: Changing Values and Political Styles Among Western Publics.* New Jersey: Princeton University Press.

Jao, Y.C. (1974). *Banking and Currency in Hong Kong: A Study of Postwar Financial Development.* London: Macmillan.

Kindleberger, C.P. (1996). *Manias, Panics and Crashes: A History of Financial Crises* (3rd edition). NewYork: Wiley.

King, F.H.H. (1987-1991). *The History of the Hong Kong and Shanghai Banking Corporation* (4 volumes). Cambridge: Cambridge University Press.

Kohn, M.G. (2004). *Financial Institutions and Markets.* New York: Oxford University Press.

Kraar, L. (1995). *The Death of Hong Kong.* New York: C. Stuart

Arnold.

Krugman, P. (1994). "The myth of Asia's miracle", *Foreign Affairs,* vol. 73, no. 6, pp. 62-79.

Krugman, P. (1998). "What happened to Asia?", unpublished manuscript, Massachusetts Institute of Technology. URL:http://www.bresserpereira.org.br/Terceiros/Cursos/Krugman-WhatHappenToAsia.pdf

Lau, S.K. (1982). *Society and Politics in Hong Kong.* Hong Kong: The Chinese University of Hong Kong Press.

Luk, R.K.H. (2009). "From the great crunch to the mini-bond misnomer: Were they inevitable or incidental?", *Hong Kong Culture and Society Programme Occasional Paper Series*, no 6. Hong Kong: Centre of Asian Studies, The University of Hong Kong.

Luk, R.KH. and Young, R.M.K. (1981). *The Hong Kong Stock Market in 1972-74 and the Behavior of the Monetary Sector: An Empirical Study,* unpublished MBA thesis. Hong Kong: The

Chinese University of Hong Kong.

Miners, N. (1991). *Government and Politics of Hong Kong* (5rd edition). Hong Kong: Oxford University Press.

Morse, H.B. (1910-1918). *The International Relations of the Chinese Empire.* Shanghai: Kelly and Walsh.

Patten, C. (1998). *East and West: China, Power, and the Future of Asia.* New York: Times Books.

Polanyi, K. (1985). *The Great Transformation.* Boston: Beacon Press.

Reed, H.C. (1980). "The ascend of Tokyo as an international financial center", in *Journal of International Business Studies,* vol. 11, no. 3, pp. 19-35.

Report on Hong Kong Currency. (1931). Hong Kong: Government Printer.

Schenk, C. (2001). *Hong Kong as an International Financial Centre: Emergence and Development 1945-65.* London: Routledge.

Schenk, C. (2003). "Banking crises and the evolution of the regulatory framework in Hong Kong, 1945-1970", *Australian Economic History Review*, vol. 43, no. 2, pp. 140-154.

Shambaugh, D. (2015). "The Comning Chinese Crack-up", *The Wall Street Journal*, 6 March, 2015

Sheng, A. (2010). *Financial Crises and Global Governance: A Network Analysis.* Washington DC: The World Bank.

Snow, P. (2003). *The Fall of Hong Kong: Britain, China and the Japanese Occupation.* New Haven: Yale University Press.

Summers, L.H. (1998). "Riding to the rescue", *Newsweek*, 2 February 1998, pp. 35-40.

Sung, Y.W. (1991). *The China-Hong Kong Connection: The Key to China's Open-Door Policy.* Cambridge: Cambridge University Press.

Szczepanik, E. (1958). *The Economic Growth of Hong Kong.* London: Oxford University Press.

Talbot, L. (2008). *Critical Company Law.* London, New York:

Routledge-Cavendish.

The China Mail. Various years.

Tomkins, H.J. (1962). *Report on the Hong Kong Banking System and Recommendation for the Replacement of the Banking Ordinance, 1948.* Hong Kong: Government Printer.

Tsang, S. (1995). *Government and Politics.* Hong Kong: Hong Kong University Press.

Tsang S.K. (1998). "Why I support the Hong Kong Government's stock market intervention", *Asian Week,* 25 August 1998.

Wong, C.H. (1990). *The Business of Futures,* unpublished LLM thesis. Hong Kong: The University of Hong Kong.

Wong, P.S. (1958). "The influx of Chinese capital into Hong Kong since 1937", A paper read at the Contemporary China Seminar, Economics & Political Science Department, University of Hong Kong, 15 May 1958. Hong Kong: Kai Ming Press.

Wong, S.L. (1988). *Emigrant Entrepreneurs: Shanghai Industrialists in Hong Kong.* Hong Kong: Oxford University Press.

Yam, J. (1998). "Intervention: True to guiding policy", *South China Morning Post*, 24 August 1998.

Yam, J. (1998a). "Defending Hong Kong monetary stability", paper addressed at the Hong Kong Trade Development council networking luncheon, Singapore, 14 October 1998.

Yam, J. (1998b). "Coping with financial turmoil", paper presented at the Inside Asia Lecture organized by *The Australian*, Sydney, 23 November 1998, Australia.

Zheng, V. and Luk R. (2012). "From Locodollar to Asianyuan: Hong Kong dollar at a crossroads", *East Asian Policy*, vol.4, no.2, pp.94-102.

點石成金
打造香港金融中心的里程碑

Alchemy :
Milestones of Hong Kong Financial Development

鄭宏泰　陸觀豪
————著————

責任編輯　吳黎純
裝幀設計　霍明志
排　　版　陳美連
印　　務　劉漢舉

出版
中華書局（香港）有限公司
香港北角英皇道四九九號北角工業大廈一樓 B
電話：（852）2137 2338　傳真：（852）2713 8202
電子郵件：info@chunghwabook.com.hk
網址：http://www.chunghwabook.com.hk

發行
香港聯合書刊物流有限公司
香港新界大埔汀麗路三十六號
中華商務印刷大廈三字樓
電話：（852）2150 2100　傳真：（852）2407 3062
電子郵件：info@suplogistics.com.hk

印刷
美雅印刷製本有限公司
香港觀塘榮業街六號海濱工業大廈四樓 A 室

版次
2017 年 7 月初版
©2017 中華書局（香港）有限公司

規格
16 開（238mm×170mm）

ISBN
978-988-8488-02-5